高等职业教育旅游与酒店管理类专业“十三五”规划系列教材

旅游美学实务

（第2版）

主　编　杨哲昆　霍义平　何升华

东南大学出版社
·南京·

图书在版编目(CIP)数据

旅游美学实务/杨哲昆,霍义平,何升华主编. —2版. —南京:东南大学出版社,2014.8(2020.1重印)
ISBN 978-7-5641-5088-4

Ⅰ. ①旅… Ⅱ. ①杨… ②霍… ③何… Ⅲ. ①旅游—美学—高等职业教育—教材 Ⅳ. ①F590

中国版本图书馆CIP数据核字(2014)第170916号

东南大学出版社出版发行
(南京四牌楼2号 邮编210096)
出版人:江建中
新华书店经销 常州市武进第三印刷有限公司印刷
开本:787 mm×1092 mm 1/16 印张:13.75 字数:354千
2014年8月第2版 2020年1月第3次印刷
ISBN 978-7-5641-5088-4
定价:35.00元
(凡因印装质量问题,可直接与营销部联系。电话:025—83791830)

出版说明

当前职业教育还处于探索过程中，教材建设“任重而道远”。为了编写出切实符合旅游管理专业发展和市场需要的高质量的教材，我们搭建了一个全国旅游管理类专业建设、课程改革和教材出版的平台，加强旅游管理类各高职院校的广泛合作与交流。在编写过程中，我们始终贯彻高职教育的改革要求，把握旅游管理类专业课程建设的特点，体现现代职业教育新理念，结合各校的精品课程建设，每本书都力求精雕细琢，全方位打造精品教材，力争把该套教材建设成为国家级规划教材。

质量和特色是一本教材的生命。与同类书相比，本套教材力求体现以下特色和优势：

1. 先进性：(1)形式上，尽可能以“立体化教材”模式出版，突破传统的编写方式，针对各学科和课程特点，综合运用“案例导入”、“模块化”和“MBA 任务驱动法”的编写模式，设置各具特色的栏目；(2)内容上，重组、整合原来教材内容，以突出学生的技术应用能力训练与职业素质培养，形成新的教材结构体系。

2. 实用性：突出职业需求和技能为先的特点，加强学生的技术应用能力训练与职业素质培养，切实保证在实际教学过程中的可操作性。

3. 兼容性：既兼顾劳动部门和行业管理部门颁发的职业资格证书或职业技能资格证书的考试要求又高于其要求，努力使教材的内容与其有效衔接。

4. 科学性：所引用标准是最新国家标准或行业标准，所引用的资料、数据准确、可靠，并力求最新；体现学科发展最新成果和旅游业最新发展状况；注重拓展学生思维和视野。

本套丛书聚集了全国最权威的专家队伍和由江苏、四川、山西、浙江、上海、海南、河北、新疆、云南、湖南等省市的近60所高职院校参加的最优秀的一线教师。借此机会，我们对参加编写的各位教师、各位审阅专家以及关心本套丛书的广大读者致以衷心的感谢，希望在以后的工作和学习中为本套丛书提出宝贵的意见和建议。

高等职业教育旅游与酒店管理类专业“十三五”规划系列教材编委会

高等职业教育旅游与酒店管理类专业
“十三五”规划系列教材编委会名单

修订前言

随着我国《旅游法》的推行，中国旅游业已经快速进入全面转型升级阶段。在转型升级阶段，旅游市场的主体类型在发生变化，旅游产品的主体类型也在发生变化，旅游经营模式也在发生变化，但是，最重要的变化，还是旅游服务质量的全面提升。在旅游业粗放经营的时代，服务质量更多地从初级服务技术上表现出来。但是，随着市场产品和经营模式的全面升级，服务质量也必然从初级的服务技术向高层次提升。在这种背景下，一批高层次服务技能类课程，被摆到旅游职业教育越来越重要的位置上。“旅游美学”就是其中比较典型的课程之一。

在常规的高等教育中，“旅游美学”是一门还不太成熟的应用性理论课程，主要还是按传统方式从概念、规则、规律等方面使学生理解掌握美学知识和规律，没有凸显应用性的特色。但是，在旅游业迅猛发展的实践中，旅游者需要比较具体的审美能力和技能，服务员、导游、管理者也需要比较具体的审美能力和技能。“旅游美学”必须根据实践发展的需要，在职业教育中，强化学生能力和技能的培养，使其更充分地发挥出应用学科的作用。

针对旅游业实践需要和职业教育发展的特殊需要，我们在第一版《旅游美学》的基础上，形成了第二版《旅游美学实务》教材。本书编写的主导方向，是为高等职业教育提供一本实战型的高层次职业技能教材。为此，按照“适度够用”的原则，阐述了美学的基本理论知识，然后按照旅游业实际运行的机制，分别阐述“旅游活动与审美”、“旅游服务与审美”、“旅游管理与审美”。在体例编排上，每章的开头设置了学习目标、本章导读，每节开头设置了引导案例，文中设置了小思考、小讨论、案例等形式多样的栏目，在每一章结束设计了本章小结、实训及形式多样的练习，每阶段后设置了综合实训，以便于学生能学以致用。使学生不仅能结合职业理解美学知识和理论，而且能根据职业需要，提升审美能力，形成高层次的职业服务技能。

这种由理论型课程向技能型课程转变的尝试，难免存在方方面面的不足，恳望得到各方面的指教，使这门课程迅速成熟起来，以适应旅游业快速发展的实践需要。本书的编写者均具有比较丰富的旅游美学教学经验，教材中较多地体现了他们的教学积累和研究成果。第一章由霍义平（南京视觉艺术学院教授）、杨哲昆（海南职业技术学院旅游学院院长，海南旅游研究所所长、教授）编写；第二章、第十一章、第十二章、第十三章由杨哲昆编写；第三章、第四章、第五章、第六章、第七章、第八章、第九章、第十章由何升华（海南职业技术学院旅游学院副教授）编写。全书由杨哲昆教授统稿。

本教材在编写过程中参考了不少专家的相关著述和文献，此外，为了增加教材的现实感，引用了较多的旅游业现实案例，如有表述不当之处，请从教学需要角度给予原谅！在此向他们一并表示衷心感谢！在整个教材编写过程中，东南大学出版社的张丽萍老师做了大量的协调和指导工作，在此深表敬意和谢意！

杨哲昆

2014 年 5 月　于海南岛

目 录

项目一　美与审美的认知

学习目标

◎ 了解　审美的种类
◎ 理解　美、审美的界定
◎ 掌握　审美机制
◎ 应用　依据正确的审美观和审美规律参与审美实践

本章导读

本章分析"美"与"审美"这两个最基本的美学概念，是《旅游美学》最基本的理论起点，它起到了统摄全书的作用。第一节探讨"美"、"审美"的基本定义，第二节探讨审美的基本机制，第三节探讨审美的基本种类。

模块一　美与审美

引导案例

北京某单位集体组织到海南度假。晨起观赏海上日出，在凉爽的海风中，或拣着沙滩上的贝壳，或坐在沙滩上遐想，静静地等待，突然，有人在前方高喊："快看、快看……"在蔚蓝的天空上，薄如轻纱的几片淡云的边际，露出了浅红的霞彩，过了一阵，海面被映红了；又停了一会，太阳像火球一般，拨开耀眼的云彩，露出半边脸，射出通道强烈的金光，慢慢地完全显露了它庞大的身躯，耀眼的火焰照彻了大地，接下来，红光逐渐化为了纯白的强光，白天开始了。游客们高声欢呼雀跃。

人们之所以这么喜欢海上日出，是因为海上日出带给游客不一样的审美感受。同样的太阳，在海南、在泰山观看却有不同的审美感受，人们通过观赏日出，会结合当时的环境、景物等产生审美联想，所以会形成各自不同的审美意境。所以，法国著名雕塑家罗丹说"生活中从不缺少美，而是缺少发现美的眼睛"。当我们了解到这一点后，我们就要不断地去激发人们发现美、认知美和创造美的意识，让游客树立深刻明确的审美观，不仅可以使旅游从业人员在知识素质上得到提升，也可以给旅游审美者提供一个良好的审美理论基础，使其更好地去感受美、体验美和创造美。

18世纪中叶，德国哲学家鲍姆嘉通提出了美学的概念，从此，美学作为一门独立的学科开始从哲学、伦理学、宗教学、文学艺术中分化出来，后人称鲍姆嘉通为"美学之父"。他在《美学》一书中明确写道"美学是感性认识的科学"，并进一步强调说："美学研究的内容不是一般的感性认识，而是研究人类感性认识中具有审美属性的感性认识。"其后，美和审美就一直成为美学研究的重要内容。西方的美学在19世纪末20世纪初传播到中国以后与中国古老的美学传统思想一起成为人们关注的重点。改革开放的浪潮使美学在中国焕发了极为旺盛的生命力，现在中国研究美学的学者人数之多、成果之丰令世界深感惊讶。

叶朗教授说："旅游，从本质上说，就是一种审美活动。离开审美，还谈什么旅游？……旅游活动就是审美活动。"既然旅游的过程就是审美的过程，那么，在旅游实践活动中，就会自然产生一系列的关于美和审美的若干问题，并急需解决。面对旅游景观，旅游者均有一些疑惑：怎样欣赏旅游景观、怎样领悟其中的美学意味、怎样获得最完美的审美经验。面对旅游者，旅游经营人员也存在一定的问题：如何将旅游者的旅游动机促成旅游决定；如何引导旅游者的审美心理，满足其审美需求，创造深受旅游市场青睐的旅游产品等问题。面对旅游活动中的审美关系，也存在一些疑问：怎样协调各种审美关系，努力提供最良好最优质的服务。为了解决如此众多的疑问，我们从以下几个方面对旅游美学的基础知识进行阐述。

要想对审美进行充分的界定，我们必须首先弄清楚美的含义，了解美与审美的本质区别，同时，也有必要弄清楚审美的重要作用。

一、美的界定

美早就存在于人类社会，据专家考古研究，早在1万年以前，北京山顶洞人就能够制作精美的石器，更值得注意的是，在那时，山顶洞人已经能够制造用于装饰的骨制头饰、耳饰和牙质项链等等。这是古人类的观念的大飞跃，标志着人类已开始创造美。美以丰富深邃的内涵存在于社会生活之中，美以五彩缤纷的形式闪现在大自然中，美以变幻莫测的形式手段把人生的一切理想和追求融化在辉煌灿烂的艺术之中。我们理想中有美，创造中有美，生活中更有美。美是美的事物和现象的特殊载体，并隐匿其中。我们在欣赏美的事物和现象时，能获得一种体现人类求真与向善的品格本质力量，同时能引起人类愉悦的情感。

美的内涵相当丰富，美可以是很多东西；美可以是很直接的，它可以是一眼看到不假思索的愉快感觉，也可以是心灵深处激荡起伏的感觉。有人认为美是具象的：一切立体中球形最美，一切平面图形中圆形最美；也有人认为美是很抽象的，他们说美是一种理念。科学家认为美是精确的，说黄金比例——1.618∶1最美；神学家说上帝最美。美学界流传着一个著名的故事，故事的题目是：美是难的。讲的是大学问家苏格拉底与大诡辩家希庇阿斯辩论的故事。辩论的内容是：什么是美？希庇阿斯在列举了"漂亮小姐"、"漂亮母马"、"竖琴"、"水罐"之后，不得不承认，找不到"美的本身"，苏格拉底的结论，也是故事的结论，他说："美是难的。"

关于美的定义有很多，我们可以将其归纳为三种流派：

（1）客观派　认为美是独立于人的意志之外而客观存在的，美是事物的一种客观属性，美与和谐、对称、色彩、比例等客观形式因素有联系；

（2）主观派　这种理论偏重于审美意识、审美情感和审美心理，认为美在于心而不在于物，是人的审美情感和心理活动的结果，是一种审美判断的结果，具有相对性和易变性，依赖于审美者的愉快经验和个人素质，随着审美主题和时代审美趣味的变化而变化；

(3) 关系论派　这种理论从审美主体与客体关系的角度进行分析，认为美不在于客观对象，也不在于主观意识，而在于两者结合或统一的关系中，美是客体作为一种美的“潜能”与主体审美知觉相结合的结果。

美在西方美学上有广义和狭义之分：凡经由感官而能引起感觉和精神的快感的，是狭义的美。广义的美，则不限于此，还包含崇高、悲壮、滑稽等其他各种美的范畴，这种美不仅提供形式上的快意，还包括美感对象的内在性质。

我国“美”的汉字含义之一是“羊大为美”，由此我们可以将中国古人心中的美解读为两个层面的含义：一是把美等同于甘，指的是感官的快适，用于生理需要满足时的感叹和对满足生理需要的对象的肯定性评价，如对食物、酒称之为“美食”、“美酒”，这里的美是“好”的意思；二是用于伦理评价，是对人的行为、思想、言论符合规范的一种赞同，这里的美是“善”的意思，体现了我国文化中“美与善同义”的传统观念。

本书认为，美是一种人的本质力量对象化后形成的、遵循社会发展规律而运行发展的、使人类能够从中感受和欣赏自身价值的社会存在。在本书中使用的“美”有三层含义：第一层含义指美是一种客观存在，它不以某个主观意识为转移；第二层含义指美不是一种简单的自然存在，它并不完全遵守纯粹的自然规律；第三层含义指美是一种社会的客观存在，它是人的本质力量对象化，按照社会运行的客观规律而运行。这三层美的含义不可分割而又逐步深化。

二、审美的界定

审美是人通过感性活动(感觉、知觉、表象)对美进行的感知活动。这种感知既包括对外在形式因素，如声音、颜色、形态等的感知，也包括对内在的要素如情感和象征意义的感知。在审美过程中，美的事物和现象定义为审美客体，而与之对应的人就是审美主体。审美是人们对一切事物的美丑做出评判的一个过程。由此可见，审美是一种主观的心理活动过程，是人们根据自身对某事物的要求而做出的一种对事物的评价，因此具有一定的相对性。但它同时也受制于客观因素，尤其是人们所处的时代背景会对人们的评判标准起到很大的影响，因此，不同时代或不同阶段，人们的审美观都不尽相同。

审美的范围极其广泛，包括自然审美、社会审美、建筑审美、音乐审美、舞蹈审美、服饰审美、陶艺审美、饮食审美、装饰审美、绘画审美等等。审美存在于我们生活中的各个角落：走在路上，我们可以感知街边的风景；坐在工作室中，我们可以感知各式图表文件。当然这些都是浅层次上的审美现象，我们要想真正地了解审美，必须对审美进行深入的分析和研究。

美和审美是两种不同的概念，美是一种客观的存在，它不以人的意志为转移；而审美则是人的一种精神活动，它随人的文化背景和心境而变化。客观事物的美与丑是审美的现实基础，没有与事物属性相联系的美丑判别就谈不上审美。日常生活中，趋美避丑是人类审美的一种必然选择，也是正常的审美心理的导向。从表面上看，审美是人类的主观意愿，但实际上审美离不开审美的对象——审美客体，而且审美还要遵循审美客体的一般规律，所以审美虽是主观行为，却仍然受制于审美客体的制约。审美活动本质上是一种价值取向，它涉及人们的审美态度、审美趣味、审美理想等方面的内容。审美活动同时又是审美主体的一种心理活动，这种心理活动包含审美感知、审美想象、审美情感、审美理解，所以审美活动又是审美价值判断和审美心理活动的统一。审美就是审美主体通过审美活动，对审美对象最终形成的审美感受。

三、审美的作用

审美会带来多方面的效应，现代心理学家认为，审美的实现有助于人的身心健康，有助于人类的生产劳动，有助于人类的科学创造，有助于人类社会行为的调节和控制，有助于人格的完善，有助于审美心理的培育。具体地讲，审美对于人类有三个方面的作用。

（1）促进生理心理健康，引领人们进入精神家园　世界上有许多的东西，需要我们去取舍，找到我们自己需要的那部分，即美的事物。人的智慧从客观上决定了对美好事物的追求。人们可以通过自己的智慧发现世界上存在着的美的东西，丰富自己的物质生活和精神家园，以达到愉悦自己的目的。审美不仅可以促进人体的生理健康，而且，对人的心理健康也起着巨大的促进作用。审美可以作用于人的生理器官，使其活跃和产生反应，同时，审美通过生理器官的反应，促使人类产生心理的良好感受，以达到心情舒畅、愉悦快乐的状态。审美不断引导人们超越生理的快感，将理想带进现实，使审美主体移出情感，和审美客体契合共鸣，从而使审美者视野扩大，精神解放，心灵震撼，道德提升。审美作为超越物质功利的人类精神形态，它注重的是精神的自由性和人内在的文化道德修养。它能给人以精神的最大慰藉和美感，并能给人以自由感和解放感。审美是一种独特形式的终极关怀，它指向生活和人生，帮助审美者构建美好的精神家园。人类拥有了美好的精神家园，就有了归属感，就有可能拥有有品位、有追求的人生。

（2）完善人格影响行为，扬美抑丑形成和谐社会　审美在很大程度上也是为了完善自我，通过对美好事物的欣赏，帮助审美者克服无知和愚昧，焕发出对生活的热情，同时使人类社会生活更加充满情趣。审美也可以提高审美者的文化和道德修养，引导人们造就完美人格。严格意义上的美是在审美过程中建构起来的体现人类生存完满性的形象，真与善蕴含其中。人们通过审美活动，对美的事物，进行一系列的评判、取舍、进化，形成了对审美客体的更为完善的看法，剔出假、恶、丑，发扬真、善、美。而这样的扬美抑丑的审美实践活动必将提升人的品位，净化人的心灵和影响人的行动，从而形成完美的人际关系，促进社会的和谐发展。

（3）促进人们审美创造，积极为人类生产生活做贡献　在社会生活和经济活动中，审美活动可以帮助人们进行美的评价、美的欣赏和美的创造。人们在审美过程中，利用日渐完善的美学理论和美学原理去指导各种审美实践，可以创造出更美的产品和更美的生活。人们通过不断地审美，就会积累丰富的审美经验，从而为日常的审美奠定良好的实践基础。人们的审美实践越多，就越懂得审美创造，就越能够创造出更新、更美的社会、生活和人生来，而人格也会在审美的过程中不断完善起来。在生产中，学会审美可以创造美好的企业人际关系，塑造优秀的企业形象，帮助企业创造社会效益、经济效益和生态效益；在生活中，学会审美，可以建立良好的日常生活人际关系，不断创造出更多的艺术美和社会美来，从而更好地丰富人类生活美的内涵。

模块二　审 美 机 制

引导案例

一批北方游客来到海南岛的南湾猴岛，为了让游客更好地体验当地的疍家人的民俗生活，旅行社的工作人员特意为游客安排了自行划船和垂钓的内容，并计划中午的午餐就是吃大家垂钓后的胜利果实。游客听到这样的安排非常高兴。大家兴高采烈地结伴划船出行，开始兴趣十足，可是后来由于划船技术不佳，遇到了几次险情，幸好有惊无险；同时，由于游客们大部分不会钓鱼，且由于兴奋没有耐心细致地等鱼上钩，因此，几乎空手而归，游客们划船回到岸边后一肚子抱怨。

本来是一次美好的娱乐审美体验活动，但由于没有预先告知并训练划船和垂钓的技术，游客不仅没有获得快乐，反而心生怨恨。一个本应该很有诗意、有趣味的旅游环节，大家感受却不那么好。为什么会出现这种情况呢？其实，审美活动是一个复杂的心理过程，要经过审美准备、审美实践、审美回味等阶段，如果不了解其中的规律，那么审美效果就会大打折扣。旅游企业不断推陈出新的旅游活动是好事，但是在设计创新的旅游活动前一定要做好充分的审美准备，才有可能收到良好的效果。

人在审美的过程中大脑的整体功能得到充分发挥。感知、想象、情感、理解等心理过程同时展开，相互促进，形成审美心理机制。依据美学理论，按照逻辑顺序，审美运行机制可分为三个阶段：审美准备阶段，这是初始阶段；高潮阶段，即审美实践阶段；审美回味阶段，也称效果延续阶段。下面我们将对这三个阶段逐一加以分析。

一、审美准备阶段

审美过程的准备阶段是指即将进入审美状态的初始阶段，涉及审美经验、审美品位和审美理想三方面的内容。

1. 审美经验

审美经验指保留在审美主体记忆中的、对审美对象以及与审美对象有关的外界事物的印象和感受的总和。审美经验通常在多次反复的审美实践中形成。人在实践活动中，特别是在审美实践活动中，积累了大量关于外界事物的知识和经验，审美时，一旦受到审美对象的信息刺激就会调动有关的经验记忆，并产生联想，立即作出审美的反应。由于审美经验的参与，对美的欣赏常常无需思考而直接做出判断。普列汉诺夫曾分析说，原始猎人第一次用其捕获的禽兽身上的羽毛装饰自己时，他们直接意识到的是羽毛显示着自身的智慧、勇敢、力量；以后再看到此类羽毛时，他们就专门把羽毛作为美的装饰品去追求和欣赏，而不再去意识和体验羽毛所标志的猎人的力量了。审美经验是人们在观赏具有审美价值的事物时，直接感受到的一种特殊的愉快经验。它原则上包括对一切具有审美价值的事物的经验，如对山川河流、蓝天白云、花草树木、风俗民情等各种审美对象的经验，它是审美主体对审美对象反应、感知的结果和凝聚。心理学表明，人类的需要、情绪、态度和价值观念经常影响审美经验。审美经验凭借主体的心理机制积淀和保存在主体的心灵中，并成为下次审美活动的基础和前导。例如，观赏过海边潮起潮落的人，就具有了对潮水的审美经验，当他来到钱塘江边进行观潮时，就比其他旅游者更能体会钱塘江一线潮、人字潮、回头潮的魅力。

审美经验丰富，就会在一定程度上形成良好的审美判断力，也会产生较强的审美敏感力，而审美判断力和审美敏感力在实际审美准备阶段，对人的新的审美实践活动的影响是巨大的，而且对于新的审美经验的获得也起到重要的作用。

(1) 审美判断力　审美判断力指审美主体在极短的瞬间内对一个审美客体的美的本质做出判别。审美判断力的产生需要两个条件，即审美对象和具有鉴赏力的审美主体。审美判断力的高低与审美主体审美经验的积累成正比。不同的审美主体对同一审美客体可能表现出不同的审美判断；甚至同一审美主体，由于处在不同的情绪下，对同一客体也会表现出不同的审美判断。一般说来审美经验的积累越丰富，他的审美判断力也就越强。

(2) 审美敏感力　审美敏感力指审美过程中，在很短的时间内引起审美注意，发现美并感受到美，立刻投入到审美活动中去，从而充分感受审美对象的形状、线条、色彩、声音、时间、空间、韵律、平衡、统一与和谐等形式，主观的情感、想象等也会自觉或不自觉地投入其中，继而唤起人的审美知觉和审美欲望，进入审美实现阶段。审美敏感力是审美经验的反映。

2. 审美品位

审美品位指审美主体对于不同层次的美感受的深度和强度。高度的敏感力和判断力会促进审美者的审美品位的生成。由于人类的审美品位的高低不同，才使人们之间形成了各不相同的审美效果、审美体验。由于审美主体的生理基础、心理素质、文化教养、生活环境、生活经历不同，就会产生审美者不同文化素质的差异，也就会相应地形成不同的审美敏感力和审美判断力。怎样才能形成较高的审美品位呢？文化素质越高，审美经验越丰富，就越容易产生较高的审美品位。

(1) 丰富的文化知识是基础　要想拥有较高的审美品位，没有一定的历史、文化等方面的知识做铺垫是不行的。在既定的社会中，总是有雅、俗之别，这很大程度上取决于不同审美主体的文化知识和素养。

(2) 充足的审美经验作铺垫　拥有较高的文化水平也并不一定就会形成较高的审美品位，在进行直接或间接的文化知识学习的过程中，涉及的日常审美经验和旅游审美经验的相关知识和实践越多，就越有利于形成较高的审美品位。一个经常阅读中国古代文学书籍的人，一定在进行中国旅游文学审美时具有较高的审美品位；一个艺术家在进行旅游艺术美审美时，一定具有较高的艺术审美品位。

(3) 高昂的审美激情做推进　在日常的审美活动中，审美者要自觉地去形成一种投入的精神，只有集中自己的注意力进行审美，才能够更好地把握美的事物，辨别真正的美与丑，才有助于形成以良好审美判断力为前提的审美评价，最终形成较高层次的审美品位。

3. 审美理想

审美理想是对审美最高境界的一种追求，这种境界是相对而言的，是审美的至上标准，体现着人类发展的终极目标和超越现实的愿望。审美理想一般表现为完美的感性意象或生动具体的美好图景，具有经验性的形象特征和标准。它是在审美经验的基础上产生的，是对审美经验的高度概括。审美理想是相对的，具有可变性，随着社会的发展而变化。在阶级社会里，审美理想尤其具有明显的差异性。各时代、各阶级有其自身的审美理想，从而形成了一定时代的审美趣味，因此审美理想和审美品位密不可分。审美理想还同时具有历史继承性和共同性。每个时代的审美理想都带有历史的痕迹。审美理想渗透于审美感受之中，主宰着一个民族、一定时代和一定阶级的审美品位、风尚和趋向。“环肥燕瘦”代表的是唐汉两代不同的审美观。古代妇女的裹脚、清代的长辫子、“文革”时的红军装也是特定时期的审美理想的产物。审美理想表现的不仅是个别人的直觉趣味，而且是整个社会集团和社会阶级的审美关系的实践，因此，审美理想与一定的世界观、社会制度和实践要求密切相关，并在许多社会因素的影响下产生和发展。在改革开放后的今天，人们物质生活水平有了极大的提高，继而对精神生活也有了新的要求：人们要求和谐的社会环境，要求安定的生活，要求参加审美实践，希望欣赏艺术，希望去旅游，这时对审美理想的追求和向往就会变成审美实践的动力。同时，审美理想在审美实践过程中会起到方向性的指导作用，也会对形成较高层次的审美体验起到一定的作用。

二、审美实践阶段

审美实践阶段是一种积极的心理活动阶段，其中包括感知、想象、理解、情感多种因素的交错融合。审美愉悦与一般的生理愉悦、道德愉悦、求知愉悦不同，它是更多的心理功能活动的结果。例如，一部歌剧能使人感到审美愉悦，就必须能够调动起人们多种心理功能的主动活动，因此审美实践不是一种被动的活动，而更注重审美者的积极主动的实践。

1. 审美实践的四大心理要素

审美是客观现实中美的事物在人们头脑中的反映和人们对美的事物的态度体验。审美活动既由外界事物引起，又受主观心理因素的制约。我们把参与审美的心理活动过程和在审美过程中形成的个性特点总称为审美心理结构。参与审美的心理过程主要是审美认识过程、审美情感过程。审美认识过程包括审美的感觉、知觉、记忆、思维、想象和审美评价。有时我们习惯于将这些具体的审美过程称为审美感知、审美想象、审美情感和审美理解。

（1）审美感知　指审美主体通过感觉、知觉对审美对象形成的初级审美认识。一个美观的形象、一段美妙的音乐、一阵美好的芳香、一股美妙的味道、一种充满美感的触觉都能给审美主体带来不同程度的快感和精神情感的愉悦。感觉和知觉，借助于感官产生的初级心理感受，是人认识过程的开始。审美实践的最初阶段，就是产生美感的最初阶段。审美感知与普通感知是有所不同的。

首先，审美感知是通过具有新、奇、特等特征的刺激引起的，所以审美主体在感知时带有强烈的好奇心。由于这种刺激，审美主体的感官便会全力集中到审美对象上，从而获得一种初步的审美感受。这时审美主体没有普通感知过程中的功利性倾向，眼前的知觉对象不再被看做是为了完成某项工作而可利用的东西，也不像对熟悉的对象那样熟视无睹和无动于衷。

其次，审美感知最突出的特征是审美对象与审美主体产生了共鸣，这也与普通感知不同。审美对象的各种美学特征和美学意蕴等与主体的审美经验、审美兴趣、审美理想结合到一起，这时审美主体超越了外部世界中那些与生存和功利直接有关的部分，而转向那些超越现实的部分。这时的体验是直接的，因为通过审美感知得到的是一种直觉的愉悦。这种愉悦不同于普通感知的由自我意识所造成的精神愉悦。

审美感知的渠道主要是视、听、嗅、味等感官。在人的感官中，具有审美作用并成为审美感受基础的主要是视听感官，视觉和听觉之所以是主要审美感官，因为其具有认识功能并能有效地为理智服务，而味觉、嗅觉等器官则在审美观赏中起到一定的辅助作用，但也不容忽视，有时味觉、嗅觉等器官的作用也会占据相当重要的位置，例如，进行社会旅游活动审美中的饮食审美时，如果只是利用视、听这两个审美器官的话，就会闹出笑话来。所以，在人的审美感知的过程中，缺少了哪一个审美器官的审美都是不完美的。

(2) 审美想象　审美想象指的是审美主体在进行审美实践时，在审美客体表象的刺激下，回忆或联想其他事物而产生心境和情感的心理活动。审美感知在一定程度上可能会受到审美对象的局限，而审美想象则是心灵摆脱现实世界的束缚，指向理想、指向憧憬的创造。想象是审美的关键，它可以使感知超出自身，使情感构造出一个多样化的幻想世界。在审美过程中，人们对审美对象内在意义的理解不是靠概念而是靠想象来实现的。人们可在感知理解的基础上，通过想象创造，组合成更美满的意象，从而突破感知的局限进入审美世界。这时人们看山则稳，观水则活。例如：看绿色我们会想到植物的颜色，想到生命和希望；看到玫瑰会联想起爱情；再如：我们游览庐山时，面对美丽的三叠泉，面对优美的山景，旅游者通过准备阶段的审美感知后，又会产生强烈的审美想象，想到中国的一部爱情电影——《庐山恋》，进而会有一种陶醉的感觉，甚至会产生审美幻想，期望在如此美妙的景致中，亦有自己的心上人相伴。因为，旅游者会不自觉地在眼前的景观中寻找影片中的景象，会在审美中不断回味、咀嚼和遐想。联想想象给审美活动以活力，具有创造性、自由性和超越性。但是审美想象必须要有原料，原料是大脑内图式的积累，它来自于以往的审美经验，在形形色色丰富的生活中，在无意识或有意识中日积月累。上述事例中，《庐山恋》中主人公的爱情故事就是审美想象的原料。审美想象既借助于大脑储存的图形，但又不局限于原有的图形层面，它不是普通的再现，而是对原料进行改造、浓缩、丰富和创新的过程，虽然来源于现实，但却又高于现实，更可以超越现实，以满足人类的审美需要。

(3) 审美情感　指伴随着审美感知和审美想象中的主体对客体的一种主观情绪反应。审美感知和审美联想的审美实践活动中必然伴随着一定的感受和感动，并表现出体验美的快乐，使审美主体产生强烈的美感。审美情感不是指最终获得的审美体验式的情感，而是审美过程中出现的一种心理现象。从审美情感的产生和表现形式来划分，可分为如下几种。

① 直觉情感：直觉情感一般常伴随在审美感知的左右，通过对审美对象表象的审美感知，会产生一种迅速而短暂的心理感受，表现为淡淡的喜悦、淡淡的忧伤。实质这是一种浅层的爱憎。直觉情感产生迅速，但也很容易发生变化。它或随着审美感知的深入而消失，或是随着审美理想的介入而深化。例如：人们在对黄山云海进行审美时，往往初见黄山云海立刻产生惊喜，因为黄山隐于雾中的情景、云雾升腾游走的状态给人的是一种新鲜的感觉。

② 形象情感：形象情感是在审美感知和审美想象的共同作用下产生的一种审美情感。

一般沉浸在一定的审美意境和场景中，产生一种较为强烈和持久的快乐。当然，我们也要清楚的是形象情感也是一种较为主观的情感。从这一点来说，它与直觉情感有着一定的相似之处，但又有着本质的区别，它是较之于直觉情感更为稳定的情感。还是举审美黄山云海的例子来谈，当旅游者面对黄山云海进行较为长久的驻足后，就会发现云海犹如大海，如此宽广，而云雾的缥缈又使旅游者不能得见黄山的全貌，同时，又联想到有着道家风格的陶渊明的诗句，想到道家的自然、悠然和超脱的境界，甚至想到老子和庄子。于是，旅游者产生了复杂的审美情感，不再是单纯的直觉情感阶段的欣喜了，变得沉默不语，似有心事，甚至惆怅，当然亦会伴有喜悦。

③ 理性情感：理性情感是在审美理解的基础上产生的，是一种较为客观的审美情感，不同于直觉情感和形象情感。在一般人的认识当中，认为审美情感只是审美者主观的心理表现，而往往否认其具有理性因素的一面，实际上，当我们细细想来，我们会发现：审美情感有时也具有理智的层面，在审美理解中必然伴随着相应的审美情感。审美情感是存在于人的审美实践的各个角落的，而在审美理解中，也必然有审美情感的参与。例如在进行对澳门这个社会美的对象进行审美时，因为了解澳门的历史，所以有着对澳门历史的联想，并产生强烈的爱国主义情感，甚至萌发中国人一定要自强不息、为国为家争气的理性情感；同时面对疯狂的赌城，传统的中国人也会理智地进行分析，会产生一种排斥，这也是一种理性的审美情感。

【小思考】

理性情感是否是一种矛盾的说法？试分析理智与情感的区别和联系。

(4) 审美理解　审美理解是一种同感知、想象和情感交织在一起的感性理解活动。审美理解与感知、想象和情感等一起作用于人的审美心理，具有一定的认识功能，但并不是概念的认识。审美理解不是通过概念的推理和判断进行抽象地理解，而是在审美直觉基础上形成的一种审美领悟。审美主体能识别感受到审美刺激，并运用已获得的经验和知识对审美对象加以分析、理解，从而形成一种更加强烈和持久的审美愉悦。例如，苏东坡在密州时，一个中秋之夜，他先看到的是一轮明月，从明月联想到天上的广寒宫，再想到与弟弟的分离，从出世转向入世，又从不理解转为理解，明白了“此事古难全”的道理，最后写出千古传诵的名言：“但愿人长久，千里共婵娟。”这个审美的过程是一个从对月亮最初的感知到对人生的理解领悟的过程，是一种审美理解的过程。审美理解具有规范想象、提升感知的作用。如果没有理解，想象有可能变成胡思乱想。

2. 审美体验

(1) 粗浅的快乐体验　粗浅的快乐体验层次是审美者刚刚接触审美对象时的一种审美体验，这种粗浅的快乐体验，往往是比较容易得到的一种体验。人们在进行审美时，刚刚接触审美对象，还没有进行过多注视和思考，只是通过眼睛和耳朵等审美器官对审美对象产生的浅显的、粗略的、最初的、全貌性的审美认识，往往伴随着直觉情感，产生一种盲目、短暂的快乐体验。这种快乐体验往往是建立在对审美对象的新奇感和表象体验上的。这个阶段的体验往往较多地表现为审美感知的参与，其他审美心理要素虽也有参与，但不会起到决定性作用。例如，刚刚到海南岛的大海边进行审美时，初见大海立刻欢呼雀跃，有些人甚至迫不及待地扑向大海的怀抱，这种体验就是一种粗浅的快乐，无须过多静默观赏和潜心品味。

(2) 深层的愉悦体验　随着审美实践的推进,粗浅的快乐必将转化或消失,由于更多驻足、更多注视和更多思考,促使审美者进入较深层的审美体验。如果说前者是生理和初步简单的心理感受的话,那么,这一个层次的审美体验则是走向心灵深处的审美体验。这个层次的审美体验有审美感知、审美情感和审美想象的参与,从有限的对形象的感知不自觉地感受到某些更深远的东西;从有限、偶然、具体的视听形象中,领悟到无限的内在因素,从而得到更加深层的审美体验。这个阶段体验的主要特征是较为长久稳定和不容易变化的愉悦。例如,经历过粗浅的快乐体验的旅游者开始驻足观赏大海风光,会被大海的宽广所倾倒,产生心胸开阔的感觉和宽容、包容的心理追求;会被大海的无情所震骇,产生恐惧胆怯的感觉和需求依托、救助的心理追求;会被海上交通工具所吸引,在进行娱乐或探险审美实践中,升腾出对于人类征服大海进行的创造和努力的赞叹,不禁又愉悦和快乐起来。

(3) 高层的超越体验　高层的超越体验是审美体验的最高境界。它是一种在道德基础上的超道德的人生境界,它不只是视听感觉器官的愉悦,也不只是心意情感的感受理解,而是整个生命和存在的投入。黑格尔认为这样的审美体验与崇高有关,是一种崇高感。当审美体验达到这一境界时,主体的整个心灵都平静了,用一种超然的审美心态达到彻悟,从中发现人生的真谛和永恒的价值,乃至达到对宇宙人生的大彻大悟,使主体感到同宇宙合为一体,似乎整个心灵的活动均已凝结,而身躯的一切束缚都得到了解脱,表现为超越一切功利的整个心灵的震颤与净化——就是我们中国传统中理解的"天人合一"的境界。正如一位学者所说:这时"再也没有物外的欲动,再也没有心外的生造。全都化作了染色的音响,全都化作了音乐般的云霞,弥漫在创造的机体之上。神气贯注,光华润泽,鬼斧神工,有机天成。"

【小测试】

请同学们选择一处景观进行实地观赏,分析一下自己的审美情趣。

三、审美回味阶段

在审美活动中,当审美对象离开审美主体时,或是当审美主体离开审美对象时,仿佛是审美活动的结束,其实,审美活动并没有真正结束,随之而来的就是审美回味阶段。在审美实践阶段我们的情感与审美对象的变化同步或共鸣,我们的情感被故事情节、眼前的艺术品、自然风光或优美的音乐旋律所感化,使我们的情感随着审美对象的变化而变化,常常是不能自主、不能控制的,体验是强烈的、情不自禁的,处于"如痴如醉"的亢奋的状态。很多人在参加音乐会后,都会有这种体会。当人们在听音乐会时默不作声,独自感受艺术之美,待到音乐会结束之后,人们仍然沉浸在美的陶醉中,继续进行音乐会的审美。通过审美判断和评价,来延续音乐会的美感。审美回味阶段是审美实践的必然结果,也可以说是审美实践的后效,这种现象是普遍存在于任何审美过程中的。回味能够使人静静地审视美的独特内涵,寻求更佳的意趣;回味就是令人拨响引发共鸣的音符,默默思索其中高雅的哲理。审美欣赏、审美实践都离不开回味,回味有赖于审美主体对美的景物的感受力、鉴赏力和创造力,当然也包括甚佳的心情、良好的氛围,同时还需要辅以能与之交流的共勉情境。美感在每个人具体审美活动的回味中得到强化,真正的快乐体验也只有在每个人的审美活动回味中才能得以升华。

审美回味阶段有很多作用：

(1) 审美回味可以延续加深审美主体的美感体验 审美实践中留下的某些记忆和痕迹，在审美回味中复活、再现，审美主体常会有一种“余音绕梁、三日不绝”的感受，这种审美回味不仅可延长和加深主体对审美对象的情感感受，而且还可能发现和领悟出先前从未曾领悟到的新的乐趣，并作为审美经验积累下来，成为主体的相对稳定和持久的心理要素。

(2) 审美回味可以自觉地提高审美判断和敏感力 审美回味可以有助于审美判断力和审美敏感力的提高，进一步增强审美能力。审美能力不是生来就有的，而是后天通过学习得来的，是在多次的审美实践活动中逐步形成并不断提高的。审美回味就是一种提高审美能力的方法。

(3) 审美回味可以增强审美趣味并实现审美理想 审美回味可以增强审美趣味和实现审美理想，成为下一次审美活动的动力。表面上看似乎回到了审美机制的原点，但这是一种螺旋式的返回，是更高层次的返回。在审美回味时，虽然具体的审美对象已不再直接呈现在主体眼前，主体也不再会有直观对象的审美体验，但这种得到强化的新的审美需要和欲望，不仅会推动审美欣赏持续发展，而且会推动审美创造，一般来说，这种审美的回味促使人们追求美和创造美，成为追求和创造美的动力。人们对审美的追求往往是伴随一生。我们都读过白居易的《忆江南》，在中学读它时是从文学的角度来欣赏领会的，其实这首词正是白居易在江南旅游后，回到洛阳对江南旅游审美回味的描述。

审美心理机制由审美准备、审美实践和审美回味这三个部分组成，而这三个部分之间是一种渐进和逐步深入的关系，所以，在日常审美中，缺少了哪个层面的审美实践活动都不是完整的审美。当然作为审美主体而言，因为个体差异，审美者的审美心理机制会各不相同，即使是同一位审美者，对于同一个审美对象，每次审美所经历的心理过程也会有所差异。

模块三 审美种类

引导案例

海南昌江县的棋子湾坐落在峻壁角海滨，全长15公里，是海南岛诸多景色旖旎的海湾中海水最蓝、海滩最长的海湾。棋子湾波平浪细黄沙漠漠，石头城嶙峋起伏怪石磊磊，好似千簇秀石拥海湾，万亩沙漠落海南。奇姿百态的天然石景观如同鬼斧神工般遍布在“S”形海湾上，令人震撼。棋子湾的沙滩与众不同，不是我们常见的细沙沙滩，而是遍布鹅卵石光的海滩。

棋子湾的神奇特色，吸引了无数游人。游客到了这里无不惊叹不已，流连忘返，搞的旅行社又是欢喜，又是愁。欢喜的是游客每次来到这里，满意度都非常高，愁的是每次在安排行程时虽然都会考虑到游客的需求，在棋子湾游览时间安排上尽量宽松，但游客还是觉得待不够，不愿意离开。

棋子湾拥有较多的旅游审美吸引物，通过观光类旅游活动根本无法达到旅游者审美需求，因此，应该在开发此类旅游产品时考虑将其定位为休闲或度假类的旅游产品。不同种类的审美对象，需要不同的体验方式，如果旅行社对美、审美、旅游审美的种类有系统的了解，那么旅游产品开发和旅游行程安排将变得更为合理。

要想对审美的种类进行把握，我们有必要首先对美的种类进行分析，这样我们才不至于混淆美与审美的概念，进而对审美种类的理解更加清晰明了。另外，本书主要研究旅游与审美，因此，在对审美种类分析后，我们还要清楚地认识旅游审美的种类，以便于后边章节的学习和研究。

一、美的种类

通常，我们把美分为自然美、社会美和艺术美三种类型，前两者属于现实美的范畴，后者是现实美的审美反映。

1. 自然美

自然美指大自然中的自然事物和自然现象中存在的美。大自然的美是最常见、最基本的形态美，它包括日月星辰、风雨雷电、雾霭流霞、佛光蜃楼、山川峡谷、江河湖海、流泉飞瀑、树木花草、鸟兽鱼虫等所体现出来的美。自然美的形态多种多样，不同的条件下，同一自然美拥有不同的审美形态；相同的条件下，不同的自然美拥有不同的审美形态。

2. 社会美

社会美指存在于社会活动中的美。它直接来源于人类社会实践。社会实践的主体是人，没有人的美也就没有社会的美，所以人的美是社会美的最高体现。人的美体现在两个方面：一是以人体美、动作美、装饰美和风度美为表征的外在美；另一方面是以心灵美、精神美、人格美为内涵的内在美。社会美与自然美的最大区别在于：社会美以内容为决定性因素，而自然美则以形式取胜。社会美带有明显的价值取向，具有相对稳定和确定的特征。不同时代、不同民族和不同阶级都有着不同的社会美的审美标准。

3. 艺术美

艺术美是艺术家按照一定的审美理想、审美观念和审美情趣，对现实生活中的自然事物和社会事物进行艺术创造，把审美意象物化出来而形成的美。艺术美集中反映了人和现实的审美关系，因此艺术美是审美研究的主要对象。艺术美是社会生活实践中典型性的创造，比生活原型更具理想性，它往往是超越了生活中时空的限制，更具有普遍性，是艺术家的主观创造与客观现实的完美统一。

二、审美种类

在研究旅游审美分类之前，我们有必要对一般意义上的审美种类进行分析。人们在审美过程中体验到的美的形态和审美的过程是多种多样的，我们既可以根据美的分类将审美的种类分为自然审美、社会审美和艺术审美三种审美类型；也可以根据人类审美对象范围的不同，将审美种类分为日常生活审美、旅游活动审美；另外，还可以根据人类的审美情趣将审美种类分为阴柔型、中间型和阳刚型。在这里我们根据人类的审美意识将审美种类分为自发性审美、自觉性审美、创造性审美。

1. 自发性审美

自发性审美指的是人类在日常生活中，不自觉地受到常住地文化的浸染和影响，会不自觉地进行对日常审美对象的关注、观赏和评价。这种自发性的审美往往会和功利性相连，因此其审美的特点表现为暂时性、可变性和随意性。因为与功利性纠缠，所以具有暂时性；因为没有审美目的，所以具有随意性；因为暂时性和随意性，因此自发性的审美又是极其易变的。例如：日常生活中人们对于衣服的选择，没有自觉审美意识的人在选择衣服上往往追求时尚，今天可能是紧身纤细的健美裤，明天有可能就会换成秋风扫落叶式的肥腿裤子，真是今朝“环肥”，明朝“燕瘦”，误把时尚当做美。所以从这个意义上来讲，自发性审美又带有一定的盲目性。这种自发性的审美如果不加进理性的成分对其进行引导的话，那么，审美者就不会真正懂得区分美丑，更不会懂得抑丑扬美，不仅不利于自身审美品位的建立和审美理想的实现，而且更不利于整个社会的良性与和谐的发展。

2. 自觉性审美

自觉性审美指的是人类在日常生活中，在各种审美活动中，对审美对象进行有目的、有方法的理性观赏和评价。自觉性审美包括日常生活用品的审美、日常工作环境的审美、日常娱乐活动的审美、日常艺术鉴赏活动的审美和旅游审美等类型。人类只有进入到自觉性的审美阶段，懂得自觉地去欣赏评价一切审美对象，才意味着人类真正的人化。也只有人类进入到了自觉性的审美阶段，人类的审美经验才极大地丰富起来，人类自身的审美品位和审美能力也随之得到不断的提高，而审美品位和审美能力的提高，也必将是人类文明程度的重要标志之一。

3. 创造性审美

人类对美的认识从自发阶段的不关注美，到自觉阶段的关注美、发现美和认识美，必将走向创造美的阶段。创造性的审美指的是人类在进行一系列的创造活动中，采用审美的方式去创造生活、创造社会。这种创造活动不仅是一种创造活动，更是一种最高层次的审美活动。创造性审美包括艺术家的创作审美、企业家的企业形象塑造审美、规划者的创意策划规划审美、教师的审美教育的创新审美等等。审美经验越丰富就越会激发个人和社会的审美创造力，审美创造就越多，而创造性的审美也会增多。在人类社会中，创造性的审美是我们追求的最好审美类型，它必将随着人类社会的发展、人类文明程度的提高，而逐渐地凸现出来，并取得重要的地位。

【小讨论】

根据以上关于审美种类的讲述，开展实训小组间的讨论，分析自发性审美、自觉性审美和创造性审美之间的区别和联系。

实训：对承德避暑山庄中残荷的赏析

【实训内容】

（一）了解有关荷花的历史之美

要想了解残荷的美学内涵，必须从两个方面来把握：一是荷，二是残。首先就要自觉地去了解一些有关荷花的历史文化知识，以便在欣赏时更好地理解残荷。我们要了解中国的荷花文化，明了中国古人对荷花的认识，阅读众多的描写荷花之美的优秀诗篇。在中国，荷花有很多种含义。首先，荷花一向被人们视为圣洁的象征，因此，荷花与佛教有着千丝万缕的关系；其次，荷花被人们当做美丽的化身，唐朝大诗人白居易就曾用"芙蓉如面柳如眉，对此如何不泪垂"来形容中国古代四大美女之一杨玉环的容貌，"出水芙蓉"一词则直到今天都还被人们用来形容国色天香、倾国倾城的绝代佳人；另外，荷花被人们用来比拟品行高洁、正直谦虚的君子，所以荷花也有"花中君子"的别名。千百年来，无数骚人墨客为之心神相系，梦魂萦绕，于是或挥毫泼墨，或浅唱高歌。南朝《西洲曲》记载，"采莲南塘秋，莲花过人头；低头弄莲子，莲子清如水"；南唐中主李璟《浣溪沙》中写道，"菡萏香销翠叶残，西风愁起绿波间"；南宋杨万里亦有诗云，"接天莲叶无穷碧，映日荷花别样红"；宋代周敦颐《爱莲说》中写道："予独爱莲之出淤泥而不染，濯清涟而不妖，中通外直，不蔓不枝，香远益清，亭亭净植，可远观而不可亵玩焉！""莲，花之君子者也……莲之爱，同予者何人？"

这些自觉性审美经验的积累会提高旅游者的审美敏感力和判断力，虽然是无形的，但却对人的审美体验起着不可磨灭的作用。在旅游审美活动中，这些经验会不自觉地体现在审美感知、审美想象、审美理解和审美情感中，促使旅游者更好地把握残荷之美。

（二）寻找最佳的观赏环境之美

要想赏析残荷之美，须选择较好的荷塘为背景，我们选择夏末承德避暑山庄的荷塘。避暑山庄湖区面积为500亩左右，被岛和堤分割成"澄湖"、"如意湖"、"镜湖"、"银湖"等不同的湖区，湖面碧波荡漾，堤岸杨柳依依，湖中莲菱摇曳，一派江南的秀色。驻足承德避暑山庄，除了关注清代皇帝的宫廷建筑的形式之美和历史文化之美外，更加醉心于离宫中的优雅的、清新的环境。人们喜欢烟雨中楼阁的神秘，也喜欢湖水中盛开的荷花。对于荷花的观赏，很多旅游者往往钟情于荷花的怒放，因为荷花盛开将湖面衬托得艳丽动人，绿与红的映衬如此协调，动与静的配合如此和谐。其实，不仅是完美的荷花让人产生一种美感，就是残荷也别有一番风致。但观赏残荷需美好的景区环境作衬托，而旅游者也需拥有一定的审美品位，才可以得到残荷美的真谛。

（三）远观荷塘全貌感受形象美

观赏旅游审美对象，须变换地选择审美位置，在步移景易中体会荷塘的全貌和荷花的状态。首先就要从总体上对整个荷塘进行审美，没有荷塘总体风景的秀丽，就没有动人的荷花之美。试想在臭水沟中生长出来的荷花再美，也会令人生厌，决然得不到任何愉悦和快乐，因此选择一个较好的荷塘环境对于审美残荷很重要，有利于旅游者构建良好的意境美。

（四）水心榭中感受特写的残荷

选取了一片较好的荷塘，还要选取观赏的最佳位置，来对荷塘中的某一部分进行细致深入的审美：

1. 伤感。面对眼前的残荷，回想起鲜艳的荷花怒放时的盛景，有着一丝欣喜，放眼望去却见残荷，油然而生凄凉、伤感之情，想起李清照的《一剪梅》："红藕香残玉簟秋，轻解罗裳，独上兰舟"，不禁泪落湖边……

2. 叹息。此时荷花开过，莲蓬采尽，昔日硕大的荷叶都折戟残败，栽到泥水中了。不禁想到人之生、老、病、死的自然规律，叹息人生苦短；不禁想起事物和人的辉煌和衰败，任何事物都有盛极一时的时刻，然而越是辉煌和光鲜，就越会昭示衰败之日不远矣，因此人应该懂得居安思危，不可盲目乐观。

3. 感慨。当旅游者在观赏时，不禁伤感和叹息，突然发现还有几茎残荷在秋风中坚守。残荷在凄凉的湖面，于萧瑟的冷风中坚挺着，抗争着，不肯折腰摧眉，更不肯跪倒于地，那张破损的残叶在秋天依然是一面旗帜，顽强地展示着它的价值。

4. 惊叹。当一叶轻舟在湖面荡起时，人们发现渔者从残荷的根部掘出一节一节的白藕，不禁惊叹，那破败的残荷并不是它生命的终结，只是暂时的黯淡和短暂的隐忍而已。只要气候适宜、条件良好，残荷必将又重新地焕发出它强大的生命力来。因此，终于明白"落红不是无情物，化作春泥更护花"的道理。

旅游者从对残荷外在形式美的感知，过渡到对残荷象征意义的感知，深刻地理解到残荷的精神内涵。超越现实的行将"毁灭"的残荷，体现着它的生存、睿智。旅游者亦可以通过残荷的形态、精神，产生奋发向上的精神，提高人的精神境界，从而产生审美愉悦。对残荷这一近距离的审美观赏，以审美感知为先导，借审美想象的翅膀任意驰骋，同时介入丰富的审美情感，渗入一定的审美理解。

（五）走出离宫默然回味残荷美

离开观赏残荷的地点，沿着堤岸走出离宫，旅游者的心中依然在继续品味残荷之美，不再有伤感，尽是愉悦。回味着残荷的状貌，体会着荷花的高洁。佳人也好，君子也罢，都是中国古人将植物人化了的表现，是荷花文化的体现。油然而生对中国古人的赞美：有了人就有了情，有了人就有了文化。没有人创造出来的荷花文化，荷花只是植物，而残荷尽失魅力。不禁慨叹中国古典文化的丰富和精深，慨叹中国古人的伟大和聪明。荷花在今日开放，文化自古代而来，自然界中的一棵小小的植物竟被他们幻化得如此温柔多情、如此圣洁清高，这就是文化的魅力，从而产生一种从未有过的兴奋。

【实训提示】

1. 实地模拟体验：教师可以利用当地一景物，例如：落日审美、小雨审美等，让学生进行实地体验。

2. 仿真模拟体验：教师可以利用相关或相近的影像资料，在实训室中，让同学们进行模拟体验。

【实训要点】

1. 教师要帮助学生进行审美经验的积累，有目的地对学生进行审美品位的教育和引导。

2. 把握旅游者审美心理演变的过程，让学生体会到审美机制中各个阶段的审美感受。

3. 实训中，注意引导学生充分运用审美想象、审美情感和审美理解，以便更好地推进审美感知的形成，从而得到更高的审美体验。

4. 通过深入的审美实践的体会，教师要善于帮助学生逐步培养起较强的审美敏感力和审美判断力，还要帮助学生确立一定的审美理想。

本章小结

1. 美是一种人的本质力量客观化后形成的、遵循社会发展规律而运行发展的、使人类能够从中感受和欣赏自身价值的社会存在。

2. 审美是人通过感性活动(感觉、知觉、表象)对美进行的感知活动。这种感知既包括对外在形式因素,如声音、颜色、形态等的感知,也包括对内在的要素如情感和象征意义的感知。

3. 审美运行机制可分为三个阶段:审美准备阶段,这是初始阶段;高潮阶段,即审美实践阶段;审美回味阶段,也称效果延续阶段。

4. 美分为自然美、社会美和艺术美三种类型;根据人类的审美意识将审美种类分为自发性审美、自觉性审美、创造性审美。

检　测

一、复习思考题

1. 在大千世界中,无处不美,那么什么才是美呢?针对这如许众多的美,人们会不断地去审美,那么什么又是审美呢?试谈美与审美的区别和联系。

2. 人类的审美活动的产生是人类心理需求发展的一种必然现象,根据人的审美心理特征,试分析旅游审美的特点。

二、实训题

选择一家文物类博物馆,组织学生进行考察,并围绕"文物美在哪里"、"怎样才能深刻感受文物的美"进行讨论。

项目二　旅游美学的认知

学习目标

◎ 了解　旅游美学的基本研究对象
◎ 理解　旅游活动中的审美关系和特点
◎ 掌握　旅游美学的基本内容
◎ 应用　解析旅游活动中的审美要素

本章导读

本章依据美学基本概念和基本理论，进一步探讨旅游美学的研究对象和基本内容，是由美学理论向应用过渡的关键章节。第一节探讨旅游美学的研究对象，第二节探讨旅游审美的基本特点，第三节探讨旅游美学的基本内容。

旅游美学作为一门新兴的独立学科，其发展历史并不长。中国古代认为中和、气韵、意境是审美的基本形态。后来姚鼐曾提出“阳刚之美”和“阴柔之美”的论述。王国维在开始引进西方美学思想时，从西方美学中“美与崇高”的划分方法出发，最先提出优美和壮美这两种基本形态。在旅游学研究的初期，学者们就高度重视美和审美在旅游活动中的作用。美国罗伯特·麦金托什就曾指出：“作为已在形成的边缘学科，它涉及美学、心理学、经济学、管理学、社会学等领域。”他把美学放在旅游学涉及的学科的首位，可见他对美学的关注。

当今中国的美学正在向更深入的理论研究和更广泛的实用美学方向发展。美学横向的发展正在以不可阻挡之势向人们日常生产生活的一切领域进行渗透：技术美学、装潢美学、服饰美学、设计美学、烹饪美学、旅游美学等一大批应用美学应运而生。这是美学旺盛生命力的体现，是美学发展所表现出的学科交叉渗透的必然。旅游美学在这个时候出现，顺应了美学发展的趋势。从旅游的角度来看，旅游美学的出现是旅游自身发展的需要。近20年以来，我国的旅游事业得到空前的快速发展。国内游、出境游和入境游成为我国三支浩浩荡荡的旅游大军。但是不论他们出游的动机和采取的形式有多么的不同，其目的都是为了在旅游过程中寻求愉悦、增添乐趣，追求美的享受。其目的的本质都是审美。

旅游美学是美学应用学的一个分支。它以美学基本原理为理论基础，以旅游审美活动为自己的研究对象，分析旅游客体的美学特征，探索旅游主体的审美心理，阐述旅游活动中的审美关系，讨论最佳的旅游审美方法，从而创造更加协调、更加和谐的旅游之美。旅游美学有两个显著的特征：第一，有很强的实用性，它研究的对象是旅游实践中的具体问题，通过研究将直接为旅游经济和旅游事业服务；第二，有很广泛的研究客体，它既包括食、住、行、游、购、娱旅游活动的六大要素，又涉及自然风景、人文古迹和综合社会景观等旅游资源以及大量的国内外游客、众多的直接或间接的从业人员。

模块一 旅游美学对象

引导案例

"农乐乐"是海南保亭县农家乐的特有旅游品牌。早在2008年,保亭就主张大力发展农乐乐,开展以"吃农家饭、住农家屋、干农家活、享农家乐"为主题的休闲旅游项目。上海的陈先生在网上精挑细选选中了独具特色的"六荣黎苗农乐乐",这里不仅可以吃海南黎苗的农家饭、住黎苗房,还可以采摘海南热带水果、海钓、划船。陈先生一家一行7人,在2013年11月来到这里度假。来到了这里,陈先生一家计划住5天,但是又延迟了两天,因为在旅游体验过程中,陈先生一家感受到,这里的一切比网上介绍的更好,这里的饭菜非常可口,这里的夜晚是那么迷人,这里的空气是那么清新。陈先生激动地说:"我每天都贪婪地大口大口地呼吸着众多的负氧离子,太好了,到处都是清新。尤其是身着黎族服装的阿叔阿婶的服务非常贴心。"一周后,陈先生一家不舍地与六荣黎苗农乐乐的服务人员道别。归途中,陈先生一家还在不断回味这里的美景,并决定春节不出国度假了,还要到这里来。

从这个案例我们可以看出,在旅游美学的研究对象中,陈先生一家是审美的主体,陈先生接触到海南、海南保亭和六荣黎苗农乐乐的一切等都是审美客体,给旅游主体带来美感,从而形成良好的审美关系。

旅游美学的研究对象,从总体上说,是研究旅游中的审美活动和审美关系,旅游活动涉及审美主体、审美对象和审美关系。

一、审美主体

审美主体即作为观赏者的旅游者,主要研究的是旅游者的审美心理。在旅游审美活动中,审美主体——旅游者无疑是旅游审美的核心,是最为重要的研究层面。因为审美对象的确立、创意、策划和规划必然要围绕旅游者的心理来进行,而审美关系亦是要追求以旅游者为核心的和谐关系。旅游者由于受其文化修养、社会地位、职业经历、志趣爱好、国别人种等多方面的影响,其审美心理是多种多样的,并且会随着社会的发展、旅游者素质的提高、审美经验的积累,呈现出变化性。所以,在旅游美学的研究对象中,审美主体是最为重要的研究对象,同时,它也是最难把握的对象,这就给旅游从业人员的工作带来了一定的难度。因此,作为旅游从业人员和旅游教育工作者,对审美主体进行细致深入的研究是前提,是关键。

二、审美对象

审美对象即旅游者的观赏对象。在日常旅游审美活动中,旅游者观赏的主要对象是自然景观、社会景观和艺术景观。随着旅游活动的逐渐普及，旅游方式的不断变化，旅游的审美对象的内涵不断丰富和扩大，几乎所有的审美主体可以接触到的事物都成为他们关注和审美的对象。例如，旅游服务、旅游企业管理等都已经成为旅游者关注的对象。

三、审美关系

审美关系特别强调人与人之间的关系，审美关系包括人与景观的审美关系、旅游者和旅游从业人员之间的审美关系。旅游景观、旅游者和旅游业是旅游活动中的三大要素。有人形象地说，旅游者围绕景观转，旅游从业人员又围绕旅游者转。他们三者之间有着功利关系、反映关系和审美关系。首先是功利关系，人们利用景观资源，利用设施、交通、饭店等各项资源为旅游经济服务，满足旅游者的物质需求；其次是反映关系，旅游者要研究景观形成和发展的规律，以满足其探索求知的需求；第三是审美关系，在这个层次上，旅游者、旅游景观和旅游从业人员是和谐美好的，人们或从中发现美、品赏美，或在其中维护美、创造美。

【小思考】

选择一当地的景区或你熟悉的景区，分析并尝试列出该景区为旅游者提供的旅游审美的种类。

四、旅游审美的分类

1. 观光性审美

观光性审美指在选择审美对象时，旅游者侧重于形象美较为突出的景观；在审美方式上，习惯利用有限的时间，审美尽可能多的景观，不追求深入了解和长久驻足，往往流于“走马观花”。观光性审美一般和大众审美有着密切的关系。随着人们生活质量的提高，观光性审美有时会向休闲性审美转变，有时会向度假性审美转变。但是，就今天的社会经济文化水平来说，观光性审美类型仍然是当今社会主流的旅游审美方式。

2. 休闲性审美

休闲性审美是随着人类社会的进步、生活水平的提高，从观光性的旅游审美类型中生发出来的。它强调在进行旅游审美的过程中，要求审美对象具备强烈的娱乐性和参与性，并追求新奇、怪异和特别，习惯利用较为充足的时间，进行较为细致和深入的审美。休闲性旅游审美包括运动性休闲审美、娱乐性休闲审美、保健性休闲审美等类型。休闲性旅游审美是较之于观光性旅游审美更深入的一种审美类型，不仅要观审美对象的形，还要品其意，同时还要进行各种新奇和独特的体验。

3. 度假性审美

度假性审美是一种最理想、最优美的旅游审美类型。度假性的旅游者往往强调审美对象的高品位和高层次，习惯利用较长的时间，进行最为悠闲、最为细致的审美活动。度假性审美类型的出现有赖于社会中高收入人群的出现，有赖于休闲度假地合理的规划与开发。度假性旅游审美是最为自由的一种旅游类型，旅游者可以在度假区内进行相对长期的生活，根据自己的审美需求，随时、随地、随心地进行各种审美活动，既可以进行深入的观光，又可以进行参与娱乐性的休闲。度假性旅游审美类型因为以旅游者的充足的时间为前提，所以具有较强的综合性和包容性。

模块二 旅游审美特点

引导案例

2003年世界三大游乐品牌之一的“环球嘉年华”巡回到上海。选址在东方明珠电视塔畔，时限一个月，“从6岁到90岁，每个人都可以在这里找到适合自己的游戏”。每天从下午3时狂欢到晚上11时，新颖的游艺项目、独特的运作模式，吸引了上海社会各界的关注。一个月内接待游客130万人次，日均4.3万人次，营业额突破1.3亿人民币，人均消费100元；附近的地铁站点，从以前的每天六七万人次，猛增至14万人次以上，最高达16万人次。

2011年世界三大游乐品牌之一的“环球嘉年华”再度巡回上海，从7月23日到10月30日，历时整100天，大大超越了前两届，也是迄今在中国大陆持续时间最长的一次嘉年华。考虑到上海的天气条件，主办方避开了上海的梅雨天，从而挑选了更适合户外活动的时节。同时，本次嘉年华100天里，涵盖了暑假、国庆黄金周、中秋节、学生秋游、上海旅游节等适合出游的时节，其中暑假一个多月，节假日、双休日共计34天。这么多的假期，还有什么理由拒绝出门放松身心呢？让孩子们远离电脑，痛快地玩一场；让大人们放下工作，开心地疯一次……

无论是2003年，还是2011年，他们都获得了极大的成功。与之形成鲜明对比的是中国的游乐业70%亏损，20%持平，能够盈利的不足10%。上海附近就有耗资几亿甚至几十亿的游乐园、主题公园，杂草丛生，满目凄凉。

通过此案例我们可以从中得到启示：巧妙地利用旅游审美异地倾向性的特点，把异国异地的嘉年华搬到了上海，成为“本地的异地”，从而最大限度地满足人们旅游审美中的娱乐倾向，是其获得成功的关键。

一、异地倾向

异地倾向指的是旅游者在进行旅游审美活动时，往往选择具有异地色彩的对象，寻求进行异地审美体验的旅游审美的特点。异地倾向既是旅游主体选择旅游活动的一个重要的心理动机，又是旅游审美实践活动中的一个重要特点。我们可以从以下几个方面来分析旅游审美具有异地倾向的原因。

1. 人类求新求奇审美需求的影响

从人类的本性来说，人类具有追求新奇和差异的特性，而这种特性体现在人类生活的各个方面。对于审美活动而言，同样也具备求新、求奇和求异的特点。在日常生活中，人们吃惯了大米白面，要吃小米高粱；人们习惯了大鱼大肉，要吃山野小菜；人们欣赏惯了高雅艺术，要欣赏乡间俚曲；人们坐惯了汽车，要坐牛车竹筏；人们住惯了高楼大厦，要住茅屋村舍……在这种审美需求的作用之下，旅游者在旅游活动过程中，无论是物质产品的审美还是精神产品的审美，都期待新、奇、特、异。

2. 紧张的现代生活城市化进程影响

现代社会城市化进程的飞速发展，也是促使有钱和有闲暇的人们选择旅游的一种重要原因。人们希望暂时脱离烦扰、紧张的长期居住的环境，求得一段时间的轻松和愉快。为了逃避紧张，摆脱都市生活的单调、工作的快节奏、人际间的竞争、环境的恶化，人们往往选择旅游这一活动获取片刻的宁静和休闲。人们尤其向往的就是异地旅游活动，异地旅游活动是一种无功利的审美活动，不再受到常居地的各种束缚和羁绊。异地旅游活动以其全新的旅游景观对旅游者进行刺激，从而有效地消除人的紧张，放松人的心情。有人对旅游统计结果做了大量的研究和分析，结果表明：空间距离的远近与出游动机的强弱成反比。距离愈近，愈懒得动身，距离愈远，愈能激发人们的强烈欲望。当一个人在自己长期的居住地生活了一段时间后，就会慢慢融入当地的社会，产生认同感，久而久之产生审美疲劳，对身边的山水、人文、文化习俗不再感到新鲜和好奇，失去了审美兴趣。而人们适时短期地改换一下自己的生活环境，就会得到更大的美感和放松。例如，生活在北方的游客，到南方去旅游，其目的是为了躲避寒冷；而生活在南方的旅游者希望到北方赏雪景、观冰灯；城市里的人长期为紧张的生活节奏所累，被高大的钢筋混凝土所压抑，想暂时躲避这喧嚣的"红尘"，到乡村、到山区小住几日；乡村里有钱有时间的人，住惯了乡间村落，亦想感受大都市的繁华。

3. 各种旅游媒体的旅游信息的刺激

当今的社会是一个高度信息化的社会，异国他乡的大量信息会通过各种媒体传到人们脑中。异地的旅游景观的图像和消息强烈地刺激着旅游者，引发旅游者的审美动机。旅游者一旦进行旅游异地欣赏审美对象，即会得到一种全新的感官刺激，从而产生更多的美感。

在研究旅游审美异地倾向时，我们也要注意一个问题，就是虽然求异是旅游审美的特点，但这个"异"是具有一定尺度的，它必须以一定的文化理解性和融合性为基础，否则，过分的差异，不仅不会令旅游者得到美感，反而会伤害旅游者的某种感情。通过研究旅游审美活动的异地倾向，我们可以针对旅游主体的心理，创造出具有个性、充满新奇感的旅游产品来。对于旅游企业来说，能够创造出最新、最奇的旅游产品，是旅游企业成功的关键。

二、求知倾向

求知倾向指旅游者在旅游活动中，存在着对异地文化认知和体验的审美心理。在人的旅游动机中，认知动机是引发旅游行为的最重要的因素。在书斋里读万卷书是为满足人们从理性上认识世界的需求，而走万里路去旅游是为了满足从感性上认识世界的需求。人们要了解地理、地质的概貌，可以像郦道元、徐霞客那样，去游览祖国的山川；要了解某地、某民族的地方风土人情，可以学习民俗学家，到某地去进行风俗考察；要了解人类的历史文化知识，可以到世界各地去寻访古人的遗迹；要学习宗教文化知识，可以遍访名山古刹。

当然，旅游中的学习与日常的学习是有所不同的。旅游求知较少具有系统性，是零星的，有时甚至带有一定片面性，但却不失趣味性和新奇性，常常给旅游者带来永久的记忆。例如，尽管南方人早就从书本上获得冰雪形成的各种知识，但当他们来到哈尔滨，第一次看到空中下雪时，仍然会情不自禁地跑到屋外，张开双臂去迎接，去触摸。当他们来到冰雪世界看到一座座晶莹透亮的冰灯、冰雕、冰塔时便会欢呼雀跃。旅游实践中得来的知识往往记忆犹新，保留在头脑中的时间较长。同样，生活在北方的旅游者到了海南，一下飞机看到的几乎全是不认识、没见过的植物，充满了好奇，恨不能尝遍所有的热带水果。当然，我们也会清楚地认识到，旅游者的这种"求知"不是"研究"，他们的求知只是为了了解相关知识，以使自己形成审美需求、增加审美经验和提高审美质量。

由于这种特殊需求，旅游审美必须得到知识的满足，才能获得比较圆满的心理感受。因此，要尽可能减少“唯美”式的开发和经营，而注意在旅游审美中融入恰当的知识性。

对于旅游审美的求知倾向的研究，可以使我们在掌握旅游者审美需求的基础上，有针对性地创造出各种类型的文化旅游产品。例如：修学旅游、考古旅游、地质考察旅游、生物考察旅游、电影节旅游、音乐节旅游、专业学习旅游、工业旅游、民族风貌考察旅游和取经旅游，甚至还有招商旅游，等等。

【案例 2-1】

溶洞是重要的旅游资源之一，一个旅游资料介绍说，“在海南 4 200 平方千米的火山岩区域中，已经发现了 200 多条熔洞”。一位游客问导游，为什么资料中把“溶洞”写成了“熔洞”？是不是写错了？恰好导游缺少这方面的知识，只好含糊回答了事。其实海南的这些熔洞大多是由于火山喷发岩浆流动造成的，与石灰岩为代表的溶洞是不同的。如果导游具备这方面的知识，那么旅游者就不会带着疑惑离开，其满意度也将大大提升。

三、娱乐倾向

娱乐倾向指旅游审美活动中，旅游者具备强烈放松需求、对娱乐因素更关注的心理特点。娱乐倾向是旅游审美最根本的倾向。人类本来就拥有爱玩的天性，在娱乐中赏景、在轻松中审美，才会令旅游者身心愉悦。

这种倾向可以从以下几个方面表现出来：从旅游的目的上来看，旅游活动表现为借助各种审美对象，以期达到愉悦旅游者身心的目的，这显然区别于为谋生而进行的劳动，也不同于为维持生存而进行的活动；从旅游的活动构成上来看，旅游活动这种娱乐行为实际上是众多的旅游审美行为的再组合；从旅游发生的时间上来看，旅游是发生在自由时间中的行为，表面上看，旅游与劳动在分享时间上是矛盾的，但是，旅游是积极的休闲活动，在功能上与劳动互为前提，可以成为紧张工作的有益和必要的补充。

从旅游审美的整个过程来看，旅游审美始终贯穿着娱乐感。旅游审美最初的感知阶段从人类感官的娱乐开始，其美感以直觉为特征，是旅游者与旅游景观审美对象接触中立刻感受到的美，主要是视觉和听觉上的满足和喜悦。接下来在审美想象的作用下，旅游者进行到较深一层的欢快喜悦阶段，以知性和想象为主要特征的。随后再加上旅游者的审美情感等心理要素的影响，旅游者达到一种和谐自由的状态。最后旅游者在各种审美心理要素的共同作用下，获得前所未有的最高层次娱乐状态。这时的旅游者积极思维，深入理解，把旅游景观的形象美和内在美与自己的审美需求和美感经验巧妙地结合起来，进行美的再创造，达到“物我交融”和“物我两忘”的境地，寓景于情，借景抒情，情景交融，人体各器官对美景协同感受达到高潮，产生美感升华，往往这时是旅游者最开心、最舒畅、最有感慨的时候，娱乐性得到充分体现。这种境界下的“乐”是深层次的乐，它与一般的“乐”不同。

【案例 2-2】

一位游客讲述了这样一件事：他随团去某国旅游，其中一个景点的旅游使他感到很不满足，到了景区，导游告知不可进入，只能远远观望。有海湾海石沙滩密林，可谓风景如画。“但是，虽然如此，却使人如隔靴搔痒。”这位游客说，“很多地方都看不清”，但是导游的回答是“可以租望远镜看”。租来看也只是看看，游客很快就乏味起来，“只好带着半生不熟的心情回来。”任何旅游者，即使是纯观光旅游者，也有一定的娱乐要求。这家景区表现了很强的生态概念，但是，从旅游市场的审美需求来看，是有很大欠缺的，如果能在遵守生态原则的基础上，适当开发参与项目，满足旅游者的娱乐需求，相信一定会取得更好的效果。

模块三　旅游美学内容

引导案例

海南民俗文化村总投资 1.2 亿元，是海南早期大型旅游项目之一。但是该项目建成开业后，一直处于亏损状态，坚持数年后，不得不停业。该项目失败的原因中，对游客没有很大的吸引力是一个重要的方面。由于该项目只是简单地移植各民族的文化生活，与国内各民俗文化村基本没有什么差别，自然无法引起旅游市场的强烈关注。游客在旅游中是有特殊审美需求的，不研究这种特殊审美需求，就不可能成功地开发和经营项目。

在对旅游审美对象了解的基础上，我们从四个方面对旅游美学的内容进行分析和研究：

一、旅游景观特征作用

1. 研究旅游景观的审美特征

首先就是要从旅游景观的分类上，明确自然景观、社会景观和艺术景观的分类方法，然后，再具体地对这三种类型进行审美特征的分析。把握不同审美类型的审美特征，可以为旅游创意策划提供基础，为旅游企业的经营提供依据，最终通过对旅游景观特征深入研究，为旅游者的审美活动提供更加鲜明的、有特色的审美对象。

2. 研究旅游景观的审美作用

在研究旅游景观的审美特征时，分析和研究旅游景观的审美作用也是必不可少的一个方面。旅游景观作用的分析与旅游者的心理、旅游业息息相关。充分地认识到旅游景观的审美作用，对创造和开发旅游景观意义深远。

二、旅游者的审美心理

1. 了解主体的审美心理构成要素

了解旅游者的审美心理的构成要素是进行一切旅游研究活动、旅游企业活动和旅游策划规划活动的前提和基础。只有充分地掌握旅游者的心理要素，才可以了解在旅游活动中，怎样更好地满足旅游者的心理需求，使旅游者能够兴奋而来，愉悦而归。一般来说，旅游者的审美心理要素主要包括审美感知、审美想象、审美理解、审美情感。这四大审美心理要素是主要的审美要素，在旅游者的审美过程中起到最关键的作用，也是最活跃的审美心理要素。这四个要素在进行旅游审美实践活动中的作用是交替进行和互相融合的，在这四大要素中，审美感知是基础，审美情感是主线，审美想象是动力，审美理解是方向。除了这四大审美要素外，还有一些辅助性的审美要素：审美经验、审美品位、审美理想等等。

2. 掌握主体的系统审美实践过程

只了解单个的审美主体的心理构成要素是远远不够的，因为如果只是零散地了解这些要素，就不能很好地把握旅游者的真正审美实践过程，更不可能在系统认识上了解各个审美心理要素的作用和地位。我们在研究审美主体的审美实践过程时，将其审美实践过程分为三个互相承接的部分：审美准备阶段—审美实践阶段—审美回味阶段。研究审美准备阶段可以更好地把握旅游者审美经验的准备、审美品位的层次和审美理想的状况；研究审美实践阶段可以更好地掌握四大审美要素的交互作用；研究审美回味阶段可以掌握旅游者最高层次的审美感受和体验。

3. 把握引起审美心理变化的因素

研究旅游者的审美心理要素、审美过程的构成都是为了更好地了解引起旅游者审美心理变化的各种因素，以使旅游从业人员能够把握这些变化，摒弃不利于旅游者审美心理良性变化的产品，创造出能够引起其心理良性变化的产品。

三、旅游的审美关系

1. 旅游者与旅游景观的审美关系

旅游者与旅游景观的审美关系是互为前提、相辅相成的。互为前提指的是两者都存在着审美潜能，旅游者的潜能包括审美需求、审美素养、审美能力以及一定的审美经验；旅游景观的潜能是以美学特征为表征的各种自然属性和社会属性。相辅相成指的是两者相遇后，相互激发对方的审美潜能，产生审美活动。这时两者的关系是以旅游者为主体，以景观为客体的主客审美关系。审美主体与景观情景交融，旅游者心理得到愉悦，感到心旷神怡。对于此种审美关系的研究，主要围绕旅游者的审美心理，开展一系列的旅游景观的服务和管理活动。根据旅游者的审美心理过程，进行设施设备构建、旅游景观的建设和展示，而由于旅游者的关注必然也在客观上促进旅游景观的发展。

2. 旅游者与从业人员的审美关系

旅游从业人员包括直接和间接地从事旅游服务的工作人员，他们与旅游者之间不单单存在着经济关系，更重要的是服务关系。旅游服务不仅可以满足旅游者基本的生活需求，更重要的是要在服务的过程中为旅游者提供一种精神享受。例如：旅游者外出旅游，人地两疏，因此他们希望有高质量的、精通业务的导游来做他们的向导，给他们的旅游带来便利与乐趣；在接受餐饮服务时，一般旅游者的想法是，能够吃到合自己口味的、卫生的、快捷的食品，进而享用有地方特色、风味的食品；在住宿服务上，他们要求住宿环境卫生、安静、舒适，各种服务设施较为齐备，同时建筑的风格应当是活泼、别致，与旅游生活的浪漫情调相吻合的。旅游从业人员在旅游者心目中已经成为审美对象，他们的言行举止、服务态度和服务技能都作为美学的表征呈现在旅游者面前。在这种情况下，这种审美关系就是一种和谐优美的关系。通过对旅游审美关系的研究和学习，可以揭示出旅游活动中各种审美关系发生发展的规律，发挥从业人员的主导作用，使旅游审美活动达到尽善尽美的状态。

四、旅游的审美创造

研究旅游美学还有一个重要的内容就是探讨旅游的审美创造问题。旅游审美创造包括旅游主体的创造性审美、旅游景观的创意策划规划和旅游企业的创造性管理三个部分。

1. 帮助旅游主体进行创造性审美

对于旅游主体而言，旅游者的美学创造指的是旅游者在旅游活动中能够以较强的审美能力去创造性地感知、理解和想象审美对象。面对生动丰富的旅游景观，训练有素的旅游者能够恰到好处地调控优化自己的审美心境去享受景观的美感，在旅游审美的心理过程中懂得强化感知、激励想象、推进领悟、升华感受，不断地深化审美过程，从而大大提高了旅游审美的质量。如何帮助那些旅游审美能力欠缺的旅游者提高他们的欣赏能力，让他们能自如地发现旅游美，欣赏旅游美，感受美的乐趣，创造出美的意境，也是旅游美学研究的一个重要的内容。

2. 帮助旅游企业进行创意策划规划

研究旅游创意，进行合理的、创新的策划和规划也是进行旅游审美创造的一个重要的方面。要想帮助旅游企业进行创意，策划规划出出色的旅游产品，就必须对旅游者审美心理进行深入的研究，首先要针对旅游市场的审美心理进行旅游资源的审美要素的发掘，然后再研究旅游产品的开发与审美心理的关系，同时，还要研究旅游市场开发与审美心理的关系，只有这样，才能够帮助企业策划规划出好的旅游产品，把握和获得旅游市场。

3. 帮助旅游企业进行审美管理创造

旅游企业的经营和管理也同样需要审美管理创造。旅游从业人员的审美创造首先表现为：接待旅游者的服务的审美创造；其次是接待旅游者的设施设备的审美创造，以及各个环节的细微之处的审美创造；另外，还要研究旅游企业在计划管理、人事管理、财务管理、市场管理和发展管理上的审美创造。

【小讨论】

结合实际例证，指导实训小组展开内部讨论，其讨论的内容是旅游美学研究对象中研究旅游审美创造的意义。

实训：一个北京旅游者对海南黎族民俗旅游产品的审美过程

【实训案例】

一个北京旅游者在搜索旅游信息时发现海南是中国黎族文化的唯一聚集地，因为他本身就对民族和民俗的东西感兴趣，所以在“十一黄金周”之初就乘飞机到海南专门欣赏黎族民俗，其选择的旅游产品是“黎族人家特色游”。

初到景区便被优美的热带自然风光所吸引，透过绿树的掩映，观看到的是一座座古朴的黎家住宅——船形屋，这里就是他即将入住的酒店——“黎家家庭旅馆”。入住已是晚上，走出船形屋，既可以独自赏景，又可以去倾听黎族男女的“隆闺”交谈，很是新奇。清晨起来，鸟儿叽叽喳喳的叫声将旅游者吵醒，呼吸着新鲜的空气，闻着到处都是芳草清新的味道，顿时疲劳全消，欣喜若狂。午餐是纯朴的身着黎族传统服装的阿婆端上的竹筒香饭、山兰酒，既干净又实惠。饭后，尝试嚼槟榔，感觉很怪，但亦很有趣味。饭后茶罢，和休憩于树林中、庭院里的黎族阿婆进行交谈，欣赏着她们的秀面和文身，了解到了很多相关知识。然后是倾听黎族民乐——鼻笛，欣赏黎族歌舞——竹竿舞，甚是开心。在特色黎族导游的带领下，还观看了黎族织锦的全过程，惊叹黎族人的勤劳和智慧，并当下购买了一些织锦旅游纪念品，还将自己亲手织做的黎锦作品买回来作为纪念。

海南黎族民俗休闲游归来，北京旅游者将特色的黎族纪念品分发给亲朋好友，亲朋好友都觉得有特色，该旅游者见人便说黎族民俗的奇特、有趣，当年春节，这个北京旅游者的几个朋友在他的鼓动下，再次来到该景点旅游，收获颇大。

【实训内容】

1. 根据旅游者的旅游审美动机，了解旅游者的异地倾向。对于北京的旅游者来说，南方的风光是较之于北方风光而言，更有吸引力。海南碧蓝的海水，清澈如水晶；海南的椰树独有南国特色；尤其是海南岛拥有中国唯一的黎族聚集地的称号，更加强烈地吸引着身在北国的旅游者。同时，黎族的聚集地往往建筑于原始森林当中，其空气中富含大量的负氧离子，有益身体健康。这也是北京旅游者选择该旅游产品的一个重要因素。久居北京，虽然享受着高度的现代文明，但是却不能经常享受清新的空气，而视觉也总是流连于高楼大厦之间，心情总是徘徊于快节奏和烦躁之中，因此，选择海南是愉悦身心的最佳选择。无论是休闲还是度假，海南的差异性的特点都是吸引北京旅游者的重要因素。

2. 通过旅游者对黎族歌舞歌曲的欣赏，了解旅游者的娱乐倾向。黎族的鼻笛几乎失传，所懂之人甚少，旅游者听着用鼻子吹出的曲调既增长了见识，又愉悦了身心；尤其是竹竿舞，深受旅游者喜欢，因为它是一项极富参与性的娱乐活动。

3. 通过旅游者对黎锦编织过程的参与，了解旅游者的求知倾向。旅游者通过观看黎锦的编织过程，不仅看到黎族小妹、阿婆的辛勤劳作，而且还可以自己亲自走到织布机前进行编织；不仅可以享受到特色劳动的快乐，更重要的是了解到织锦的知识。倾听黎族男女隆闺恋爱交谈，了解到少数民族人民对于恋爱和婚姻的态度及其风俗习惯。观看山兰酒、竹筒饭的制作过程，不仅闻到饮食的香气，而且可以了解古老的黎族的传统饮食文化知识；认真倾听阿婆讲述嚼槟榔的传说，品尝着天然的口香糖……这些都深深地吸引着旅游者，从而可以了解到旅游者强烈的审美求知欲望。

【实训提示】

1. 实地模拟分析：教师可以组织学生进行一次实地郊外活动，通过实地的审美体验，让学生浅谈此次郊外审美活动的体会。

2. 实训模拟分析：利用相关的出游活动的真实纪录影像资料，让同学在实训室中对旅游者的旅游审美活动进行分析。

【实训要点】

1. 选择一个较为典型的旅游者旅游审美活动的案例。

2. 根据本节所讲授的有关内容，对旅游者异地性、娱乐性和求知性进行细致透彻的分析。

本章小结

1. 旅游美学的研究对象，从总体上说，是研究旅游中的审美活动和审美关系，旅游活动涉及审美主体、审美对象、审美关系和审美分类。

2. 旅游审美的异地倾向指的是旅游者在进行旅游审美活动时，往往选择具有异地色彩的对象，寻求进行异地审美体验的旅游审美的特点。求知倾向指旅游者在旅游活动中，存在着对异地文化认知和体验的审美心理特点。娱乐倾向指旅游审美活动中，旅游者具备强烈放松需求、对娱乐因素更关注的心理特点。

3. 旅游美学的内容分为旅游景观特征作用、旅游者的审美心理、旅游的审美关系、旅游的审美创造。

检　测

一、复习思考题

1. 一家农庄要开发农业观光旅游，从旅游美学角度看，应该研究哪些问题？

2. 一位导游说："游客喜不喜欢风景是他自己的事，与我无关。"请分析对错。

3. 一位游客说，在海边旅游只是吹海风晒太阳，没意思！这句话表现了什么审美倾向？

二、实训题

做一次跟团旅游，观察导游在引导审美方面是否注意到旅游审美的基本特点。

阶段性综合实训1:一次艺术审美中对美、审美、审美机制和审美特点的把握

【实训目的】

通过本阶段的综合实训,让学生们了解什么是美,什么是丑,使学生们掌握旅游审美的基本机制和审美的特点。

【实训程序】

1. 教师选择几首乐曲,包括中国的民乐和较为低俗的音乐。

2. 教师要求学生对于美、审美、审美机制和审美特点的基本知识和原理做到熟练掌握。

3. 教师提供给学生有关艺术美的相关资料,让学生们进行仔细阅读。

4. 教师要求学生在欣赏艺术美的过程中,首先明辨什么是美,什么是丑?

5. 接下来,教师要引导学生去利用本章所讲授的审美机制进行审美,从而把握审美的特点。

【实训提示】

教师在组织学生进行艺术欣赏时,必须做好充分的准备,否则就不会得到良好的实训效果:

1. 组织准备:教师将学生分成若干小组,选出小组长,对音乐欣赏进行讨论、分析和评价。

2. 知识准备:教师要求学生以小组为单位进行对本阶段知识的回忆和复习。教师抽查每个小组中的一个学生对于本阶段知识的把握情况,做到心中有数,不合格的继续要求其进行复习,教师要做到耐心指导,甚至做好再次为不合格的学生讲述本阶段知识的准备,或是引导学生根据笔记进行自学,以使学生对全部知识和原理做到掌握和理解。

3. 心理准备:要求学生做好角色转换,学生要以一个真正的艺术审美者的角色对音乐艺术进行欣赏,首先要抛开私心杂念,做到全身心的投入。

4. 技能准备:教师要教授学生基本的艺术欣赏的技巧,让学生根据本阶段审美机制的相关知识,充分运用各种审美器官进行审美。

5. 物品准备

(1) 学生每人要准备好进行实训所需的教材、笔记本和笔。

(2) 教师要准备好相关的音乐欣赏的音像资料和其他相关的物品。

【实训要点】

1. 复习本阶段知识和原理要做到全部掌握,运用自如。

2. 做实际的艺术审美者,进行音乐艺术审美时要认真投入。

3. 要充分地调动各种审美器官,积极进行审美心理活动。

4. 总结分析研究要客观。

【实训考核】

教师要在学生的实训过程中,实施对各小组学生的考核:

(1) 抽查每个小组一名学生对本章知识和原理掌握情况,作为该组的知识考核的一项

成绩，进行打分，占 10 分。

(2) 检查每个小组学生对心理和技能的准备情况，进行打分，占 10 分。

(3) 教师检查各小组的聆听、讨论的记录，进行打分，占 20 分。

(4) 欣赏结束，要求每个小组选派一名代表，讲述本小组在音乐欣赏中对美、审美、审美机制和审美特点的理解情况，教师打分，占 30 分。

(5) 教师要求学生根据对音乐的实际欣赏过程和本阶段理论知识的学习，书写体验论文。每个学生上交一份，将同学的论文的姓名掩盖，组与组之间交换修改，教师把关，占 30 分。

项目三 旅游的自然美审美

学习目标

◎ 了解　旅游审美活动中自然美的作用
◎ 理解　旅游审美活动中自然美的特点
◎ 掌握　旅游审美活动中自然美的种类
◎ 应用　旅游审美活动中自然美的审美模式

本章导读

本章从旅游者的实际审美心理出发，对旅游活动中的自然美审美展开研究和阐释。其内容共分为三节，以递进的表达方式讲述了：为什么进行自然美审美？怎样进行自然美审美？自然美审美中的特点。便于研读，利于讲授。其中，第一节讲述了自然美的作用及种类，为第二节和第三节的讲述奠定了理论基础；第二节对旅游活动中自然美审美的基本模式进行了创新性的阐释，这种阐释又是建立在第一节的自然美的种类基础上的分类分析，是引导旅游者进行审美的重要部分，是本章的核心部分；第三节对自然美审美的基本特点进行了细致阐述。

模块一　旅游活动中自然美的作用及种类

引导案例

久居北京大都市的刘女士是一个白领，长期在外企的紧张工作使她疲惫不堪，终日紧张。一次在与同学交流中，其同学向她讲述了到海南度假的经历，她很受触动。于是她利用休假时间，于 2012 年 12 月到海南进行了一次自驾车的度假旅游。至今刘女士还对海南的美念念不忘：美丽的椰风海韵、动人的南山梵地、浪漫的天涯海角、多彩的黎族风情，让刘女士忘却了烦恼，忘却了都市，甚至忘却了自我，陶醉在海南的度假天堂中。7 天的度假旅游结束后，刘女士一上班，公司的同事就惊奇地发现刘女士气色和精神好多了，刘女士自豪地说：选择去度假旅游看来真的是最明智的选择。

此案例向我们讲述了一个生活在大都市中的普通旅游者的真实经历，说明了自然美审美的重要作用：不仅可以缓解人的压力，而且可以增添情趣，促进人的身心健康。

自然美在旅游审美中占有重要地位，在旅游审美的客观对象中，自然美占很大比例，因此，较之社会美和艺术美，自然美拥有更加广泛的审美主体。自然美是最具普遍意义和最广泛的一种美。不仅自身拥有独特的魅力，而且，它还同时参与社会美和艺术美的构成。随着社会经济的发展，城市化进程的加剧，自然美会越来越彰显出它的魅力，会越来越受到旅游者的青睐。

一、旅游活动中自然美的作用

（一）愉悦身心，丰富情趣

通过旅游活动中自然美的欣赏，可以使旅游者身心放松，获得极大的精神享受，满足人的基本的审美需求。自然的审美体验，是一种最直接的、最普遍的，也是最原始、最古老的审美方式，最能够涤荡人的心灵，使旅游者可以更快地进入身心放松的愉悦阶段。在审视自然美的时候，旅游者得到的美感体验往往和审美生理器官接触到的自然美的形式、色彩和声响等要素直接相关。一般来说，容易形成一种粗浅的快乐体验。同时，不同审美状态、不同自然条件下的自然美给人的审美感受是不同的。同样的自然界的雨：暴雨和小雨，因其本身的审美状态不同，所以会给人以不同的审美感受：暴雨一泻倾盆，气势磅礴，给人以痛快淋漓的感觉；小雨淅淅沥沥，洋洋洒洒，给人以神清气爽的感觉。自然美是客观存在的，但旅游者眼中的客观对象，会因为人的文化底蕴和心境的不同而有所变化。表面上，旅游者因个体差异而为自然美增添一定程度的主观色彩，古人的“感时花溅泪，恨别鸟惊心”说明的正是这个道理。实质上，旅游者在进行自然美审美时，头脑中的审美经验会自然而然地发生作用，和眼前的自然美结合起来构建出自然意境之美。旅游者自然美审美中构建的意境之美可以让旅游者暂时忘却现实，甚至达到身心愉悦的最佳精神状态。例如对于月光的自然美审美。同样是月光，因为不同的人、不同的心情、不同的时代和不同的审美经验，就会产生不同的审美感觉。有关山之月，“秦时明月汉时关”；有慷慨之月，“三十功名尘与土，八千里路云和月”；有浩渺之月，“海上生明月，天涯共此时”；有朦胧之月，“月上柳梢头，人约黄昏后”；有肃杀之月，“鸡声茅店月，人迹板桥霜”；有静谧之月，“缺月挂疏桐，漏断人初静”；有宜人之月，“野旷天低树，江清月近人”……

（二）缓解压力，促进健康

通过旅游活动中自然美的欣赏，可以调节旅游者心理节奏，缓解人的心理压力，解除人的疲劳。现代意义上的旅游兴起以后，机器大生产不断加重人们的工作压力，人被异化成机器的附庸，甚至异化成动物（卡夫卡的《变形记》），人们的身心受到了极大的、前所未有的束缚、压制和摧残，因此，为了重新找回自我，人们不断地要求回归自然，通过短暂的回归自然生活方式来获得轻松愉快、缓解压力。随着社会的进一步发展，人与人之间竞争的加剧，失业现象增多，当代人的心理压力不但没有因为科技的发展而减轻，反而加重了，心理疾病也越来越多，许多发达国家心理医生早已成为最热门的职业之一。其实，心理学家早就开始关注现代人的心理疾病和心理压力。除了自我意识调节、情感调节、语言暗示调节、理智调节、注意转移调节、合理宣泄调节和交往心理调节等方式外，心理学家又推出了审美心理调节：通过聆听音乐、欣赏绘画雕塑等艺术作品的方式来调整人的心理。而旅游审美从中脱颖而出，成为人们缓解压力、减轻疲劳的最好的调节方式之一。其中，旅游活动中的自然审美则是调节心理、促进健康的最佳旅游审美方式。

【小思考】

当你心理上压力过大或产生轻微的心理波澜时，请思考回归自然式的旅游能否缓解压力？你最愿意选择哪种自然景观？怎样的自然审美才可以缓解人的疲劳和压力？

（三）净化心灵，提升品位

当旅游者对自然美进行欣赏时，不仅会激发起对大好河山的热爱，同时，更重要的是通过对自然的形式美、色彩美和声响美的感受，使旅游者认识自然、了解自然，并在潜移默化中受到良好的审美教育。我们认为：在旅游活动的自然审美过程中，始终都贯穿着审美教育。在世界各国的教育方针中，都有德、智、体、美的教育内容。塑造完美人格，始终都是实现人的全面自由发展的必然要求。而在德、智、体、美能力的培养过程中，美育是根本。有了美育，人的智慧就有了新的动力，人的心灵品质和体魄就会闪烁出动人的光辉。旅游观光中的自然美的美育作用，是通过自然美的形式之美、色彩之美、声响之美体现出来的。主要表现在：以美怡情、以美健体、以美导善、以美求真。俄国教育家乌申斯基曾说：“自然，美丽的城郊，馥郁的山谷，凹凸起伏的原野，蔷薇色的春天和金黄色的秋天，难道不是我们的教师吗？……我深信美丽的风景，在青年气质的发展上所具有的那种巨大的教育影响，对于教师的影响来说，是很难和它竞争的。”

（四）产生磁力，推动消费

从市场营销学的角度而言，只有充分地吸引和满足消费者的心理需求，才能更好地实现企业的经济利益。旅游企业和旅游目的地通过对旅游者的心理进行分析，及时地把握旅游者对自然美喜爱的程度、类型，并加以满足。现代社会城市化进程的推进使得旅游者越来越对原始的、生态的自然美情有独钟，因此，只有抓住这一点，旅游企业和旅游目的地才能更好地去规划和开发出更加生态化的自然美来，才能更好地适应旅游者趣味的自然美。满足了旅游者的审美需求和审美心理，旅游者就有可能得到精神上的愉悦，旅游目的地和旅游企业的目标自然也就有可能实现。

二、旅游活动中自然美的种类

为了更好地理解和掌握自然景观的审美特征和审美方式，我们从自然景观的地理特征的角度对自然美的种类进行划分。

（一）地文之美

1. 山之美

“有山则稳”，孔子早就为山之美做出了最好的美学评价。人类早在远古时代就产生了对山的特殊的审美兴趣。面对高山，原始人一方面敬畏，一方面依附，后来产生了以敬畏和亲近的复杂情感为特征的自然崇拜心理。虽然时过境迁，但人们对大自然造就的山之美，不仅没有改变过钟爱，而且随着科技的发展、城市化进程的加剧，反而崇拜有加。古人说：“山得水而活，得草木而华，得烟云而秀媚。”山之美不单单包括山自身的要素，同时也离不开水、木、花、草和人，“荷笠带斜阳，青山独归远”，山与山中的万物相得益彰，更与人的社会化发展互相配合，互为补充。

（1）构造之美　山之美，主要由峰、崖、谷、石组成。峰，特指山凸出的尖顶，体现了雄伟、挺拔的美学风格，激发人的想象力，用以满足人的寻幽探险的审美理想；崖，是山石或高地陡立的侧面，多指险要或令人惊骇的地方，给人以崇高的美感，使人产生惊心动魄、望而生畏的审美体验；谷，指的是两山或高地间的低洼地带，体现了幽静秀丽的审美感受，使人产生一种幽远深邃的意境之美；石，指的是山石，其形状各异，体现了变化多端、千姿百态的审美特征。

(2) 质地之美　由于山的地貌形态不同，山之美也会体现出不同的形态。由花岗岩组成的山峰其特点是岩石裸露较多，裂缝（节理）发育，多珠状风化现象，例如雄伟壮观的泰山；石灰岩多形成孤峰和峰林，例如变化多端的石林；红沙砾岩（丹霞地貌）组成的山石兼有花岗岩的裸露的特征，其色渥如丹，灿若明霞，例如奇幻独特的承德棒槌山。

(3) 功能之美　根据构成山之美的资源的功能角度，我们可以把山之美分为观赏型和探险型。观赏型的山可以让人赏心悦目，从悠然自得中把握和谐之美；探险型的山作用于人的心理，让人在对比中充分感受到危险和安全之美，从探幽索密中把握山的美。

(4) 山中生物之美　"昨夜巫山下，猿声梦里长"，我国古人玩赏三峡巫山之时，必离不开"两岸猿声啼不住"的生物之美。除了山本身的美以外，如果没有了山上的幽幽绿装，没有了生机盎然的飞禽走兽，那么，山将是不完整的山，美将是不完整的美。所以，山之美绝不仅仅是其自身的构造之美、类型之美，还包括山中生物之美。

2. 高原之美

一般称海拔500米以上、顶面有平缓完整的高地的地方为高原。高原因其地势高平、坦荡和特殊的环境，给人以敞阔雄伟和新奇神秘的审美感受。我国拥有四大高原：内蒙古高原一派塞外草原牧场的景象，给人以辽阔无边的美感；黄土高原沟壑纵横，给人以淳朴浑厚的美感；云贵高原碳酸盐类岩石广布，构成丰富的石林洞府，给人以奇特变幻的美感；青藏高原是欧亚大陆一些著名山系的集结地与河流的发源地，独特的高原气候和多姿多彩的现代冰川，给人以原始多变的美感。

3. 平原之美

平原指的是陆地上海拔在500米以下、相对高度不超过50米的宽广低平的地区。平原以其较小的高度区别于高原，以较小的起伏区别于丘陵。给人的总体审美感受是旷远的。平原之美较之于山之美和高原之美，比较单调，但仍然有其特殊的美感。华北、淮北平原一望无际，土地肥沃；东北平原山环水绕，沃野千里；长江下游和三角洲平原河网稠密；两湖平原湖沼密布，地势低洼。一般来讲，平原之美要和社会之美紧密结合起来，才能更好地展示出平原之美。我国的平原地带一般经济比较发达，适于造就田园风光和现代化城市风貌。近几年的"水乡运河游"、"观光农业游"就是开发平原自然美和社会美相结合的典型范例。

4. 盆地之美

盆地是周围山岭环绕、中间地势低平、状如盆形的地貌。盆地分为构造盆地（如四川盆地、塔里木盆地等）、风蚀盆地（准噶尔盆地）和溶蚀盆地（桂南地区溶蚀盆地）三种。盆地之美是一种综合之美，因为大多数的盆地都具有山地、丘陵等的审美特征。

5. 沙漠之美

(1) 苍凉之美　沙漠众所周知满眼的荒凉和凄美，尤其是沙暴来临时，狂风怒吼，飞沙走石，霎时间天昏地暗，黄沙吞噬了大漠中的一切，待到沙暴平息，到处都是一层厚厚的沙尘，一切都似乎改变了模样，天气却异常晴朗，令人有种"风过沙山分外明"的感觉。沙漠中的一切景物，好像比平时更为清晰了。但这种沙暴后的清晰又是那么寂寞和凄凉，让人怎么也高兴不起来，心仿佛被撕碎了，然后又愈合了，但已难以恢复昨日的平静了。

(2) 绿洲之美　在浩瀚的沙漠里，也有人间天堂，那就是绿洲。绿洲是地下水出露或溪流灌注的地方，它是沙漠地区人们经济活动的中心。流水淙淙，林木苍郁，景色旖旎。从高空鸟瞰，犹如沙海中的绿色岛屿。

(3) 风雕之美　沙漠中的风，会把碎石、沙子和尘土吹走，留下的岩石裸露的地表，便成为岩漠。岩漠又称石漠。岩漠中常常见到各种造型独特的地貌形态，"鬼斧神工"般的技艺，千姿百态的奇异景象。风是大自然的"雕琢艺术家"，将大漠创造得如此精美。人们把这些造型景象称为"风雕"。大漠中的风力愈疾，威力愈大，它把岩石表面已经风化碎裂的碎石和沙砾吹走，从而扩大岩石中的裂纹、裂隙，加快了风化的速度。同时，风又会挟带来众多的碎石、沙子，滞留在岩石上和岩块之间的裂缝、沟槽中，对岩壁进行磨蚀，使岩块逐渐被磨削而变形。磨蚀还能随着风力的大小，风向的转换，不断地变换它的雕琢手法，雕刻出更多精奇变幻、瑰丽壮观的景致。风雕的造型有的像人，有的像兽，有的如柱，有的似花，有的雕成古代的城堡……千姿百态、惟妙惟肖。

(二) 水文之美

1. 海洋之美

海洋的景观是以开阔为主要内涵的美。首先，海给人的最浅层的审美印象是心胸开阔、雄浑壮阔和神秘莫测的感觉；其次，海洋的博大宽广，给人以包容一切的审美感受，人们常说的"海纳百川"也正说明海洋的包容性之美。人在审视包容性的海洋之美时，会自然而然地学习和模仿海的宽容，而成就人的宽容，因此，海洋之美除了娱乐观赏作用外，还具有很强的审美教育作用。

(1) 海洋本身之美　海洋本身之美就是变化的多元之美。海洋之美时而表现为平静温和，烟波浩渺、水天一色；时而表现为咆哮暴虐，波涛澎湃、浊浪滔天。温和时如一位出身皇族的母亲，善良大气；咆哮时像一位古代残暴的君王，抑或是一位征战沙场的将军，随着气候条件的不断变化演绎着水的柔性和刚性。①平和静谧的海洋具有整齐一律之美，在色彩上，由近及远，焕发出富有层次感的绿与蓝的深浅变化，近处是蓝白色的透明的海水，可以看到近海的砂石甚至生物，安详、和谐；放眼望去，颜色逐渐加深，天蓝、正蓝、深蓝、蓝绿、深绿……在形象上，平静的海面也是有动感的，虽没有波涛的汹涌，但也不代表它的静止，因为海洋始终都是流动的，只不过在平静之时，它更凸现了一种有节奏的动感美，一层层均匀的波浪展开来、扩散去，一片片的细小的水纹扩散去、展开来，随着海风，有节奏地拨动大海的琴弦，演奏着舒缓的交响乐。②待到潮起潮落之日，等到海风席卷之时，海洋一改往日的平静，从一个善良温和的母亲一下变成一个不讲情面的暴君，海面的平静被翻滚跳跃的浪涛撕碎，海水的颜色被横冲直撞的巨浪搅乱，它以它无比的威力尽显着它的神威，似乎想撕碎整个世界，喊醒所有的人们，以它的蛮横和骄纵炫耀着、示威着……如果说高山峻岭呈现的是一种静态的崇高美，那么，海洋则表现出了一种动态的崇高美，是较之于山之美的崇高更能震撼人心、震惊世界的美。

(2) 海域气候之美　近些年来，人们越来越钟爱海域风光之美了，不仅钟爱它本身的美，更喜欢由海洋性气候而带来的适宜的空气、湿度、温度和阳光。所以，海洋周围常常成为人们休闲度假的胜地。例如，我国最南端的休闲度假胜地——海南岛，位于我国雷州半岛的南部，横卧在碧波万顷的南海之上。这个"四时常花，长夏无冬"的地方，到处都是美丽的阳光、海水和沙滩。

（3）海域阳光之美　我们都熟知的“三 S”旅游，即：sea——海洋、sun——阳光、sand——沙滩。“三 S”旅游已成为人们度假休闲最主要的旅游审美对象。我们每天都会感受到的阳光，在海洋之滨则别有一番风韵，在蔚蓝色的海水的映衬之下，更加凸显出阳光的温暖。另外，海与光的色彩对比也别具特色：一蓝一红，一冷一暖，对比中见海上日出之生机盎然，映衬中显海上日落之余晖万种。人们可以吹着海风，沐浴着阳光，面对着大海，享受着大自然赐予的免费阳光浴。

（4）海洋海滩之美　海滩可分沙滩和砾滩。我们经常见到的海滩多为沙滩，它的沙是由石英砂、玄武岩的碎屑以及珊瑚、贝壳和有孔虫壳等组成的。洁白的沙子被海水冲击到岸边，呈斜坡状自然地平躺在大海的身旁。例如：海南亚龙湾的沙滩，以其颜色白皙和质地松软细腻而著称。人们可以尽情地用脚、用手感受沙子的温存，可以漫步于沙滩之上、大海之畔；可以休憩于海滩边的椰棕遮阳伞下；可以趴在沙滩上观赏被冲到岸边的海洋小生物的游走；可以将整个身体埋藏于炙热的细沙中，游戏着、开心着、享受着……砾滩则是不太常见的，一般由鹅卵石组成，其美学感受以涨退潮时的声响之美为其主要特征。例如，舟山群岛的第五大岛——朱家尖的乌石砾滩，由长 500 米、宽约 30 米、高 5 米的乌黑卵石堆积而成。每当潮起潮落，微波涌塘，奏出“乌塘潮音”，气势宏大，蔚为壮观，堪称一绝。

（5）海洋生物之美　人们在海边欣赏游憩的同时，也会深入到神秘的海洋内部，去探险、体验和观赏。海洋除了本身的形象美外，还以其博大的胸襟容纳了众多美丽的海洋生物。海洋生物有活泼的海洋动物、多彩的海洋植物。这些生物共同点缀着深邃的海底世界，成为动态的海洋之美不可缺少的部分。

2. 江河之美

江河泛指河流，是地球的血液，是重要的水源，也是交通大动脉。我们通过观赏江河，可以领略到无限的壮美和优美。在这优美和壮美的观赏与感动中又往往熔铸着人们对国家命运的关注和对美好生活的热爱。

（1）形态之美　江河和海洋都有着壮美和优美的一面，但江河较之于海洋的博大精深、波涛汹涌，在空间上小于海洋，在时间上慢于海洋，在力量上弱于海洋，在性质上柔于海洋。在视觉美感上也别有一番气势。从优美的意义上来看，如果说海洋静态的优美是一个皇族之女，那么，江河静态时的优美就是一个大家闺秀。虽然都是宁静和谐的审美感受，但也会存在空间上的差别。

长江，中国的第一大河。长江之美以三峡江水为最。既有“乱石穿空，惊涛拍岸，卷起千堆雪”的壮丽，又有“桃花飞绿水，三月下瞿塘”的秀美。谈到长江之美，我们也不会忘记《话说长江》中描绘和赞美长江的歌曲：“你从雪山走来，春潮是你的风采；你向东海奔去，惊涛是你的气概，你用甘甜的乳汁，哺育各族儿女……”歌词优美，充分展示了长江的美感。同时，旅游者也会在审视长江之美时，不自觉地受到审美经验的影响，激发无数审美联想，例如，旅游者如果拥有《三国演义》影片的审美经验的话，就会不由自主地吟唱起：“滚滚长江东逝水，浪花淘尽英雄……”人们习惯上喜欢把历史比作长河，的确是恰如其分的。这古老的长江之水从远古走到今天，孕育了无数的豪杰志士，而它也将继续向前，不会停止它前进的脚步。

黄河，古称“河”，是中国的第二大河。中国古人因为心存对黄河的审美感和崇拜感，所以一般认为黄河来自天上的银河，事实上，黄河发源于神秘的青藏高原。黄河之美虽与长江之美并称，但从形态美上来看，黄河与长江的美学特征有着很明显的不同。黄河在人们审美经验中是混浊、浑厚、沧桑和质朴的美感。古代早有“黄河信有澄清日，后代应难继此才”的诗句，也有“跳进黄河洗不清”的谚语，都说明黄河的外在形态之美的特色。黄河因其携带大量的泥沙而显得混浊浑厚，黄河因其厚重的历史而显得沧桑质朴。它有着“九曲黄河万里沙，浪淘风簸自天涯”的壮观，有着“千里万里春草色，黄河东流流不息”的静谧。黄河有着他的独特的品格，时而温柔似慈母，时而暴怒似严父，他既给我们带来了肥沃的河口三角洲，也曾无数次改道决口，犹如凶猛的黄龙，夺走了人们的家园。因此，滚滚黄河水的美又有了一种独特的悲壮之美。

(2) 实用之美　江河是淡水，因此谈及江河之美，必然谈及它的实用之美。人类文明的起源和发展多与江河有关，黄河、尼罗河、幼发拉底河、恒河是四大文明古国文明的发源地。在我国，黄河、长江是孕育了中华文明的两条河流，河水的流动带来了平原，带来了物产，带来了人群，进而带来了生机。

3. 湖泊之美

湖是指被陆地围起来的大片积水。湖泊可以根据水中所含矿物质、湖泊的成因等因素分成若干类型。在旅游美学研究中，我们可以根据湖泊不同的地貌类型分成：平原湖泊，湖面敞阔，烟波浩渺；高原湖泊，远山近水，交相辉映；山地湖泊，群山环抱，岛屿点缀，湖岸曲折；园林之内的湖泊，堤岸花木，水榭亭轩，配合得当。例如杭州的西湖，从古至今一直得到人们的钟爱。如果说海洋之美如皇族之女，江河之美似大家闺秀，那么，湖泊之美则是小家碧玉。湖泊之美在于幽和秀。

(1) 幽之美　湖泊的水面通常是平静如画的。湖泊的幽之美在于湖水的幽深，在于湖面的幽静，在于湖水、湖面、湖岸的搭配之如此和谐，映衬得如此协调。这可以说是湖泊的静态之美。微风拂过，湖面随之荡漾，波纹徐徐地有节奏地扩散排开；湖水的幽深也随之变深变浅；湖岸的植被也因此婀娜多姿，翩翩起舞。这是湖泊的动态之美。一动一静、亦庄亦谐，却始终幽雅娴静。

(2) 秀之美　湖泊由于构造和成因的影响，体量比之于海洋、江河较小，这也是湖泊具有“秀”的美学特征的一个重要原因。堤岸的杨柳依依，青翠欲滴；湖底的水草飘摇，柔情万种；湖面的荷叶更有“接天莲叶无穷碧，映日荷花别样红”的风姿。这杨柳、这水草、这荷叶将湖水映衬得袅娜秀丽，宛如一块碧绿的翡翠，浑然天成。

4. 泉水之美

泉水是地下水自然露出地表的一种景观。它生生不息，经久不衰，显示出大自然的蓬勃朝气。泉水是自然风景中最富有生气的景观。

(1) 形态之美　泉水的水质是纯净清冽的。在视觉上，其水质清澈透明，能使人充分地感受到自然美中的生态之美；在触觉上，因为泉水流经地下岩石，含有无机盐矿物质，表面张力强，比重大，所以与皮肤接触后会使人感到分外的柔滑和清凉。掬一捧清泉入口，甘甜无比，可以尽享泉水的味觉之美。由于泉水的水质、水温和出露状态存在差异，所以泉水呈现出多彩多姿的形态：或喷涌飞起，如雪似玉；或泉源上涌，水涌如轮；或池底泛泡，串串珍珠；或定时喷涌，准时间歇；或涌随声响，大声大涌，小声小涌。但是，水流无论急缓，无论快慢，都会随着山形流淌，顺着地势前行，潺潺淙淙，袅袅娜娜，宛如山中一妙龄仙女，羞涩、柔美、轻盈、灵异。例如济南的趵突泉,自地下石灰质熔岩构造的地下水层向上涌,三窟并发,浪花四溅,泉水喷射产生跳跃之感,状如三堆白雪。

(2) 声响之美 "泉声咽危石,日色冷青松""坐听清泉泻,何须丝竹音",古代诗人早就钟爱泉水的声响之美,曾有古人把泉声比作音乐,进而抒发自己的情感。我们现代人也有描绘泉水声响的诗篇和歌曲。泉声有高有低,犹如玉箫声声,婉转悠扬;好像滑落玉盘中的散珠华美动人;仿佛细雨潇潇散落,冰弦低语。除了秀雅清脆的声音,泉水的声响之美也有相对壮美一些的,例如黑虎泉,源出于悬崖下凹洞裂隙之中,水流经过三石虎头喷出,量多水急,水声喧哗,很有"石蟠水府色苍苍,深处浑如黑虎藏"的气势。

(3) 实用之美 矿泉是含有一定数量的特殊化学成分、有机物和气体的泉水;温泉是具有较高的水温,能影响人体生理作用的泉水,一般指的是水温在 34 度以上的矿泉。在我国,一些具有旅游价值的矿泉和温泉被开发成旅游休闲、度假和疗养的胜地,供人们美容、美体、治病和强身之用。泉水是自然界里的活水,沐浴泉水可以使人恢复体力、神清气爽。法国哲学家加斯东·巴舍拉尔把沐浴的感觉称之为恢复活力的梦境。人们对泉水实用之美的认可古已有之,我国古代早就有沐浴温泉的传统。现代的沐浴温泉不仅仅是时尚的象征,也是人类的一种有品位的生活方式。现代休闲度假旅游中的温泉旅游深受广大旅游者的喜爱,人们亲身体验温泉之美,不仅得到生理的快感,更重要的是得到精神上的愉悦。

5. 瀑布之美

瀑布是从河床断面陡坡或悬崖处倾泻下来的水流。形成瀑布的原因很多:地质运动、火山运动以及腐蚀等。决定瀑布大小的因素是水量和落差。瀑布可分为:常年性瀑布、间歇性瀑布。

(1) 形态之美 瀑布的审美特征首先就体现在由于天然落差而形成的"势"上:或一泻千里,奔流直下;或时隐时现,从容不迫;或气势磅礴,开阔雄壮。瀑布有溪流、跌水和深潭三个部分组成,因此,要想看到瀑布的全貌,须由远及近、从高到低,在动态变化中把握它的形态,方能得到瀑布的美感。旅游者在对瀑布的欣赏过程中既有优美的体验,又有壮美的感受,审美情感不断随之变化。例如庐山的三叠泉瀑布和贵州的黄果树瀑布,一个以优美为美学风格,一个以壮美为美学特征。

(2) 色彩之美 瀑布的色彩之美是岩石和阳光对水体进行反射和折射的结果。一般的瀑布,水清色纯,淡如素绢,与周围的青山交相映衬,碧绿流畅。岩石的颜色丰富的地方,瀑布的颜色也自然丰富多彩。例如江西玉山县的三清山,拥有多处彩瀑:二桥墩红色瀑布,水从朱红色岩壁流下,把瀑布映成朱红色,似红锦高悬;川桥双色瀑布从鸳鸯泉流出,一红一白泾渭分明,相映成趣。再如九寨沟中的瀑布,每当夏秋时节,瀑布被周围山花的五颜六色衬托得烂漫多彩。

(三) 生物之美

中国科学院生物多样性信息系统将中国生物分为五个学科部分:植物、动物、微生物、淡水生物、海洋生物。在旅游美学中,为了方便研究,我们只需将其分成植物之美和动物之美,从而来研究其所包含的美学内涵。

1. 生态之美

植物中的树木森林,是绿色的"水体"。它可以防风固沙,像一个巨大的绿色工厂,生产出大量的氧气,不断吸收着二氧化碳、氟化氢、氯气等有害气体,净化着空气,调节大气,维系大自然的生态平衡。而生态的平衡是自然美中的和谐之美,是美中之美,是美的极致。近几年,人们越来越多地关注生态与美的结合点,生态美学随之兴起。自然的植物之美,是生态之美中的最重要的内容,它提供给人们生态的审美感受,培养人的生态审美情趣,提高人的生态审美敏感性,从而提高人的生态审美能力。植物对人类的环境和人体起到一定卫生保健作用,早就被广泛地重视起来。到目前为止,许多国家开发了森林浴旅游,让旅游者到森林中去感受绿野仙踪,去领略天然氧吧,以满足旅游者恢复体力和愉悦身心的需求。生物的生命之美也是生态之美的一部分,它有着与人类共同的生命节拍,人们欣赏它的同时,可以从中进行自我观照。无论是植物还是动物都拥有生命之美。有了生命之美,自然景观才可以焕发出动人的色彩。

2. 比德之美

中国人在欣赏生物之美时,还会对自然进行“比德”式的观照,例如人们对花鸟的欣赏,不仅注重其形式美,更重视其“品格”美。即把自然万物都“人格化”:花有花品,竹有竹品,鸟有鸟品。中国古人早为很多植物确定了品格,例如:松、竹、梅被称为“岁寒三友”;梅、竹、兰、菊为“四君子”;菊、兰、水仙、菖蒲为“花中四雅”;蔷薇、玫瑰、月季为“园中三杰”;等等。

3. 颜色之美

自然界植物,可谓五彩斑斓、七彩变幻。它将自然界打扮得多彩多姿,它把春夏秋冬装点得如此多情。春天,人们都熟知它是绿色的,同时春天也会有初春、仲春和晚春的色彩差别:“不觉春风换柳条”“草色遥看近却无”的初春,一片新绿,清嫩欲滴;“狂风落尽深红色,绿叶成荫子满枝”的仲春,郁郁葱葱,鲜花点缀;“草树知春不久归,百般红紫斗芳菲”的晚春,苍翠如墨,繁花似锦。“过雨荷花满院香,沈李浮瓜冰雪凉”的夏天,“菡萏香销翠叶残,西风愁起绿波间”的秋天,“六出飞花入户时,坐看青竹变琼枝”的冬天都有着不同的色彩。同样的植物,由于气候、环境和时间的差异会产生不同的色彩变化。“桃花一簇开无主,可爱深红爱浅红”的桃花,“红紫十色间深浅,向背万态随低昂”的牡丹,都是万朵花开、万种颜色。沐浴大自然的色彩阳光,我们会不禁赞叹,不禁感慨:世间色彩并非七色,而是百色、千色、万色。

4. 造景之美

植物在旅游景区中充当着重要角色,它以特有的色彩、形态、芬芳构成了山水的肌肤,景区的容貌。有了植物之美,山才更青,水才更秀。因此,植物不仅成就了自身之美,而且还参与到其他自然景观中,起到重要的点缀作用。

(四) 气象之美

1. 雨之美

雨可以根据它的大小分为:大雨、小雨。大雨,可以观赏它的一泻倾盆的气势,有一种壮观之美;小雨,可以观赏它的温情柔美的姿态,有一种秀雅之美。无论古人今人皆有诸多喜雨之人,他们或吟诵“沾衣欲湿杏花雨,吹面不寒杨柳风”的爽利,或吟唱“水光潋滟晴方好,山色空蒙雨亦奇”的清新,或低吟“青箬笠,绿蓑衣,斜风细雨不须归”的浪漫。无论是雨中垂钓,还是雨中漫步都是一种温馨的享受。

(1) 朦胧之美　“云归忽带雨几点”,有时雨后会给万物罩上朦胧的水雾,如烟似雾。例如承德避暑山庄的烟雨楼,平时观赏则只见建筑物和湖水的和谐,没有什么特别之处。然而,每当细雨过时,烟雨楼的周围和湖面都升腾起朦胧的水雾,给人一种缥缈和神秘的美感。

(2) 移情之美 雨丝也同样会唤起人们的诸多情思。有人见雨则喜,有人见雨则忧。旅游者的心情或欣喜,或悲伤,观赏中便会不由自主地把心情加在雨上。“细雨湿衣看不见,闲花落地听无声”是欣喜;“不愁屋漏床床湿,且喜溪流岸岸深”是狂喜;“寒雨连江夜入吴,平明送客楚山孤”是孤寂;“清明时节雨纷纷,路上行人欲断魂”是悲痛;“昨夜雨疏风骤,浓睡不消残酒”是惆怅;“惜春春去,几点催花雨”是忧伤。

(3) 声响之美 哗哗啦啦的大雨,声音急促,淅淅沥沥的小雨,如醉如痴。雨声无论大小,都是一首有特色的乐曲:小雨如二胡独奏,中雨似琵琶合奏,大雨似万乐齐鸣。“竹声随雨至,花影送晴来”,雨后的一切,清新明丽。雨声、竹声、风声……夹杂在一起更是别有风致。

2. 云之美

云是大气中的水分凝结后,形成极细小的冰晶或水滴,浮游在天空中的用眼睛可以看得见的集合体。云之美在于它的变化之美和意境之美。或孤云自闲,或浓云滚滚,或幻作彩霞……云的状态聚散不一,“轻而为烟,重而为雾,浮而为霭,聚而为气”,于是,形成浮云、朵状云、片状云、条状云和鱼鳞云。云的变幻多端足以唤起人们许多审美想象和联想,幻化出不同的意境。云之美往往让人想起蓬莱仙境、道家清静自然的意境。

3. 雾之美

雾是由降温时空气中的水蒸气凝聚形成。雾之状态:“溟溟漠漠,浩浩漫漫”“上接高天,下垂厚地”“渺乎苍茫,浩乎无际”“返白昼为昏黄,变丹山为水碧”“恍惚奔腾,如骤雨之将至;纷纭杂沓,若寒云之欲同”。在旅游审美景观中,云和雾往往完美地结合在一起,共同塑造着朦胧的意境之美。例如以云雾而天下闻名的黄山,浮云缥缈,雾气蒙蒙,犹如披上了一袭轻纱,朦胧空灵,尤其是大雨过后,黄山仿佛刚出浴的美女,脉脉含情,清丽可爱,超凡脱俗。

4. 霞之美

霞是日月斜射天空中由于空气层的散射作用而使天空的云呈现出赤、橙、黄、绿、青、蓝、紫的自然现象。另外,当阳光穿过云雾时,会折射出缤纷的霞光,也甚为美丽。朝霞如火,晚霞似丹。霞与周围景物相结合,又可以生出“落霞与孤鹜齐飞,秋水共长天一色”的佳境。

5. 冰雪之美

“北国风光,千里冰封,万里雪飘”,中国的北方冰雪种类甚多。有屋檐下的冰锥之美,有门窗上的霜画之美,有枝头的雾凇之美。冰锥坚硬而细长,如玉柱,似银笋;霜画浓淡相宜,变幻多姿,有的如山峦层层叠叠,有的似怪石犬牙交错,有的像大树,枝繁叶茂,有的是小草,柔弱临风……任你想象揣摩,驰骋神思;雾凇,俗名树挂,是寒冷的天气里雾凝在树木的枝叶上或电线上而成的白色松散的冰晶。真有“不知庭霰今朝落,疑是林花昨夜开”“忽如一夜春风来,千树万树梨花开”的奇妙景象。老松变成了鹤发银须的仙翁,垂柳变成素衣裹纱的淑女。

6. 旭日、夕阳之美

在旅游审美中,海边或名山中“日出”和“日落”都会产生一些胜景。“日出江花红胜火,春来江水绿如蓝”“谁挥鞭策驱四运,万物兴歇皆自然”是旭日之姿;“一道残阳铺水中,半江瑟瑟半江红”“夕阳无限好，只是近黄昏”是夕阳之态。旭日是希望之光，生机勃勃。海上日出气势磅礴，大气天成，可谓壮观；山中日出耀眼夺目，神奇壮丽。夕阳是成熟之光，浑厚凝重。水上夕阳，宁静而惆怅；山中夕阳，萧瑟而淡远。旭日和夕阳在气候变化的影响下，在周围自然的衬托下，千变万化，更具风致。

7. 佛光之美

如峨眉山的“圣火”“佛光”。佛光是山岳中一种奇特的自然现象，太阳自观赏者的身后，将人影投射到观赏者前面的云彩上，云彩中的细水、冰晶和水滴形成独特的圆圈形彩虹，人正好在其中，于是在人的身体周围形成一个漂亮的七彩光环，神秘莫测。我国的庐山、峨眉山、泰山和黄山都是观赏佛光的胜地。由于山岳具体的地理环境和自然条件不同，“佛光”出现的次数和美丽的程度也就有所不同。“光环随人动，人影在环中”，总体来讲，佛光的美学特征是神秘莫测、壮观绮丽的。例如峨眉山金顶的佛光，在峨眉山的舍身崖，拥有阳光、地形和云海的多种环境因素，每五天左右出现一次，时间在午后的3:00～4:00之间。出现之时，圆形光环笼罩人身，七彩亮丽。

8. 海市蜃楼之美

海市蜃楼是光线在沿垂直方向密度不同的气层中，经过折射造成的结果，常分为上现、下现和侧现的海市蜃楼，近地面层在强逆温时空气密度随高度减小，远方地平线处的楼宇等的光线经折射进入观测者眼帘，便出现蜃景。海市蜃楼的美学特征是：神秘莫测、奇幻无穷。例如山东蓬莱的海市蜃楼，海上好像出现一个海滨小城，有高楼大厦、各式民居、道路上行驶的车辆，甚至连期间行走的人流都清晰可见，随着时间的推移，几小时后，“画面”开始渐渐转淡，在海风中慢慢飘散，直至完全消失。

【小讨论】

选择一处较近的自然风光，进行实地观赏，浅谈各自的审美感受。

模块二 旅游活动中自然美审美的基本模式

引导案例

海南亚龙湾热带天堂森林公园堪称离城市最近的天然森林氧吧，公园引入俗称野奢酒店的“Rustic luxury hotel”概念建造的“鸟巢度假村”完全融入了自然环境，140余幢别墅及每个房间均坐山面海，栖居于丛林之上，外表天然质朴，内里却十分奢华，建筑风格独具热带风情，配套设施设备完善高端。

很多游客都因为收看了新片《非诚勿扰2》了解到海南亚龙湾热带天堂森林公园，并由此点击网上该公司的网站，了解到来此地旅游应注意的事项，需要做的各种准备。人们来到了这里度假，入住“鸟巢”，栖居于丛林之上，傍山面海，看海天一色，听虫唱鸟鸣，远离尘嚣，极尽“野奢”。休憩其间体会天人合一，尽享私密空间，实属不可多得的“现代生活方式与热带丛林”的完美结合。对于度假客人而言，旅游企业必须经营好自己的网络平台，让潜在旅游者最大限度地了解该企业的吃、住、行、游、购、娱等各方面的信息，以使旅游者可以放心而来，开心而归。唯有这样，旅游者才会拥有较好的心理准备，才会在到达目的地后，能够放心大胆地去领略美丽的自然风光之美。

在日常旅游审美活动中，对于较为理智的旅游审美者来说，大多在进行观赏之前会经过详细周密的考虑、研究，甚至准备。一般来说，这类旅游者在审视任何一种类型的美时，都要经过充分的准备阶段；而对于较为感性的旅游审美者来说，在旅游审美上会或多或少带有一定的盲目性，在旅游动机的形成上易受时尚影响，有时也亦受他人观点影响，存在心血来潮的特点。因此，这类旅游者的旅游审美观赏模式则与理智型的旅游者有所不同，一般不经过有意的审美准备阶段。但随着人类旅游活动不断推进和普及，旅游者必将越来越理智。理智型旅游者的审美模式是一种理想的审美模式，是值得每一个旅游者借鉴的。所以，在谈及自然美、社会美和艺术美的审美模式时，我们均以较为理智的旅游者为例进行审美模式的阐述。

一、自然美审美准备阶段

这一阶段可以称其为心理和知识准备阶段。旅游者在旅游活动的自然美审美过程中，和所有旅游审美活动一样，随着步移而景异，随景异而产生心理变化，在导游或他人的引导下，通过审美器官感知自然美的外在形式：形、态、色、声等；然后，通过调动审美情感和审美经验，将初步得到的审美直观感受，进行审美想象和审美理解，并进行细细咀嚼和品味。

从表面上来看，旅游者的审美心理变化似乎是随着旅游活动的开始而进行的，实际上，旅游者的审美心理早在旅游活动之前就开始产生了。因为人的审美需求是人类与生俱来的，对于审美动机而言，却是随时变化的。当人们一旦有了自然美的旅游审美动机，便会多方搜集信息，通过亲朋好友、同事同僚、媒体互联网、书籍等得到诸多相关的自然美的信息。这实际上就是我们所说的自然审美准备阶段。旅游者可以通过眼睛去感受自然美的相关照片、录像，感受中的旅游者就可以体会到这种图片是否强烈地刺激了自己的审美器官，是否充分满足了自己的某种审美情趣，如果见照片即能获得愉快的审美体验，那么，旅游者便会确认自己的这种自然美的审美动机。接下来，旅游者无需再去过多欣赏自己即将进行旅游的景点的资料，只需再搜集一些该自然景区的相关生活常识、旅游常识、注意事项、当地的气候、习俗等等即可。因为，旅游者旅游活动中要看的是真实的自然美，只有实地感受，才可以拥有更多新奇的审美感觉。所以过多地翻看资料，积累过多的自然美的审美经验不但不会有助于自然审美，反而会降低人们的审美期望值，对自然美的审美起到反作用。因此，在进行自然美审美的准备时应该注意适度够用的原则，切不可过多。

二、自然美审美引导阶段

对于选用包价旅游的旅游者，主要由各类导游进行引导。从进入旅游交通工具起，就已经在导游的引导下，开始了旅游活动。这时的导游，即全陪，就会在组织和管理旅游者的过程中，对旅游者进行简单的旅游自然美审美引导，使旅游者在已经形成的美好的愿望上又增进一层。“人在旅途莫等闲”，全陪会借助途中的自然风光进行简单的讲解，以便增加旅游者对沿途自然风光的兴趣，使其暂时忘记旅游目的地的期望，而惊喜于窗外的胜景。到达目的地时，人们似乎已经有些疲惫，地陪的出现，成为激活人们自然审美心理的旅游新向导。地陪通过安排行程、组织活动，并简介旅游资源自然美的概况，可以重新激发起旅游者的审美兴趣。

对于以休闲和度假为主的自然景区来说，则可以通过一些自然景区内的声像设备、图片资料、指示牌的介绍等形式，来对旅游者进行自然审美引导。无论是全陪地陪的导游讲解引导，还是声像设备等的介绍引导，都是以适度够用为原则的。自然美的审美要靠旅游者用心去体会和品味，过多讲解不仅不会有助于旅游者对自然美的审视，反而适得其反，会影响到旅游者最初的审美动机和审美兴趣。旅游者在进行自然美审美时最需要的就是静默观赏和潜心品味。作为导游和景区来讲，应该注意去恰当地引导旅游者，引导中要重点帮助旅游者掌握体会自然审美的方法。

三、自然美审美感受阶段

进入景区，旅游者开始进入真正感受自然美的阶段。“听景不如看景”，这句话对于自然审美的形容是恰如其分的。当旅游者一旦真的进入自然审美状态，大自然丰富多彩的形式美会直接作用于旅游者的眼、耳、鼻、手、口等审美器官，人们惊呼着、喜悦着，往日被压抑的情感因眼前的美景释放出来，变得童真，变得单纯，甚至久久地陶醉于眼前的自然美中。一般来讲，旅游者要经过以下的审美体验。

1. 以眼观赏自然美

旅游者在进行自然美的审美时运用最多的就是眼睛这个审美器官，通过对自然景观仰视观赏、俯瞰观赏、平视观赏，旅游者可以得到自然美的整体印象：整齐和谐，变化多样。而对于那些可以强烈刺激旅游者的某些自然景观的细节，旅游者便可驻足观赏，进行重点审视。

2. 以耳倾听自然美

除了聆听导游人员对自然美的讲解外，旅游者还要充分利用听觉审美器官耳朵，进行自然声响的审美：流水声、风吹树叶声、动物的叫声……一切自然界的声响都会进入到审美者的耳朵。甚至仲夏之时，人们在社会现实生活中最烦躁的窗外的蝉声，在旅游自然审美中，都显得格外亲切。旅游者充分感受到自然界声响的节奏和韵律之美。有时也会产生“蝉噪林逾静，鸟鸣山更幽”声响对比之美。例如峨眉山的弹琴蛙，就是旅游者进行峨眉山自然景观欣赏时的一种重要的听觉审美对象，人们会驻足停留，仔细耐心地聆听，听出节奏、听出曲调、听出韵味。

3. 以手触摸自然美

旅游者也可以通过手去触摸自然美，感受自然美的质地、温度和形状等。掬一捧清泉，清新凉爽；挽一缕瀑布，刺激爽透；抚摸阳光下天涯海角边的岩石，温暖而平滑；轻揽西湖边风儿吹拂的杨柳枝，纤细而柔嫩；触摸北国风光的冰锥，坚硬而彻骨……

4. 以鼻嗅赏自然美

鼻子也是必不可少的一个审美器官，随着人类的感官的“社会化”，嗅觉的审美能力也在不断提高，并且在日常审美和旅游审美中发挥着重要的作用。久居现代化大都市的人们闻惯了汽车尾气和臭气废气，一旦进入到大自然的怀抱，闻到的却是芳草的清新、鲜花的芳香，顿感全身舒爽，情绪高昂，精神振奋。这些诱人的气味强烈地刺激着人的审美器官，从而得到极大的审美享受和审美体验。

四、自然美审美品味阶段

人既具有社会人的属性，也具备自然人的属性。作为自然人的旅游者，在自然美面前得到的生理感官刺激有时带有一定的动物性，因此这种感受是短暂的。而这些刺激只有经过心理的过滤，才会得到社会人的审美感觉。在这个过滤中，必然涉及旅游者作为社会人的特征。作为社会人的旅游者头脑中总有很多的审美经验、经历。当旅游者沉浸在自然美中细细品味咀嚼时，人的大脑中的潜在的审美经验就开始在不知不觉中发挥着作用，于是，出现“感时花溅泪，恨别鸟惊心”的感觉。旅游者眼中的自然美又会因个体的不同而带上一定的个性色彩，每个人眼中的山水风物都开始产生了差异。同样的海上日出，有些人看来是地久天长的爱情的延续；有些人看来是旧感情的结束和新感情的开始；有些人会兴奋，因为它意味着光明；有些人会悲哀，因为新的一天的开始意味着昨天的结束，甚至出现悲天悯人，时不我待，“逝者如斯夫”的伤感……人的家庭背景、生活环境、受教育的程度、性格、品位等的不同都会影响人对于自然美的审美感受。

【小测试】

结合一自然审美对象，进行实地审美，分析自己的自然审美模式。

模块三 旅游活动中自然美审美的基本特点

引导案例

一个江浙旅游团到九寨沟旅游，导游小王是一个新导游，他精心地准备了导游词，并在路上安排了很多娱乐活动。从成都到九寨沟的路上不仅风光宜人，而且惊险不断，看惯了秀美的小桥流水人家风格的江浙人，对眼前险秀的九寨沟沿途自然风光，以及阿坝地区藏族和羌族的风貌啧啧称叹，人们开始还比较认真地倾听小王的讲解，并参加一些游戏，但是，小王一直不停，人们开始不耐烦了，很多人戴上耳机观赏沿途美景。小王讲着讲着不得不停下来，他感觉很失落和伤心。一个老人走到他身边坐下，拍着他的肩膀说：“小伙子你讲得不错，你是新导游吧？”“是的。”小王说。“你看啊，这窗外的美景多好，导游不一定要滔滔不绝地讲，要给大家多一些空间，让大家自由地去欣赏，可能会更好，而且你也不累了。”小王仔细思考觉得这位老人说得非常对，赶忙道谢。而后小王抓住游客的心理，结合窗外的美景，恰当地引导游客去观看和欣赏，收到了很好的效果。

通过这个案例，我们清楚地发现该旅行社的导游由于经验不足，而没有了解到旅游者在自然美审美中的审美特点。对于久居江浙的旅游者来说，九寨沟的一切都是神奇的，因此，在进行欣赏和观光时就会体现出审美的冲动性。作为导游如果不能够了解这一点，就不能很好地引导旅游者，使其获得更多的审美感受。因此，充分了解旅游活动中自然美审美的基本特点非常重要。

一、直观冲动

自然美是客观存在的自然景观在旅游者头脑中的一种审美反映。旅游景观虽然是客观存在的，是脱离人而独立存在的，但是，如果没有人对于自然景观的主观认识和感受，自然界的一切都将是没有生机的，而且也无所谓美与不美。无论是自然美还是社会美或艺术美，都必须有人的参与。一般来说，在自然美的审美过程中，只涉及旅游美感中的审美感知、审美想象、审美情感三大要素，而较少涉及审美理解这一美感要素，因为旅游者在自然审美中往往较为感性和冲动。当旅游者观赏自然美时，只要一接触到自然的形式之美就会油然而生喜悦之感。这种喜悦之感由于和人的审美器官的感觉紧密相连，所以往往停留在表层，常表现为粗浅快乐体验层次。

二、意境升华

自然美的审美体验，有一个由自然向社会化意境提升的过程，称之为意境升华。自然景观作为我们的“意象”时，它是真实事物的客观存在，意境是虚化了的意味和境界，是人们根据客观存在的自然景观幻化出来的虚拟的世界、事物等。有很多人都赞成审视社会美时需要构筑意境之美，其实，审视自然美不仅需要意境构筑，而且需要由自然美向社会美升华。自然美本身通过客观存在物构成一定的客观状态，旅游者在审美自然时，会根据个人的阅历、层次、欣赏水平、心情等多种因素的不同，将眼前的环境幻化出不同的意境来。而这种意境的构筑并非建立在审美理解的基础上，与社会美构筑的意境有所不同。自然美的意境构筑经常是带有自发性质的，是自然流露的一种状态。自然美本身和审美者的感受，两者一实一虚，一真一幻。旅游者面对“意象”即可以构建出童年梦幻境、未来构想境、神话想象境，又可以构建出道家自然境、禅宗空灵境等等。当旅游者置身于自然的优美环境中时，有时会感到仿佛回到童年，会萌生出孩子般的天真，在水边嬉戏，在山中游乐。人无论怎样成熟，都难以完全磨灭掉童真的一面，因此，进行自然审美无疑是一种极好的放松自我和找回自我的过程，而这种过程本身就是意境升华的过程。

三、皈依自然

在审视自然美的过程中，旅游者常常会被优雅、淳朴、清新、雄伟、崇高等自然的状态所感染，不知不觉地由欣赏自然到崇尚自然，将自己融入到自然中，产生一种回归自然之情，我们称这种现象为皈依自然。李白观月“对影成三人”、苏轼看长江感慨“沧海一粟”、李清照看花“人比黄花瘦”等等，都表现了这种皈依自然的审美特点。我们常说自然有极大的审美教育作用，一个重要的原因是来自于自然审美的这个特点。看大海希望自己的心胸像大海一样辽阔，看花看月希望自己也花容月貌，看松看柏希望自己也冬夏常青。自然使人震撼，使人感动，因此也使人沉醉，达到天人合一的境界。人们在回归自然中得到了情绪的宣泄和精神释放，从而怡情养性，得到心灵的陶冶。所以，当人们说“我和春天有个约会”的时候，他的心里一定充满着无限的皈依自然的兴奋！旅游者的知识水平不同，素质各异，皈依自然的情态也表现不同，一般来说，旅游者的素质越高，审美经验越丰富，皈依自然的审美特点就越鲜明。美学界对自然美的研究出现了一个新兴的学科——生态美学。它把人与自然、人与环境的关系作为研究对象，研究的主要内容是人与自然关系的美学意义、生态现象的审美价值和生态美、生态环境的审美感受和审美心理、人类生态环境建设中的美学问题、艺术与人类生态环境、生态审美观与生态审美教育等等。生态美学表现了人类审美意识的进一步提升,它在更系统的生态层次上研究自然美和社会美,推进人类审美的进一步深化。

实训:九寨沟的审美历程

【实训内容】

(一) 感"人在旅途莫等闲",品沿途雪山之美

沿途中有些景观,匆匆而过,但有时给人的感觉反而会更强烈,令人留恋和回味无穷。当我们外出旅游时,切记"人在旅途莫等闲"。因为旅游活动让人愉悦、让人心动的不仅仅在于终点的景致,也在于沿途的风光。在于人随车动,景随人移,"车在路上走,人在画中游"的乐趣。前往九寨沟的路途中并不单调,不同于到其他旅游景观的旅途。坐在车中的旅游者真的可以体会"人在旅途莫等闲"的妙处。去九寨沟的路是令人生畏的。从成都出发,在阿坝山区坐十二三个小时的汽车,听起来让人感觉枯燥难熬,但是只要你静心观赏,潜心品味,你会发现漫漫旅途中阿坝的山景本身就是一道亮丽的风景线,只是这道风景线被九寨沟的光环所遮盖,游客常因想尽快目睹"童话世界"的风采,而把它忽略了。

(二) 放飞审美想象联想,叹历史现实之美

到了阿坝,旅游者才知道什么是山,什么叫雄,什么叫峻,才有了井底之蛙的自愧。在疾驰的车中竭力仰望阿坝群山,每一座山都高耸入云,几乎每一座青山的远处都藏着一座皑皑的雪山。此时,你会感到阿坝的神奇,在神奇的大自然面前,你又会觉得人竟然如此渺小。对它,你只有五体投地、顶礼膜拜了。沿途的公路也是让人心跳的。虽宽阔,但崎岖;有平坦,亦惊险,但同时旅游者也会深刻地感受到有了这样的惊险的公路,才有了对阿坝神山的审视和驻足,才不难理解李白的"蜀道之难,难于上青天"的遗憾和愤懑。

(三) 对比中领略审美形象,凸现神山魅力

去过五岳独尊泰山的人都知晓,泰山虽以"雄"闻名天下,但游人却可攀登,能够"会当凌绝顶,一览众山小"。泰山之雄是以其海拔 1 500 多米的主峰在齐鲁平原突兀屹立着。然而阿坝的山平均海拔都在 2 000 米以上,每一座山都是那么高大巍峨,且逶迤崎岖,雄伟峥嵘。你会被阿坝神山的威力所震慑。这雄伟峥嵘的高山,相互对峙又形成峡谷,岷江在峡谷中咆哮奔腾,气势逼人。面对此山此景,我们的心境与当年李太白的心境是一致吻合的。

(四) 抛开现实渐入佳境,赏析九寨沟形式美

欣赏生态性的景点,最好的游览方法就是意境品味,需主动地暗示自己暂时忘记现实的一切,将自己的身心投入到这神奇的境界中,屏息凝神,毋庸多谈,甚至有时可以沉默不语,静静地欣赏着大自然赋予我们的一切美好;有时却又是欣喜若狂的,当旅游者发现这里灵动而活泼的一切,会按捺不住心中的狂喜而雀跃欢呼,即使是饱经沧桑、老成持重的人也都会彻底放松成天真的孩子。所以,旅游者才会发现给予九寨沟"童话世界"这个殊荣是当之无愧的。游览这里,需乘坐景区专用的环保车,沿着事先选好的旅游路线,进行游览。它以原始的生态环境,一尘不染的清新空气和雪山、森林、湖泊组合成神妙、奇幻、幽美的自然

风光，真的是“神奇九寨，人间仙境”。

审视九寨色彩之美：九寨沟的颜色是烂漫而华艳的，用五光十色来形容一点都不为过，有深红、浅红、橘红、粉红、大红等同一色系的和谐之美，更有粉与蓝、红与黑等不同色系的对比之美。这里的一切无论哪个角落仿佛都可以掬它入画，都可以让你怦然心动。

欣赏九寨水体之美：九寨沟最美之处当然是这里的水。连水的名称都美，虽为湖泊却被当地人唤作“海子”，数量之多竟达到108个，最小的不到半亩，最长的有7千米。审美九寨沟的海子：近处绿水，清澈见底；远方蔚蓝，平静无波；两岸山树，映入海中，水中之影和水上之树融为一体，形成绿与蓝的和谐宁静之美，这让人不由得想起海南海水的蓝绿之美，当然二者的美学特征是有着明显的差异的：一个小巧，一个大气。

聆听九寨声响之美：九寨沟的声响之美在于瀑布声、风声、鸟声。有的细水涓涓，有的急流直下，有的若玉带飘舞，有的似银河奔泻。最为壮观的当属诺日朗瀑布，水流凌空而下，银花四溅，水声隆隆。人们流连于此，听着导游的讲解，会通过审美联想起《西游记》片尾壮观的诺日朗瀑布，进入美妙的神仙意境中。

关注九寨的动植物之美：九寨沟也拥有着大量的动植物的资源，其动植物种类繁多，构成了多样之美。这里植物茂盛，富有特色，原始森林遍布，栖息着大熊猫等珍贵野生动物。

【实训提示】

1. 实地模拟体验：教师可以利用当地的相似的自然景观，让学生进行实地体验。

2. 仿真模拟体验：教师可以利用相关或相近的影像资料，在实训室中，让同学们进行模拟体验。

【实训要点】

1. 教师根据书中讲述的关于自然美的审美模式，给学生们讲述相关的审美技巧。

2. 让同学们自己搜集相关的“实训体验景点”的资料，进行实训体验前的心理和知识准备。

3. 模拟体验之初，教师要帮助学生创建学生心中的意境，引导学生抛开现实，进入审美状态。

4. 模拟体验开始时，教师适当地引导学生学会观赏体会沿途的风光，把握“人在旅途莫等闲”的妙处。

5. 模拟体验过程中，教师要引导学生充分利用审美的四大要素：学会审美感知，对所赏之景进行生理器官(眼、耳、鼻、手等)的感受；利用审美联想对所见之物展开想象，联系现实的物象，或进行相近联想，或进行对比联想；调动学生的审美情感，让学生们体会通过对观赏到的景物而产生自身的情感变化；引导学生对所观赏到的景物进行审美理解，生发出对人生、社会和现实的深层思考。

6. 模拟体验结束后，教师要让学生们畅谈自身的审美体验，并书写审美体验报告。

本章小结

本章重点概念是自然美、自然美的基本审美模式；本章讲述的主要内容是通过对不同种类的自然美展开叙述，突出了不同自然美的不同审美特征；同时结合自然旅游者的审美心理，挖掘出自然美的审美特点。

检　　测

一、复习思考题

1. 根据本章所学的自然美的审美原理，试分析自然美中，山之美和水之美的相互结合、相得益彰之处。

2. 试谈在旅游过程中，如何引导旅游者使其获得自然美的真谛？

3. 试谈大海之美、江河之美和泉水之美的美学对比效果。

二、实训题

选择当地的一处自然景观，根据本章讲述的自然美审美模式的理论知识进行实地审美体验，请同学们畅谈自然审美过程中的体验。

项目四 旅游的社会美审美

学习目标

◎ 了解　旅游审美活动中社会美的作用
◎ 理解　旅游审美活动中社会美的特点
◎ 掌握　旅游审美活动中社会美的种类
◎ 应用　旅游审美活动中社会美的审美模式

本章导读

本章从旅游者的实际审美心理出发，对旅游活动中的社会审美展开了研究和阐释。本章内容共分为三节，以递进的表达方式讲述了：为什么进行社会美审美？怎样进行社会美审美？社会美审美中的特点。其中，第一节讲述了社会美的作用及种类，为第二节和第三节的讲述奠定了理论基础；第二节对旅游活动中社会美审美的基本模式进行了创新性的阐释，这种阐释是建立在第一节的社会美的种类基础上的分类分析，是引导旅游者进行审美的重要部分，是本章的核心部分；第三节对社会美审美的基本特点进行了细致讲述。

模块一 旅游活动中社会美的作用及种类

引导案例

一群大学生到承德避暑山庄观光旅游，在聆听导游讲解时，导游讲到铜殿“曾经清晨的朝霞照在铜殿上，熠熠闪光，数十里外都可以看到铜殿的万丈光芒……”但是最后旅游者们并没有见到，其中一位大学生就询问该导游：为什么不带我们去看？导游正等待着这种提问，不失时机地一脸肃穆地说：“要看铜殿，我们恐怕要到日本，或是要回到几十年前去看了。”于是导游根据旅游者的疑问，将铜殿的屈辱的历史讲出：日本入侵中国后，在承德沦陷区进行罪恶的掠夺，一夜之间铜殿中所有的东西都不翼而飞，有人说日本人用那些铜建造了武器，也有人说所有的东西都被秘密运回了日本……听后，这群大学生倍感沉重，初来避暑山庄的欣喜全无，而是陷入了深深的思考当中，感触颇多。一路上，他们谈论着，讲述着。不仅了解到园林的知识，感受到古代能工巧匠的智慧，更重要的是他们了解到了山庄的历史，了解到中国清政府的腐败没落，曾经老师讲授过的历史知识一下子鲜活起来，都觉得不虚此行。这个案例告诉我们：社会美的重要的社会作用是可以使审美主体——旅游者了解历史、认识社会、丰富知识、增长见识、感受智慧，提升自豪感。

旅游美学中的社会美主要是指人类在改造自然、征服自然的过程中创造出来的劳动成果之美，是人类历史文化发展的产物。包括园林之美、建筑之美、民族风情之美、饮食之美、宗教之美、酒店之美、旅游纪念品之美等。它蕴含在我们所欣赏的各种山水、人文艺术等风景形象之中。只有领悟了人类在改造自然的社会实践中所显现出来的劳动美，我们对风景美的理解才会更加深刻。旅游活动中的艺术美和社会美有着很多的相通和共融的成分，所以，此处探讨的旅游活动中的社会美是相对而言的。

一、旅游活动中社会美的作用

(一) 对于审美主体而言

1. 了解历史，认识社会

人类总是对未来和历史充满无限的好奇，未来社会存在于明天，只能通过思维让人们了解；而对于历史社会则可以通过考古的发现、相关书籍和旅游活动来认识。但考古发现需依托一定的专业知识，历史书籍总是书本化的抽象知识，所以，旅游活动便自然而然地成为人类了解历史、认识社会的更形象化的方法和手段。

由于不同的时代拥有不同的社会美的内涵，因此，现代旅游者在旅游活动中可以尽享不同时代、不同社会文化的社会美。旅游者可以通过有形的旅游审美实体，以及在有形的旅游审美实体中蕴含的无限的精神层面中了解人类社会历史发展的进程。人们可以通过观赏远古时期的人类生活遗址，了解到原始人的生活状况；可以通过游历现代都市，感悟现代城市的繁华与喧嚣；可以通过审视古塔寺庙，体会宗教文化的真谛；可以通过参观皇家宫殿苑囿，了解封建统治者的奢靡豪华；可以通过玩赏不同地域的风土人情，了解各个民族的风俗习惯；可以通过品尝美食美酒，了解各国的饮食文化的博大精深……例如旅游者徘徊于西安秦始皇兵马俑的俑坑，各式各样的秦俑惟妙惟肖地展示出真人的神情和状貌。立射俑，剑拔弩张，屏息凝神；武士俑，头微微抬起，两眼直视前方，意气昂扬又带有几分稚气；将军俑，巍然直立，凝神沉思，表露出一种坚毅威武的神情；战马昂首嘶鸣，扬蹄欲行，整个军队处于整装待发之势。旅游者便可以通过威武雄壮的军阵，了解到秦始皇当年为完成统一中国的大业而展现出的军功和军威。

2. 丰富知识，增长见识

古人常说："读万卷书不如行万里路。"道理很简单：人们了解知识的途径大体来讲可以有两个：一是间接的经验；二是直接的经验。所谓间接经验即：通过书本中或人的口耳相传而得到的经验，最普遍的方法就是书籍对经验的传播。书籍在传授知识和讲述经验上，有一定的时间局限性，同时也未免有些枯燥。从人性的"好玩"的天性角度来看，从古至今，人们最乐于接受、最喜欢的获得知识的方式当属游历玩赏了。例如明代人徐霞客，少时聪慧过人，博览群书，22岁摒弃仕途，开始漫游祖国，34年间，足迹遍及16个省区，对山脉、水道、地质、地貌等方面的研究取得超越前人的成就，是世界上考察、研究石灰岩地貌的先驱者。徐霞客及其所著的《游记》被誉为千古奇人和千古奇书。试想，如果徐霞客按部就班地在书屋中苦读，然后科举考试后走上仕途之路，可能他会成为一个明代的大臣，但他未必能成为杰出的地理学家、旅行家，更不可能流芳千古。成就他价值的正是因为他不畏风餐露宿之苦，不怕葬身丘壑之险，三次遇盗，四次断粮，志不渝、气不馁的历尽艰辛的精神品质。今天的旅游者在旅游活动中，不再像徐霞客那样需要历经磨难了，因为今天的科学技术发达，旅游交通极为便利，人们尽可以轻松地了解各国的历史文化、风俗习惯，从中获得极大的知识的满足和阅历的提升。作为现代人，我们拥有现代化、高科技的交通工具，历史中的"千里之遥"，变成了"咫尺之距"。我们凭借发达的交通工具和比较完善的旅游方式，可以进行各种各样的社会美的审美实践活动。我们可以领略到东方世界——古老中国的历史和文化之美：秦始皇兵马俑的朴拙、北京故宫的大气、苏州园林的小巧、水乡周庄的灵秀、民族风情的多彩；我们甚至可以感受整个世界的脉搏，还可以到太空中去遨游畅想。

3. 感受智慧，升华自豪

人类社会从远古至今，从茹毛饮血到文明时代，经历了翻天覆地的变化，而这种变化中包含着人类的智慧和力量。作为旅游者——人类的一员，审视众多的旅游景观的过程，就是对祖先的智慧和力量的感悟过程，会自然而然地对雄伟壮观、神奇瑰丽的社会美升腾出自豪感来，同时，也会在感悟中产生进取之心和奋斗之心。例如旅游者游历被称为"世界古代建筑的奇迹"的万里长城时，会产生对古代劳动人民的敬仰，除此之外，还会利用审美联想，感到作为世界奇迹之一的创造者的后裔的自豪。又如埃及的金字塔，是著名的古代建筑，是七大奇迹之首，其工程之浩大，结构之精细，至今还是未被揭开的人类之谜。它们的巨大形象，千百年来，为人们所熟知，引起无穷的惊叹，吸引着无数的旅游者。古代世界七大奇迹中的其他六奇都已毁损，唯有代表着古代文明灿烂成就的金字塔依然耸峙在大地之上。因此，阿拉伯人有俗语说："人们怕时间，时间却怕金字塔。"

4. 脱离束缚，转换角色

自从人类进入现代社会后，生产力水平不断提高，科技水平日益发达，城市化进程随之不断加剧，现代社会的机器大生产给人类带来了生活质量的提高，同时却也带来了负面影响，人几乎异化成机器和动物。人类需要放松和解脱，现代旅游应运而生。现代旅游者除了逃离城市的喧嚣到自然界中去呼吸新鲜的空气、徜徉于生态的氛围中外，也可以到非现代社会生活的历史社会美中去放松，当然也可以到远离自己生活环境之外的异域进行游历。旅游者暂时脱离自身现有环境的束缚，产生角色转变，这时旅游者的身份不再是企业的老板，不再是政府的官员，不再是辛勤的白领……旅游者彻底放松成一个单纯的"人"，可以尽情感受另一"社会"的真纯。

（二）对于审美客体而言

1. 弘扬社会文明精神，提高社会文明程度

在接待客源地旅游者的过程中，旅游目的地居民也在不断提升文明程度，通过打造适合客源地的旅游市场的产品、发展旅游教育、开发与旅游相关的各个产业、完善社会管理制度等方式，塑造了旅游目的地自身形象，以便吸引更多的旅游者前来观光。例如中国的海南刚刚开发之初，淳朴的海南人民在外来旅游者的文化、文明等的不断浸染和影响下，发展了商品经济，由开始之初的免费与旅游者合影留念到向合影留念者收取费用10元；由开始之初的无偿地赠予旅游者土特产品到高价出售……看起来仿佛这里的人是变得功利了，但对于边远的地区来说，这种改变恰恰是一种进步。当然，随着当地的旅游景点的不断开发，旅游市场不断规范，这种急功近利的思想，会随着社会和时代的发展而显得不合时宜，必然会被扔进历史的垃圾堆，但是这也必然需要相当长的过程，同时也必须依赖于旅游管理部门的规范管理。旅游目的地文化水平也因为发展旅游而不得不迅速地提高。无论是旅游目的地的居民素质的提高，还是旅游管理部门的管理规范都是社会文明程度提高的一种表

现。为了旅游目的地更快地发展，旅游目的地必将进行相应的调整和改变。其实，无论是自发的还是自觉的文化提高，对于促进社会文明程度、弘扬社会文明精神都是有极大意义的。

2. 不断地创造社会美，不断地丰富社会美

旅游目的地要想快速发展，就要研究旅游者的审美需求、审美动机等审美心理，以期更好地满足旅游者。这样就会不断地开发出新景点，创造出新产品，从而丰富社会美的内涵，不断创造出更加适应时代的社会美来。但是，在真正现代意义上的旅游活动兴起之前，人类不断创造社会美的目的并没有将满足旅游需求纳入进来，只有当人类社会进入了现代社会之后，旅游目的地才开始介入，在以其他目的创造社会美的同时，渐渐懂得创造社会美要有利于旅游活动的发展，要有利于旅游者的心理需求的满足。这样的历史发展进程也正表明了一个过程，即由无所作为到有所为。曾经几千年来人类创造的社会美，让人们不断欣喜，并不断审视，萌芽中的旅游社会审美活动是自发的，对于那时的旅游社会美的创造者而言就是一种无所作为的状态。随着时代的发展，当人们发觉现有的社会美由于强烈的无所作为意识，而严重地影响了旅游活动的更好的发展时，人类就开始了有目的性的探索，从而创造出更多的社会美来。主题公园的兴起就是人类开始主动地有作为地创造社会美的一个典范。主题公园是现代旅游产品中的一个重要的类型，它正在以其独有的文化内涵、科技含量和强大的娱乐功能，把越来越多旅游者的目光吸引过来。自1952年问世的荷兰微缩景观“马都拉丹”首开世界微缩景区的先河，整整半个世纪以来，主题公园迅速风靡世界。目前，全世界年游客数量超过百万人次的主题公园已达百个，其中迪斯尼乐园年接待游客甚至达到数千万人次，创造出神话般的奇迹。通过主题公园可观的经济效益和良好的社会效益，我们不难发现这样的创造会极大地丰富社会美的内涵，同时，会带动更多的旅游目的地探索出更适合现代旅游者旅游审美需求的新路来。当然，在发展主题公园这种社会美的形式的同时，必须要慎重，将权宜之计和长远之计结合起来，才能真正地创造出不朽的传世之作来。

二、旅游活动中社会美的种类

对于社会美的分类，我们可以从相对的层面上，以不同的分类标准来进行分类，例如可以按照时间角度来分类，分为历史社会美和现代社会美；为了方便本教材的讲解，本书根据社会美自身的形态进行分类探讨。

(一) 园林之美

园林可以分为古典园林和现代园林。古典园林的建造并非以旅游的审美活动作为它的建造的主要目的，每一座古典园林都是一个时代和社会的缩影。从这个角度看，古典园林和现代园林有着根本的区别，古代人建造园林是建造了古代人生活居留的一个活动场所，是以社会生活为主要目的的，而现代园林的建筑，更加强调观赏性，所以就弱化了社会美的意义，而凸显了艺术美的内涵。另外，现代意义上的园林是在古典园林的基础之上发展起来的，所以，我们在这里更多来研究中国古典园林。

1. 中国古典园林的类别之美

中国古典园林有很多分类标准，可以根据造园的风格，大体上把中国古典园林分为北方园林、南方园林。这样的称呼并非单单指的是园林的地域特征，北方园林可以出现在江

南水乡，南方园林也可以出现在大漠荒原。例如承德的避暑山庄，它是城市中的园林，虽坐落在北方的山区中，拥有的却是南方园林的风格。所以，称呼北方园林和南方园林的初衷，是由这两种园林表现出来的美学风格所决定的。北方园林，以北京颐和园等园林为代表，其表现风格为：粗犷大气、色彩艳丽、形体高大、稳重大方，给人一种强烈的崇高感。南方园林，则以苏州园林等园林为代表，其表现风格为：婉约小巧、色彩淡雅、体态轻盈、秀丽多情，给人一种强烈的秀丽感。如果把园林从人化的角度来欣赏的话，北方园林和南方园林表现的就是一种性别上的差异，一个是北方大汉，一个是水乡女子。在中国古老的园林历史中，缺一不可，二者在历史发展的过程中，互相借鉴，完美融合。

除此分类标准外，中国古典园林也可以根据园林建造之初的隶属关系分为：皇家园林、私家园林和寺观园林。如果可以用女子之美来形容这三类园林的审美特征的话，皇家园林之美就好比贾元春：雍容华贵、富丽堂皇，是专门为皇家帝王修建的享乐的场所，例如：北京颐和园、承德避暑山庄；私家园林之美就好比林黛玉：精巧素雅，含蓄多姿，是官宦人家、富商贵族为自己修建的供自己享乐的地方，例如：苏州留园、北京可园；寺观园林之美就好比妙玉：清静恬淡、神秘静穆，是以佛教或道教为主题，佛教弟子和道教弟子专门修建的潜心修炼的地方，例如：苏州的玄妙观、承德的普陀宗乘之庙。

2. 中国古典园林的文化之美

中国古典园林是中国传统文化的重要组成部分。作为一种审美载体，它不仅客观而真实地反映了中国不同历史时期的背景、社会经济的兴衰和工程技术水平，而且特色鲜明地折射出中国人的自然观、人生观和世界观的演变。中国古典园林蕴含了儒、释、道等哲学思想的精髓，受到宗教思想和山水诗、画的重要影响；凝聚了中国古代知识分子和造园艺术大师、工匠的勤劳和智慧。每一座园林都有一段历史，每一座园林都有一个故事，或凄美感人，或壮丽动人。在审美中国古典园林之时，我们必须将其放到当时的历史环境中去理解、感悟，才能真正悟到中国古典园林美的真谛。在欣赏古典园林之美时，如果只注重园林的色彩、形态和造园手法是远远不够的，旅游者必须学会在古典园林历史环境的审美想象中去徜徉审视，在心理上构造出一种意境来，然后在这种意境的氛围中再去细致入微地审视中国古典园林中的一山一水、一草一木、一亭一台、一楼一阁、一桥一榭。徜徉于颐和园的皇家园林之中，在充分了解颐和园的历史后，仿佛听到八国联军铁蹄进入颐和园的声音，仿佛看到了列强燃起的熊熊大火，眼前仿佛掠过众宫女簇拥之下的正襟危坐的慈禧太后……所有的历史都给这皇家园林加进了无数沧桑之美，唯其这样厚重的历史，这里的一砖一瓦才显生机，这里的一草一木才见风致。精神层面上的历史文化内涵是靠园林中的一切实物衬托出来的，而园林中的一切实物又由于有了这精神上的历史文化内涵而更显出了皇家园林的神秘、雄伟。例如漫步于佛教寺院苏州寒山寺，仿佛听到了风度翩翩的古代诗人吟诵着佳句，仿佛听到从遥远的年代传来夜半的钟声，仿佛重回明清与寺人一起打坐参禅，仿佛看到寒山、拾得两位高僧驾鹤西去的情景……高僧、传说、佳句都为这小小的寒山古寺增加了许多趣味，只有拥有了这如许众多的佛教历史和文化，寒山古寺才显得更加古韵幽幽，这厚重的历史文化凸现了寒山寺的神奇、幽静的美学特征。

另外，中国古典园林中，造园艺术大师和园林的主人们为园林中的景点的命名是恰当得体和富有文化内涵的，也为中国古典园林的历史文化之美增加了色彩。例如桂林独秀峰拔地擎天的特征和险峻的形象用“南天一柱”来命名；杭州西湖的美景中平湖秋月、苏堤春晓、断桥残雪、雷峰夕照、三潭印月等的命名都文化味十足。名因景起，景随名生，境缘辞胜。

3. 中国古典园林的要素之美

中国古典园林早就被古人当作人来看待和培育，山是骨架，水是血液，建筑是眼睛，草木是毛发。下面就中国古典园林的要素之美进行讲述。

（1）山石之美　山是园林的骨架，建造园林必然要有山，有的山是依照自然之势而截取的真山，有的山是能工巧匠利用石块堆积的假山。在园林建造中，山可以增加园林的稳重，更重要的是山石可以点缀空间，使其更加贴近自然，同时，山石的布局有其一定的美学原则，堆山叠石都必须要与周围的景物相一致，并与之共同打造园林的统一主题，从而形成整体和谐之美。中国古典园林的堆山叠石的美学原则是：

自然：清代李渔认为假山要“无补缀穿凿之痕，遥望与真山无异”才显得美。在审视假山之美时，旅游者可以通过自己对假山的观赏，分析假山是否有真山的形象。真山的形象之美指的是具有原始味和野味，而看不出人工痕迹的假山才是美的。例如：环秀山庄的山。

奇特：对于石的审美与一般的审美欣赏物有所不同，可以用“奇”和“丑”来概括。古人在造园时为了让园主人和后人尽享石的天然之美，形成了一些审石之美的标准：瘦、透、漏、皱、丑，其实，这瘦、透、漏、皱、丑总体来讲，就是一种“奇”的审美特征。园林中的真山也好，假山也罢，都必须取自天然之石，而所有的天然之石并非都是美的，有的虽是天然，但如果用去叠山就不美了，反而显得不自然了。所以无论是工匠的造园还是旅游者的审美都要明确什么才是真正的石之美。“瘦”是从石的体量上来说的，要求石体态苗条，宛如骨瘦的女子，亭亭玉立；“透”是从石的纹理贯通来说的，所谓“纹理纵横，笼络起隐”；“漏”是指石上有大孔小孔，洞洞相套，上下贯穿，四面玲珑，石如无空洞，则显得格外死板，毫无生机，平淡无奇；“皱”指的是石的表面有凹凸之褶皱，山石有褶皱就像人有了皱纹一样，才有风霜感，才更加凸显沧桑之美；“丑”指的是石的不规则、不对称、不和谐之美，有时不和谐的景物通过人工表现出来，却宛如天成，也是一种美。

色彩：石头的色彩多种多样，园林的假山的色彩也会五颜六色，色彩不同，寓意就不同，这也为园林的意境之美丰富了内涵。例如个园就是假山色彩之美的一个典型的代表。相传个园的假山是清代大画家石涛设计的。利用石笋、太湖石、黄石、宣石构造四座假山，来表现一年四季的变化：春山石呈灰绿色，夏山石呈灰白色，秋山石呈微黄色，冬山石呈雪白色。

人文之美：每一座假山都有一个美丽的名字，每一座假山都有许多动人的历史和传说。山石如果只是通过人工雕琢来表现自然之美，于社会美的内涵就无半点意义。作为旅游活动中的社会美，山石必然拥有很多人文色彩，才会更加吸引游人。故事、传说、名称等等都为质朴的山石融入了人文之美。例如苏州留园中的“冠云峰”，它是瘦、透、漏、皱的完美结合，冠云峰的相关的历史传说和故事为它增添了生动和独特之美。

（2）池水之美　水是流动的，园林中有了水就有了生机。园林中的水是园林的动态之美，是最有生机的一个审美要素。园林的池水之美体现了生态、阴柔、人文和动态美。

生态之美：有山必有水，有水必有山，山水相映成趣。水是万物生长之本，它可以使周围的空气湿润、清新，可以调节气温，有助于创造生态之美。虽然园林是人工建造的，难免有斧凿之痕，但园林要想尽善尽美，就必须脱离斧凿之痕，尽量将一切描摹得自然天成。在园林构建中，池水也要求自然，虽不是自然界真水的生态美，但必须是接近生态的美。

阴柔之美：园林中的水还可以与山形成一种空间上的高低对比，这样才能显出山的壮观，更加凸显水的秀丽。如果没有这种对比，山就会显得孤独，水就会显得平淡。山和水的结合还另有妙处：一阳一阴，一刚一柔，在造园之美上充分体现了道家的阴阳和谐之美。

人文之美：池水之美也必须拥有一定的历史文化内涵。池水的名称是美的，例如芙蓉出水、鸳鸯戏水、垂柳拂水、湖光倒影等；池水的形状是美的：潇洒自然，没有规则，却又是最有规则的；池水的传说是美的：才子佳人的凄婉爱情、意蕴深厚的佛道故事。园林中池水的状态是工匠们描摹自然界中的水而形成的，一般为人工挖砌而成，但也有的利用自然界的水引入园林中，加以修饰，形成与园林总体风格相一致的池水。例如：承德避暑山庄中的湖水就是在建设避暑山庄时挖砌而成的，挖出的土堆积成今天游人所见到的山庄内的山，援引承德武烈河之水和热河之水。

动态之美：水的流动性和水中生物的游动共同构成了温馨恬淡的园林池水之美。有的池水娴静平稳，深邃静谧；有的池水随着地势的改变而奔流不息；有的池水援引到高处再轻轻落下，形成园林中的瀑布，潇洒动感。

(3) 建筑之美　有人把建筑当做头，有人把建筑当作眼睛，其实无论是比做什么，只表达了一个意思，就是建筑在园林中是占据极其重要的地位的。有了建筑就有了人，有了人就有了情。园林中的建筑和一般的建筑有所不同，它更加强调意境。园林的整体设计有助于扩大空间，丰富游览者的审美感受。“楼观沧海日，门对浙江潮”，亭台楼阁等建筑不仅有它本身作为建筑的审美特征，更重要的是，通过建筑的门和窗，可以欣赏到外界无限空间的优美景色，增加意境美。园林中的建筑种类很多，包括：宫殿、厅堂、楼阁、馆、轩、斋、亭、桥、榭、廊、舫。

宫殿之美：宫是皇帝的住所，殿是供奉神像的地方。宫殿一般建造在园林的中心或主要位置，具有高大严肃、富丽堂皇的美学特征，总让人产生一种崇高之感。在皇家园林和寺观园林中，宫、殿是十分重要的建筑类型。

厅堂之美：厅堂一般在私家园林中较为常见，往往是园林中的主体建筑，大抵建在园林中心地带，甚至是全园布局的中心。具有沉稳厚重、典雅规整的美学特征。厅堂之美不仅在于厅堂的本身之美，也在于其正面相对的主体景物之美。给人一种视野开阔、景象丰富的感觉。如苏州拙政园的远香堂，四周都是景点，站在堂内扫视四周景物，犹如在观看一幅中国山水画的长卷。

楼阁之美：楼和阁都是高层建筑。从结构上看，两者各有特点，楼比较规整，而阁则往往比较灵活。审视中国古典园林中的楼阁时，往往会和诗情画意、闺房秀女联系起来，为楼阁之美增加了一定的意境。例如桂林的伏波楼，依半山峭壁而筑，居高临空，气势宏伟，正面建带形窗、大跳台，俯视漓江奇境，平眺七星群峰，使伏波山景致更加俊秀。

馆轩斋之美：这一类的建筑体量中等，是园林中常见的建筑。馆最早是为接待宾客而用的客房，后来应用范围逐渐扩大，发展成为宴饮、休憩、赏景的场所。拙政园内的玲珑馆建于小庭院中，自成一体，环境清幽。轩的空间形式多种多样，可以是极小的建筑空间，也可以是较大的建筑空间。其美学特征是：轩宇高敞，也就是说，空间敞豁，气息流通，便于观赏胜景。例如：苏州留园中的闻木香轩。斋一般是供古人读书和学习的地方。古人居于此，或静心养性，或修身反省，或潜心攻读。窗外的幽竹、松柏、兰花之类的植被，窗内读书人丝竹之声婉转悠扬，其美学特征是：优雅、清静。

亭之美：亭是园林中一种有顶无墙、四面敞开的小型建筑，亭是供人休憩和赏景的地方，亭是常见于园林之中最灵活的建筑。亭的造型很美，多姿多彩，有正方形、圆形、正六边形、正八角形、十字形、凸形、梅花形、海棠形、扇面形等。有的玉立于山巅，有的眺望于水中，有的隐匿于竹林，有的俯瞰在山坡，有的屹立于平地……

桥之美：园林离不开水，有了水就必然会有桥。桥起着连接景点和点缀空间的作用。碧水悠悠，小桥卧波，格外清幽。“小桥流水”是中国古典园林中的幽景之一。平桥笔直宽阔，自然质朴，富有野趣；曲桥婉转曲折，婀娜多姿，富于变化；拱桥平静柔和，简单明快，以孔漏景；亭桥亭亭玉立，别有韵味；廊桥袅袅娜娜，独具风采。

榭之美：榭是一种依水建筑。园林中的榭是开敞的、体量不是很大的个体建筑，它既有供游人游赏停息的功能，又有突出的点缀功能。就内部来说，其构筑往往上有花楣，下有雕栏，玲珑透空，精丽细巧，其点缀功能表现为装饰特征；就外部环境来说，它往往点缀于花丛、树旁、水际、桥头……其点缀功能表现为对花、树、水、桥的依附特征。

廊之美：廊是园林中富于游赏功能且轻灵的建筑。《园冶》上说：“廊宜曲宜长则胜。”长廊随形而变，依势而曲，蜿蜒无尽，方引人入胜。对于旅游者而言，廊是一条导游线，引导旅游者渐入佳境，同时也是游人很好的休憩处。

舫之美：舫是依照船的造型在园林湖泊中建造起来的一种船形建筑物。舫是对船的模仿，又是对船的扬弃，它丰富了园林的景观，还能给人一种似静还动、似动还静的美感。

(4) 植物之美　中国古人有把园林叫作“花园”的称呼，可见园林离不开“花”，而“园林”的叫法，也同样表明了园林与树木的紧密联系。因为园林的造园法则就是师法自然，而大自然的花草树木之美在园林中自然是不可缺少的，否则就不是真的师法自然了。试想，有了山、有了水、有了建筑，却不见五颜六色的植物，那么，这样的园林就是失败的园林、毫无生机的园林。园林中的植物美在于色彩之美、嗅觉之美、生态之美和形态之美。

嗅觉之美：植物本身都带有一种令人心醉的气味，使人产生一种嗅觉上的美感，从而身心愉悦。草木之味清新自然，鲜花之气沁人心脾。旅游者也会由于草木鲜花的气味而产生丰富的审美联想。中国古人根据花木不同的香气为植物命名，例如：牡丹为国色“天香”；梅花为疏影“暗香”；菊花有霜月“冷香”；荷花有水上“清香”；茉莉花开于炎夏之季，“一卉能熏一室香，炎天犹觉玉肌凉”。

生态之美：无论是援引自然界的植物，还是园中栽培的植物，都会起到净化空气、消除污染、吸滞粉尘的作用，另外，还可以调节空气的湿度，遮阴降温，为园林的美增添生态色彩。

形态之美：植物之美并不单单是日常旅游者欣赏到的色彩之美和嗅觉之美，花木的形状各异，美感非凡。老树虬枝横空，挺拔刚健；新枝柔嫩洒脱，随风而舞。花的或含，或吐，或正，或倚，或平，或斜，或俯，或仰；花与花之间的或疏密紧凑，或聚散离合，或顾盼呼应；无风时，花蕾如立；有风时，如痴如醉，都美不胜收，富于变化。花与木的色彩可以互为映衬，绿色与其他鲜花的颜色相搭配，但求自然洒脱。花木的品种相当丰富：含羞欲语的月季、临风婀娜的丁香、灿若云霞的杜鹃……或娇媚，或飘逸，或浓艳，或素净，或妖冶，或端丽……无论哪种形态，所有的植物都必须符合园林整体的主题意境。

人文之美：园林在栽种植物时非常注重花品和树品。因为，中国古代园林的主人多为有品位的人，所以在建造园林时，造园大师们很注意选择适合园林主人品位的植物。除外在形态、色彩、气味等的审美特征外，中国古人在造园时更加强调植物的品格。而园林的主人随着时代的发展会有所更替，所以，园林中植物的人文内涵也会随着时代的发展而有所变化。例如：无锡寄畅园，亭中有四株古柏，后清朝皇帝乾隆来此园赏景，为古柏赐名：清、奇、古、怪。

4. 中国古典园林审美

(1) 意境之美　意境美是中国古典园林最突出的审美特征，主要表现为诗情画意和禅意道趣。

诗情画意：中国古典园林早在晋代就接受了中国画的写意特点，山水园林和山水画几乎是相伴而生的，在构园技巧上吸取了中国绘画艺术的许多重要的技法，要求像绘画一样懂得处理好旷与幽、疏与密、朴与华的辩证关系，使之相辅相成，耐人寻味。中国画讲究“气韵生动”，园林也运用了绘画的大写意手法，努力创造这种生动的气韵，以假山传真山的气势，以池水造湖海的神韵，以顽石显生命的灵气，以山水抒主人的性情。画意美，美在含蓄，园林也是一样。中国古典园林的曲径通幽，就是一种表现含蓄美的造园手法。常见的审美意境是：一条小路曲折蜿蜒，前方似乎毫无佳境，但沿着小路继续前行，转弯的瞬间，或是穿过小路上的一个建筑物，会发现别有洞天，是更美妙幽静的去处。例如：环秀山庄，只是位于宅后的一个小园，但由于隐匿在嶙峋石山和参天古木之后，就产生了幽静深邃的审美感觉，让人获得别样的审美体验。就仿佛看到一江南女子，端坐于水边廊中，折扇半掩红颜，因为半掩还露、半露还掩的感觉，是最让人产生好奇感的，有折扇掩面已经很美，当折扇拿开，好一副娇媚的容颜，更加令人慨叹她的美丽。除了画意，还有诗情。山水诗启发中国古典园林的构建，中国古典园林又蕴含着无数山水诗篇。中国园林的佳境就在于可以让人产生丰富的审美联想，可以触景生情，观景生诗。例如：扬州寄啸山庄，观赏之后，会令人不由自主地吟诵出：“月作主人梅作客，花为四壁船为家”的诗句。

禅意道趣：中国古典美学有三重奏之说：“中和为美的儒家美学思想”“自然为美的道家美学思想”和“空灵为美的佛家美学思想”。以老庄哲学为代表的道家美学思想倡导：“境生象外”“平淡朴拙”“虚实结合”。“人法地，地法天，天法道，道法自然”的道家箴言和中国古典园林建筑中崇尚自然的思想是相一致的，道家的美学思想在中国古典园林的意境塑造中起到了引导的作用。园林中山的从容、水的随意、竹的悠然、建筑的和谐……都从不同的层面表现了道家的神闲、气静、宁静、清幽、淡远、飘逸、潇洒的美学特征。佛家思想崇尚“无我”与“空”，讲究空灵、玄远、寂静、闲适、清丽、缥缈。中国古典园林的造园中也运用了佛家的禅趣。有时我们漫步园林山中，会有“空山新雨后，天气晚来秋”的感觉；有时徜徉竹林树丛，会有“闲行数乱竹，静坐照清源”的佳境。在中国古典园林的审美中，我们也会在不断的审美中慢慢顿悟禅宗三境界：“落叶满空山，何处寻行迹”“空山无人，水流花开”，甚至渐入“万古长空，一朝风月”的佳境。使我们获得前所未有的轻松和超脱，甚至可以达到“无我”和“空”的境界，而这也正是旅游审美体验中的最高境界。

(2) 对比之美　在中国古典园林的审美中我们还会发现：中国古典园林处处有对比，处处是协调。

虚实相间的对比之美：虚实相间在中国古典园林中的应用很多。它和中国绘画有着密切的联系，但又有所不同，中国古典园林中的虚和实是相对而言的。山景为实，水景为虚；

山峰、山峦为实，沟、壑、涧、穴为虚；有景处为实，无景处为虚；建筑造型为实，院落天井为虚；近景为实，远景为虚；墙体为实，门窗为虚；花形花姿为实，花香花影为虚；等等。这种虚实之美在对比中更加凸显了园林景观的审美特色。就像乐曲的高低抑扬、快慢急缓，打破了景物的平板呆滞，取得了错落有致、变化无穷的视觉效果。

疏密错落的对比之美：园林中的山水、建筑和花木讲究有疏有密，切忌平均分配。堆山叠石，既要密集重叠，以形成千岩万壑的气势，又要用稀疏、散落的山石作陪衬与点缀，以显示水景，又可分散用水，形成萦回环绕的小溪；植物栽种，既可成片密植，又可单植、对植、丛植。在园林的总体布局上，中心景区的景物比较丰富、集中，次要景区的景物相对稀疏、单一，以形成鲜明的对比。

开合有度的对比之美：园林空间有相对开敞和相对幽闭的差异，这便形成一放一收、一开一合的对比。这种对比，使人的心一下子豁然开朗起来，这种审美心理上的变化，往往更能够给旅游者留下深刻的印象。北京的颐和园，由东门进入时，只见一座颇像四合院的内景，一点也看不到园林的景致，沿小路往南走，先看到一座土山横在前面，中间是一条曲径，顺路而行，可见园中最大的建筑佛香阁在枝叶间时隐时现。转过一个弯，眼前豁然开朗，昆明湖、万寿山、佛香阁、龙王庙尽收眼底，令人惊叹不已。

形状不同的对比之美：在中国古典园林中也具有因形状大小差异而产生的对比之美。大到园林的空间，小到园林中的一草一木，都有这种对比的存在，例如苏州留园中的小窗，或方或圆，似方似圆。颐和园的前山前湖区，在万寿山南坡与昆明湖这一大空间的旁边有许多小的园林空间，游人既可以由大入小，也可以由小入大。

动静结合的对比之美：山是静的，水是动的；建筑是静的，建筑前风中的植物是动的；亭子是静的，曲折的爬山廊是动的；水是静的，水中的动物是动的。动静结合，相映成趣，才使得园林景观更加生动。

总之，中国古典园林处处是对比，处处是协调，充满了和谐之美。没有对比，就不能突出；没有对比，就没有变化。对比会给原本平淡的园林景观带来生机，会给旅游者带来更强烈的审美感受。但是，无论何种对比，其原则必须是围绕园林的意境和主题的，必须在对比中讲究协调，成就和谐之美。

(3) 造园手法之美　借景之美：明代园艺家计成说借景的原则是："无拘远近，极目所至，俗则摒之，嘉则收之。"由此可见，园林构图中借景的手法运用相当广泛，而且不拘一格。远者可借园外之景，像承德避暑山庄所借棒槌峰一景，简直如天造地设一般。近景与远景之间可以互相因借，山借水而灵动，水借山而俊秀。此外，还可以巧借天候。杭州西湖的三潭印月、苏堤春晓、断桥残雪、柳浪闻莺都是巧借天候的佳景。总之，凡可入画者，园艺家都千方百计借为我用。借景讲究平衡对称，对比协调，比例适中，多样统一，符合美的创造规律。松借风而涛，柳借风而舞，但如果园林中所借的风力过大，变成了松涛怒吼，便会破坏园林的美感，大煞风景。所以，在借景时要注意所借之景必须与总体的园林美学风格相一致。

引景之美：主要是指引自然之景入园。例如在承德避暑山庄的园林建筑中，当年康熙皇帝亲自选址建造避暑山庄，就很注意运用引景手法。这里的热河泉水、万壑古松等景致都是"自然天成地就势，不待人力假虚设"。引景还有一个层面的含义就是模仿其他地方的景观。例如：承德避暑山庄内的狮子林、烟雨楼；承德外八庙仿新疆伊犁固尔扎庙修建的安远庙、仿西藏拉萨布达拉宫建造的普陀宗乘之庙。这些都充分体现了园主人“移天缩地于咫尺之间”的审美情怀。除了引自然之景、模仿其他名胜之景外，还有引种不同地区的奇花异草，引养世界各地的珍禽异兽。当旅游者在观赏这样的独具匠心的景观时，会发现它们既无人工雕凿的痕迹，也无生搬硬套之感，和其他景观和谐搭配。令旅游者赏心悦目，不能不叹服造园大师们的高超技艺。

藏景之美：“景愈藏，景界愈大；景愈露，景界愈小。”藏景指的是将某个景物通过树木、山石或建筑物等把它隐藏起来，旅游者见到的此景，或半貌，或一角，或一点痕迹也看不到，需沿着一定的路线，经过曲折变化，才会看到全貌。旅游者会深深地体会到“山重水复疑无路，柳暗花明又一村”的诗意效果。藏景的目的是为了现景。

框景之美：框景的手法如同画面镶一个镜框，使某一处景观成为一个特写式的镜头。在造园中，用轩、廊、亭、榭、厅、堂等建筑为游人提供“带边框”的赏景空间。或用门，或用窗，或用檐，或用栏，或用柱将远处之景框入一定的空间。“窗含西岭千秋雪，门泊东吴万里船”的景致就是一幅极好的框景图。另外，中国古典园林中还有一种利用墙壁框景的方法。苏州园林中就有很多这样的典型例子：在墙壁上开凿出各种形状的窗，或是圆形，或是扇形，或是宝瓶形，或是桃形，或是花草窗，或是树木窗，或是鸟兽窗……旅游者审美于此，会被这特殊的特写景象所吸引，产生许多审美联想。

（二）建筑之美

建筑被称为园林中的眼睛，是中国古典园林中必不可少的要素，但就建筑本身而言，它是一个独立的体系，它的发展历程要远远早于中国古典园林。早在原始社会便有古人搭建奇特的树屋、挖掘洞穴之屋等建筑。建筑是一种可供人居住的物质形式。在旅游美学中，中国古典建筑和中国古典园林都有实用性和观赏性的共同特色，建筑被称为“凝固的音乐”。因此要想更多地了解建筑之美，须认真研读，积累丰富的建筑审美经验才行。

1. 结构之美

早在远古时期，我们的祖先就学会使用泥土和木材建造房屋。他们发现用木材建筑房屋便于加工，而且自然界有取之不尽、用之不竭的材料，于是，用木材造房便成了我国建筑上最早的传统。木结构是我国古代建筑的最大特征之一。

梁柱式结构：我国古代建筑的主要结构是梁柱式，就是在地面上立柱，柱上架梁。木结构的房屋屋顶的全部重量，是通过椽、檩、梁传到立柱，最后到达地面的。而墙壁不承受房屋上部的重量，只起到分隔空间和保护的作用。木结构的建筑有许多优点，例如门窗的安排比较灵活，多开一些门窗或少开一些门窗都可以。门窗可以开的大些，也可以开的小些。这种结构可以充分满足人们使用房屋的不同要求，而且具有“墙倒屋不塌”的特点。木结构建筑屋顶的造型也十分丰富，有歇山(屋顶)、悬山、卷棚顶和硬山顶。

榫卯安装的木结构：我国古典建筑的一大特色就是榫卯安装，是一种非常坚固的组合方式。另外，较大建筑中的柱与屋顶之间的过渡部分，一般采用斗拱，斗拱不仅可以在承重上起到很大的作用，而且外形错综精巧美观，还可以起到良好的装饰作用。

2. 整齐之美

我国的古典建筑基本上采用群体组合的布局，从整体上看是多层次而又变化无穷的，显示出整齐合一的完美布局，有主有次，层次分明，既注重小巧玲珑，又讲究多姿多彩，是多样化和整体和谐之美的典范。中国古典建筑的单元是“间”，由“间”组成院落，又由院落构成各种形式的建筑群。中国古代建筑特别注意跟周围自然环境的协调,这也是中国古人追求整齐合一之美的体现。建筑本身就是一个供人们居住、工作、娱乐和社交等活动的环境,因此不仅内部各组成部分要考虑配合与协调,而且特别注意与周围大自然环境的协调。中国古代的设计师们在进行设计时都十分注意周围的环境,对周围的山川形势、地理特点、气候条件、林木植被等,都进行认真调查研究,以使建筑布局、形式、色调等跟周围的环境相适应,从而构成一个大的环境空间。

3. 色彩之美

色彩是构成建筑形式美的不可缺少的因素。红、黄、绿是我国古典建筑的主色调。在中华民族传统的观念中,红色代表喜庆吉祥欢乐,黄色代表富贵庄重辉煌,绿色代表生命活力。从我国封建统治者的审美观点看,一般来说,帝王的建筑是黄色的琉璃瓦,王侯的建筑用绿色琉璃瓦,老百姓只能用灰色的瓦。中国的古代宫殿多金碧辉煌、红砖绿瓦,色彩艳丽,富丽堂皇。寺庙建筑多清静淡雅,但也有一些比较重视色彩艳丽的寺庙,例如:旅游者在观赏一些喇嘛庙时,常常看到一些"金顶"建筑。这些所谓"金顶",是用鎏金装饰的屋顶,一般称为"金瓦殿"。

4. 细节之美

我国古代建筑十分讲究内部的装饰、陈设和外部空间的点缀。因此,建筑物的内部常用雕梁画栋、图案花纹匾额楹联等进行装饰。雕窗、床栏、墙角、字画、古玩等等,到处都凸现出雕刻、图案等的细节之美。中国古典建筑不仅整体完美、层次分明,而且细节动人,这也正体现了中国人追求完美和唯美的美学追求。

(三)民俗之美

中国有56个民族,每个民族都拥有不同的服饰、习惯和风俗,每一个民族都有它的独到之处,而这种独特的东西往往又都是美的集中体现。

1. 绚丽多彩的服饰美

服装最初的作用是御寒的,但是随着人类的不断进步,服装不仅仅是御寒的工具,对人体还起着重要的装饰作用。每个民族都拥有着自己的服装和装饰品,而每个民族自己独有的服饰和装饰,都有着一定的历史渊源和文化内涵,从民族形成之日起,该民族的人们就拥有着属于他们自己的服饰。每个民族的服饰都是该民族的审美趣味、信仰追求和习惯爱好的集中体现。每一件民族服饰都拥有着实用价值和审美价值两个层面,而民族服饰的审美价值是旅游美学研究社会之美的一个重要的方面。例如居住在北方地区的民族,其服饰一般多长袍、高靴、厚衣,这样的服饰出现之初主要出于御寒的实用目的,但随着社会的发展,这样原本臃肿的服饰经过美化、改进,变得漂亮起来,成为藏、蒙等北方民族的主要服饰。苗族、布依族和部分壮族女性的百褶裙很漂亮,长者曳地,短者及膝,上衣绣花或镶边。生活在云南彝家姑娘喜爱形似鸡冠镶有1 200多颗银泡的"鸡冠帽"。苗族姑娘喜欢戴银饰:银角、银雀、银扇、银梳、银簪、银项链、银耳环、银手镯等等。

2. 高昂婉转的音乐美

我国著名的音乐家冼星海说:"音乐是人生最大的快乐,音乐是生活中的一股清泉,音乐是陶冶性情的熔炉。"在丰富多彩的华夏文明中,各族劳动人民创作了大量热烈奔放、优美婉转、如泣如诉的动人音乐。有的民歌,曲调明快,歌声嘹亮,例如苗寨的"飞歌";有的民歌,音调清脆,缠绵柔缓,例如傣族歌曲;有的悠扬动人,载歌载舞,例如新疆的歌舞;有的粗犷豪放，勇敢刚毅，例如蒙古族民歌。

3. 摇曳多姿的舞蹈美

舞蹈与音乐自古就有着密切的联系，故有"音乐是舞蹈的灵魂，舞蹈是无声的音乐"的说法。凡是善歌唱的民族，几乎都喜欢跳舞。舞蹈的语言是舞步、动作、身段和姿态。各民族的劳动人民在同天斗、同地斗，以及人与人的关系中，通过有节奏的律动、造型、手势和表情来抒发自己的心理感受和富有诗情画意的幻想。各民族创造流行的舞蹈，种类很多，一类是民间大众舞蹈，例如：秧歌舞、龙灯舞、高跷舞、安塞舞等；一类是艺术舞蹈，例如：某些民族的人民创作的叙事舞、抒情舞。各个民族的历史文化背景不同，因此，其舞蹈风格也有所不同。蒙古族长期生长于草原之上，所以舞蹈动作上多以豪放、开阔的动作为主，例如模仿雄鹰展翅飞翔、搏击长空；把骑马狩猎的动作也展现在舞蹈中……显示出蒙古族人民的粗犷和豪放。

4. 风味独特的饮食美

中国各民族的饮食风味也有所不同，很多民族都有其喜好的美食。因为民族常常和宗教相连，因此，宗教的忌讳也会体现在民族的食品上。信奉伊斯兰教的新疆少数民族喜欢"烤全羊"、"清炖牛羊肉"等食品；东北朝鲜族喜欢狗肉冷面；还有广西壮族的"破脸狗"、纳西族的"火腿粑粑"、彝族的"坨坨肉"、傣族的"蚂蚁蛋"、云南哈尼族的"竹筒鸡"、侗族的"酸鱼"、瑶族的"五色糯米饭"等等。这些饮食不仅让旅游者的味觉上产生新鲜的审美体验，而且在视觉上也体验到不同色彩和造型的美感。各民族美食是丰富多彩、新奇各异的。但多样并不等于杂乱无章，生活在中国土地上的56个民族，其饮食口味的特色一般符合中国饮食的总体特征：南甜、北咸、东辣、西酸。因此，各民族的饮食之美是独特而又多样统一的。

5. 情趣各异的婚俗美

在中国人的思想中，婚礼历来都是人的终身大事，因此各民族都非常重视婚礼习俗。虽然各民族的婚礼风格不同、情趣各异，但追求喜庆、企盼吉祥、希望幸福美满、白头偕老的主题是共同、永恒的。例如新疆伊斯兰民族男女结婚，要由阿訇或伊玛目诵经，然后将两块干馕沾上盐水，让新郎新娘当场吃下，以示同甘共苦，白头偕老。云南怒江傈僳族青年男女结婚时，新郎要在家门口摆酒设宴，招待客人；新郎新娘要互换碗筷，以示互敬互爱。朝鲜族婚宴要摆一只煮熟的大公鸡，公鸡嘴里叼着一只红辣椒。

6. 待人接物的礼仪美

中国自古就有"礼仪之邦"的美称，而中国各民族人民在礼尚往来的关系中，也同样养成了尊老爱幼、重友谊、讲信誉、温良恭让的礼仪习俗。例如满族一向有敬老的习俗，儿女对待老人，要三天请小安，五天请大安。男子的请安礼是"打千儿"，女子行"半蹲礼"，否则，就会视为不敬不孝。侗族除了有"路不拾遗"的良好风尚外，人人都热心公益事业，在侗乡的花桥、鼓楼、凉亭里，都备有甘甜的清泉水，供行路口渴的客人饮用。蒙古族素有热情好客的美誉，视客为喜，通常的礼节是敬奶茶和奶制品，煮"手扒肉"，最高的礼遇是"献哈达"、吃烤全羊、唱祝酒歌。

（四）饮食之美

1. 菜点之美

中国的饮食文化源远流长，不仅是果腹充饥之必需，而且极具美学意蕴，是中国传统文化中一朵永不凋谢的奇葩。中国独特的地理环境决定了自然经济为主体的农业国的特征，强调靠山吃山，靠水吃水。依靠土地生存的观念决定了中国饮食以素食为主的传统习惯。在中国古代肉食是很珍贵的，只有达官显贵才可以每天食肉，称为“肉食者”。长久以来以蔬菜和面食为主的中国人，总结出了丰富的烹饪素食的技艺，在世界饮食文化中，弥补了西方人以肉食为主的缺憾，成为素食文化的代表，吸引了众多的国外旅游者。中国的饮食还有一个特点就是以热食为主，这种习惯的养成与中国较为闲散的自给自足的社会文化有着密切的关系。

2. 色彩之美

自然本色美：在中国的饮食中，十分重视菜品的颜色，讲究菜品的本色就是遵循蔬菜和肉类等本身的颜色，所烹饪的菜要最大限度地保持菜品本身的颜色，实质上是以自然美为基础，青菜的绿、蛋黄的黄、西红柿的红等，不仅在视觉效果上给人以强烈的美感，而且，菜品的本色会给人一种清新自然的感觉，增加人的食欲。

色彩搭配美：法国艺术大师罗丹认为，没有不美的色彩，只有不美的组合。中国的烹饪学也认为，厨师对菜品色彩美的创造不在于调配色彩或产生新色彩，而在于组合色彩并使之有一定意境或情趣。菜品的色彩搭配讲究对比鲜明、刺激食欲。

3. 气味之美

中国菜品给人产生嗅觉刺激是很重要的一个饮食美学要素。未入其口，先闻其味，香味入鼻产生对味觉的刺激，食欲大增。古有“闻香止步，知味停车”的招牌，来招揽客人。菜品的香气刺激鼻腔上部的嗅觉器官，引起嗅觉感，引起唾液分泌，产生食欲，产生快感。人又通过快感，引起情感冲动和审美联想，然后产生美感。根据人的心理感受，传统上把菜品的香分成以下几种：浓香，美感鲜明强烈，如红烧肉；鲜香，其香清新质朴，如清蒸整鸡；醇香，其香幽远醇厚，如五香葱油鸡；异香，其香怪异独特，如怪味鸡片。

4. 形式之美

在中国的饮食烹饪中，非常讲究刀工、造型。饮食的造型也是为了更好地刺激食欲，因此，造型是手段，品味是目的。如果不顾饮食美的实用价值而一味追求艺术效果的话，就会失去饮食之美的真正意义和价值，是不可取的。中国菜点的形式美有以下几种表现：

(1) 自然形状之美　自然形状的美感突出原料的自然美。如整鸡、整鸭、整鱼以自然形状为佳，这一类的饮食具备饱满和完整之美，能给人一种充满喜庆的大众生活情趣。

(2) 几何形状之美　这种饮食的造型之美是较为常见的，人们居家做菜常常将菜品切成丁、条、片、块等简单的几何形状，便于翻炒，易于入味，体现了一种规则整齐、简洁明快、大方随意的美感。

(3) 雕塑造型之美　在饮食中凉菜和面点最具雕塑造型。通过塑造形状来展示形状的美感可以使人产生丰富的审美联想。粽子的形状给人以质朴、充实的美感；汤圆给人以晶莹玲珑、饱满圆润的美感。菜品除了利用完美的雕塑造型吸引旅游者外，还会将雕塑造型与菜品的名称完美结合，以此来增加菜品的文化性和美感，例如“二龙戏珠”给人以隆重热烈的美感；“鲤鱼跳龙门”给人以热闹欢乐的美感。圆雕有完整感，凸雕有饱满感和动感，凹雕侧重线条造型，显得深沉含蓄。

5. 味觉之美

味觉之美是旅游者体验饮食之美的最重要方面。嗅觉之美、色彩之美和形式之美是味觉之美的前奏，而味觉之美才是旅游者想要得到饮食之美的核心。单纯的味觉之美有咸、甜、酸、辣、苦、麻、鲜。但菜品的味道都不是单一的，绝大部分都是复合味，在日常饮食中，菜品的味道往往是以某种味道为主，而附着于其他味道的。我国在烹饪上的复合味是最富有创造力的，酸甜、甜咸、辣咸、麻辣、香咸、香辣等等。例如麻婆豆腐，有咸味、麻味、辣味、香味，但却是以麻辣味为主的味觉之美。由于中国的地域不同，对味觉之美的要求也不同，于是就形成了各地不同的风味特色。广东菜清而不淡，鲜而不俗，嫩而不生，油而不腻；鲁菜以咸味为主，有咸、鲜、酸、甜、辣等的主要味型；湘菜注重香鲜、酸辣、油重、色浓。

6. 触觉之美

饮食之美中，还有一个较为重要的方面的美感就是触觉之美。“饮食之道，所尚在质”，中国的古人早就为我们建立了菜品的又一个审美标准——质。质就是菜品的质地或材料，同时也还包含卫生质量的因素。中国饮食中的质好，指的就是菜品入口后的触觉感受，仔细分析起来，一般而言，触觉之美有松、软、脆、嫩、酥、滑、爽等质地美感。不同的菜品要求的触觉美感不同，因质而异的美感使得中华民族的饮食文化异彩纷呈。

(1) 嫩　其烹饪方法一般为爆炒，或微炖，或清蒸等，其目的是保持菜品材料本身的自然细嫩之感，给人一种“银鳞细骨堪怜汝，玉箸金盘敢望传”的审美享受。例如清蒸鲥鱼之嫩。

(2) 脆　其烹饪方法一般为热菜的煎炸和冷菜的拌制，给人一种爽利、干净的触觉感受。但一般来说，菜品的脆往往和嫩、松的触觉美感是密不可分的。人们常常形容菜品的“外焦里嫩”就是这种复合型的触觉美感，例如山东名菜“油爆双脆”、“土豆拔丝”。

(3) 软　在享受糕点的美味时，一般的审美体验是松软的。

(4) 烂　其烹饪方法一般为烧、煮、炖。对于某些肉类的饮食美感须烹饪得老烂入味才行。例如：酒香肉、东坡肘子。

(5) 黏　是因菜品的黏性产生的一种缠绵、柔美的感觉，例如湖南名菜“冰糖湘莲”就具有黏糯之美。

(6) 酥　一般常见于糕点和煎炸细密多层次的菜品。

7. 文化之美

中国古代菜点的名称、菜点的搭配和塑造的意境美充满了文化性。例如“宫保鸡丁”这道誉满中外的四川名菜，早在清末就闻名全国，被人们称为“国菜”，现在很多人写成“宫爆鸡丁”。从其名称的表面上来看，似乎以鸡肉作主料爆炒而成。关于“宫保鸡丁”的来历，有很多说法，这里引用其中一个较为常见的说法：晚清“太子少保”丁宝桢，被人尊称为丁宫保。当年丁宝桢由山东调任四川巡抚，时值都江堰水患，新官上任三把火，遂前往视察，由于耽误了吃中午饭的时间，不得不在道上一家小餐馆进餐，不巧那天刚好菜已卖完，无菜可炒。众人饥肠辘辘，等不及去别的餐馆，就用鸡肉等几种剩下的原料，快炒之。丁宝桢吃着觉得味道鲜美，很是满意，“宫保鸡丁”由此大出其名。再如“四星望月”原本并不是这个叫法，而就是兴国县的客家家常菜“蒸笼粉鱼”，用竹编圆笼蒸鱼。但后来毛泽东吃了这道菜并为它起了一个意境深远的名字——“四星望月”。其实中国古代和现代有很多意境深远的菜名，例如龙虎斗、一帆风顺、过桥米线、佛跳墙等等，都会从不同的角度通过其文化内涵给人以美感享受。

中国的饮食非常强调礼仪礼数，充满了文化之美。在中国古代，礼仪的外在表现之一就是等级制，人分等级，而人的饮食自然也要分出等级。中国古代的饮食文化可以分为皇家饮食文化、官僚饮食文化、士人饮食文化、市井饮食文化和乡民饮食文化等。也像等级制的金字塔形状一样，级别越高，居于金字塔的层数越高，其享有的阶层的人数就越少。塔尖上的自然是皇家饮食，用料考究，豪华奢侈，食者是最少的。最具代表性的就是“满汉全席”，它出现在清代，由108道名珍异味组成，不仅味道独特考究，而且佐以金杯玉箸，配有酒令歌舞，三日九餐方能细细品完。

中国古代饮食文化性的第三个表现是追求上菜的程式化。尽管主题不同，次序会有变化，但一般可概括为五道程序。第一道程序是冷菜，很像音乐中的序曲，开始节奏缓慢，适于宾主致辞或交流感情；第二道程序是品尝热炒，炒菜是热菜的先锋，口味开始由序曲的清淡变为稍浓；第三道程序是品尝烧菜，口味和色彩更浓，节奏更快；第四道程序是品尝主菜，主菜是一场宴席中最重要的菜，常见的有烤鸭、火锅等，再配上菜品的特色和生动的传说，更增添了饮食的美感，主菜的呈现是宴席中的高潮，宾客振奋、趣味正浓；第五道程序是品尝甜品、清汤、果点等，宴席进入尾声，口味平和，余味无穷。总体来讲，上菜的程序体现了音乐的节奏美感，既满足了人的生理需求，又符合人的心理美感。

另外，作为菜系而言，一个菜系与一个地方的文化有着密切的关系，也可以说，对不同口味的饮食的审美本身就是对该地域文化的一种体验。例如：体验扬州菜的美感，同时也是与扬州学派、扬州画派、扬州清曲、扬州盆景、扬州园林、扬州工艺的一种对话和交流，菜中有文，文中有味。

（五）茶之美

1. 茶色之美

包括干茶的茶色和茶汤的汤色两个方面，在茶艺中主要是鉴赏茶的汤色之美。不同的茶类应具有不同的标准汤色。在茶叶审评中常用的术语有“清澈”，表示茶汤清净而有光泽的美感；“鲜艳”，表示汤色鲜明而有活力的美感；“鲜明”，表示汤色明亮略有光泽的美感；“明亮”，表示茶汤清净透明的美感。

2. 茶味之美

茶有百味，其中主要有苦、涩、甘、鲜、活。苦是指茶汤入口，舌根感到类似奎宁的一种不适味道；涩是指茶汤入口有一股莫名的麻舌之感；甘是指茶汤入口回味甜美；鲜是指茶汤的滋味清爽宜人；活是指品茶时人的心理感受到舒适、美妙、有活力。

3. 茶境之美

品茶需要一种良好优雅的氛围，在品茶时体味茶的味，赏鉴环境的雅。然后，人们陶醉于此茶此景，并由此生发出良好的心情，甚至产生审美联想，忘却自我，渐入佳境。古人品茶最重视茶的“味外之味”。不同的人，不同的社会地位，不同的文化底蕴，不同的环境和心情，可从茶中品出不同的“味”来。而这味外之味，就是指人在品茶中，领悟到的意境之美。“吾年向老世味薄，所好未衰惟饮茶”，历尽沧桑的文坛宗师欧阳修从茶中品出了人情如纸、世态炎凉的苦涩味；“蒙顶露芽春味美，湖头月馆夜吟清”，仕途得意的文彦博从茶中品出了春之味；“森然可爱不可慢，骨清肉腻和且正；雪花雨脚何足道，啜过始知真味永。”豪气干云、襟怀坦荡的苏东坡从茶中品出了君子味。人生有百味，茶亦有百味，从一杯茶中我们可以有许多的感悟。

4. 茶名之美

我国名茶的名称大多数都很美，这些茶名大体上可分为五大类：第一类是地名加茶树的植物学名称，如西湖龙井、闽北水仙等；第二类是地名加茶叶的外形特征；第三类是地名加上富有想象力的名称，如庐山云雾、敬亭绿雪、舒城兰花等；第四类是有着美妙动人的传说或典故，如碧螺春、大红袍、绿牡丹等；第五类的茶名也多能引发茶人美好的联想，如寿眉、银毫、金佛、佛手等。赏析茶名之美，实际上是赏析中国传统文化之美。从赏析茶名之美中，人们不仅可以增添茶文化知识，而且可以看出我国品茶人的艺术底蕴和美学素养，可以体会到品茶人爱茶的精神追求。

（六）酒之美

酒是自然界的一种天然产物。人类不是发明了酒，仅仅是发现了酒。酒里最主要的成分是酒精，许多物质可以通过多种方式转变成酒精，如葡萄糖可在微生物分泌的酶的作用下，转变成酒精；只要具备一定的条件，就可以将某些物质转变成酒精。大自然完全具备产生这些条件的基础。我国晋代的江统在《酒诰》中写道："酒之所兴，肇自上皇，或云仪狄，一曰杜康。有饭不尽，委馀空桑，郁积成味，久蓄气芳，本出于此，不由奇方。"在这里，古人提出剩饭自然发酵成酒的观点，是符合科学道理及实际情况的。江统是我国历史上第一个提出谷物自然发酵酿酒学说的人。

酒，在人类文化的历史长河中，它已不仅仅是一种客观的物质存在，而是一种文化象征，一种精神象征。酒文化是中国饮食文化中不可或缺的重要组成部分。我国几千年的灿烂文明，几乎就是一条由酒液流淌成的璀璨长河。古语云："饮酒者，乃学问之事，非饮食之事也。"又说："醉里乾坤大，壶中日月长。"把饮酒视为人生最重要的事情之一。古今智者，大多都是从一醉方休的境界中认识世界，彻悟人生，建设自己品性的。在中国，酒文化以道家哲学为源头，庄子在《庄子・达生》中提出了一个"醉者神全"的哲学命题。认为：人饮酒致醉而"其神全也"。醉酒后精神越发高涨，思路更加狂放，以至于"死生惊惧不入乎其胸中"。追求绝对自由、忘却生死利禄及荣辱，是中国酒文化的精髓所在。中国自古以来，把酒和勇气、气魄结合起来，借酒而激荡出的阳刚和豪爽是酒的一种文化属性。所以，在中国文化中，受命出征，要饮酒壮行；壮士凯旋，要饮酒庆功。世界文化现象有着惊人的相似之处，西方的酒文化是以酒神精神为核心的，以葡萄种植业和酿酒业之神狄奥尼索斯为象征。

1. 醉酒之美

中国古代崇酒爱酒之风久矣，中国的酿酒技术可以追溯到商代以前。在中国的酒文化中，其中醉酒文化备受文人墨客的青睐。因醉酒而获得艺术的自由状态，这是古老中国的艺术家解脱束缚、获得艺术创造力的重要途径。"志气旷达，以宇宙为狭"的魏晋名士、第一"醉鬼"刘伶可以"幕天席地，纵意所如""兀然而醉，豁然而醒，静听不闻雷霆之声，熟视不睹太行之形，不觉寒暑之切肌，利欲之感情。俯观万物，扰扰焉如江汉之载浮萍"。这种"至人"境界就是中国酒神精神的典型体现。"李白斗酒诗百篇，长安市上酒家眠，天子呼来不上船，自称臣是酒中仙。"南宋政治诗人张元年说："雨后飞花知底数，醉来赢得自由身。"酒醉而成传世诗作，这样的例子在中国诗史中俯拾皆是。不仅为诗如是，在绘画和中国文化特有的艺术书法中也如此。画家中，郑板桥的字画不能轻易得到，于是求字画者拿狗肉与美酒款待，在郑板桥的醉意中即可如愿。郑板桥也知道求字画者的把戏，但他抵挡不住美酒狗肉的诱惑，只好写诗自嘲："看月不妨人去尽，对月只恨酒来迟。笑他缣素求书辈，又要先生烂醉时。""吴带当风"的画圣吴道子，作画前必酣饮大醉方可动笔，醉后为画，挥毫立就。“书圣”王羲之醉时挥毫而作《兰亭集序》,“遒媚劲健,绝代所无”,而至酒醒时“更书数十本,终不能及之”。

2. 酒礼之美

中国是礼仪之邦,饮酒之中的礼节也是其中的一个重要的层面。传说,钟毓和钟会幼时,一次,都以为父亲睡着了,遂邀约偷喝酒。其实父亲并未熟睡,不过是想窥视他们兄弟二人偷喝酒时的情状。父亲发现,毓喝酒,“拜而后饮”,会则“饮而不拜”。于是各问其缘由。毓曰:“酒以成礼,不敢不拜。”而会则曰:“偷本非礼,所以不拜。”这个典故很有趣,说明古人饮酒时都讲究一定的礼节。这种礼节,使饮酒成为一种仪式。于是,饮酒也便成为一种庄重的活动,不能失礼。它使饮酒成为文明进程或文化氛围的一部分。如今,彝族、苗族等少数民族都还保存着酒礼这一习俗。比如彝族饮酒时唱《酒礼歌》、苗族给客人喝的拦路羊角酒都是隆重的礼节。可以说,在饮酒活动中,酒礼是一种秩序,由于有种种约定,也算是一种无形的规则。

古代饮酒的礼仪约有四步:拜、祭、啐、卒爵。首先做出拜的动作,表示敬意;接着把酒倒出一点在地上,祭谢大地生养之德;然后尝尝酒味,并加以赞扬令主人高兴;最后仰杯而尽。在酒宴上,主人要向客人敬酒(叫酬),客人要回敬主人(叫酢),敬酒时还要说上几句敬酒辞。客人之间相互也可敬酒(叫旅酬)。有时还要依次向人敬酒(叫行酒)。敬酒时,敬酒的人和被敬酒的人都要“避席”,起立。普通敬酒以三杯为度。中国人一年中的几个重大节日,都有相应的饮酒活动,如端午节饮“菖蒲酒”、重阳节饮“菊花酒”、除夕夜的“年酒”。在一些地方,如江西民间,春季插完禾苗后,要欢聚饮酒,庆贺丰收时更要饮酒,酒席散尽之时,往往是“家家扶得醉人归”。今天的中国人,逢年过节必送好酒、宴请亲朋必上佳酿等等,都是古人讲究酒礼的一种延续。

3. 酒令之美

行酒令的方式可谓是五花八门,至今,行酒令已经有三千年以上的历史,成为中国酒文化中的一朵奇葩。文人雅士与平民百姓行酒令方式截然不同。文人雅士常用对诗、对联、猜字或猜谜等酒令,大体有律令、文字令、口语令、筹令、博令、占卜令、歌舞令等等。一般百姓则用一些既简单又不需作任何准备的行令方式,最常见也最简单的是“同数”,现在一般叫“猜拳”,即用手指中的若干个手指的手姿代表某个数,两人出手后,相加后必等于某数,出手的同时,每人报一个数字,如果甲所说的数正好与加数之和相同,则算赢家,输者就得喝酒,如果两人说的数相同,则不计胜负,重新再来一次。除此之外,还有击鼓传花也是较为常见的古代民间的行酒令中罚酒的形式。作为一种文化娱乐手段,酒令可以增添饮酒时的文化氛围,在某种程度上放慢饮酒的节奏、舒缓人的情绪,使饮酒者可以尽享饮酒之乐。同时,酒令在某种程度上可以锻炼人的思维力,摆脱饮酒的负面消极因素。

4. 酒器之美

如果说酒本身蕴含着中国人的精神文化内涵,是一种精神载体的话,那么,盛装美酒的酒器则是这种载体的载体。中国人重视美酒,也重视酒器,无论是材料、形状还是功能都十分讲究。从材料上讲,有玻璃杯、瓷杯、金杯之分;从形状上而言,有玉盏、海川螺盏、瓠子卮、幔卷荷盏、金蕉叶盏、玉蟾儿盏;从功能上看,也是多姿多彩,变化无穷。如《逢原记》中记载的蓬莱盏,杯中有山,象征三岛,斟酒以没山为限;再如舞仙盏,内有机关,酒满后杯中仙人自动浮出来跳舞,瑞香球漂落盏外。古人还有利用荷叶、荷花等植物制成特色的酒杯,让酒器弥散着植物的天然香气。不仅气味芳香，而且还充满了诗情画意。

（七）宗教之美

马克思主义认为：宗教实际上是人类社会发展到一定阶段时，所出现的一种社会的、历史的现象。在人类的发展史上，很早就产生了宗教。早在原始社会，由于生产力低下，人们对自然界的风雨雷电，狼虫虎豹给自己带来的灾害和苦难无法抵抗，对于千变万化的自然现象无法解释，对人的生老病死和梦幻现象无法说明。于是人们就怀着一种敬畏的心理，认为冥冥之中有一种神奇的力量在支配着一切，而人们把这种神秘的力量或幻化成自己的祖先，或想象成一种强悍的动物，或联想成几种动物的组合，或是自然界的某些强大的实体事物等等，这就是原始人的宗教式的图腾崇拜。例如中国人对龙的崇拜。当人类进入到阶级社会后，人们稍稍摆脱了自然压迫的恐惧心理，转而又被剥削者所左右了，于是，在困惑、痛苦、悲惨中的被剥削者继续幻想，找寻解救他们的救世主、神灵，希望今生有他们的庇佑，可以摆脱剥削者的束缚和奴役，如果今生不能轻松、解脱和快乐，就幻想死后来生有着美好的人生。由此可见，宗教就是支配或统治人类生活的自然力量或社会力量在人头脑中的一种反映。宗教由宗教信仰、宗教情感和宗教仪式组成。宗教的产生并非偶然，而是人类社会发展的必然现象。

1. 信仰之美

宗教的信仰以神为依托，并对其崇拜有加，他们与信仰共生，信仰是他们生活中的一部分，神圣不可侵犯。一般的宗教信仰使人信奉：人活着就是赎罪、死后去来世或天堂是让人没有痛苦的地方、让人们懂得博爱、讲究生死轮回和因果报应等。去除掉宗教信仰的消极因素，单看它的积极方面，我们会发现宗教的信仰包含着一定的美感要素：它可以净化人的心灵，给人们一个精神家园，让人不再痛苦、忧郁和彷徨，在某种程度上可以平衡人的心理，让人保持快乐的心境。例如，有些宗教让人摆脱痛苦，告诉人们：与其说是别人给你带来了痛苦，不如说自己的修养不够。让人们要不断提高自身的修养，才能不断远离痛苦。因此在对宗教文化的学习中，应感受其积极进取的一面，引导人向善、向乐。

2. 礼仪之美

宗教有很多礼仪规范，要求信奉者去严格地遵循它的要求，而这些礼仪往往在现实中对于约束人的行为，提高人的修养起到重要的作用。因此，宗教礼仪之美又对人本身的内在社会美起到了一定的作用。比如进入西式教堂、佛教寺庙、伊斯兰清真寺时，宜避免穿着迷你裙与无袖等暴露肌肤的衣物，一律要脱帽；参拜佛教寺庙、伊斯兰清真寺时注意需要脱鞋。例如回族的生活礼节。回族自形成以来，把讲礼貌作为共同遵守的一种行为规范和道德准则。如在见面礼中，回族的先民早在唐宋时期就开始使用礼貌语言“色俩目”（吉祥如意），不仅见面道“色俩目”，分别时也道“色俩目”；认为道“色俩目”，既是对别人的尊敬，又有利于团结、友爱，还可消除成见。因此，回族始终保持了相互祝安问候、以礼待人的道德传统。不仅如此，回族还在行动上“于细微处见精神”，如在待客礼中，回族从大处着眼、从小处做起，诚恳待人，热情好客，逐步养成了一种良好的习惯。其他宗教的礼仪之多、礼仪之规范，同样对人的文明和内在美起到了极大的促进作用。

3. 情感之美

情感在信仰中非常重要，因为宗教认为神给了人们情感，由情感引起人们的行动。在宗教信仰中，有喜好，也有禁忌，这些都集中地反映了宗教情感之美。宗教的情感之美表现在对神灵权威的敬畏感，它使人自觉不自觉地为自己或他人设置各种行为禁忌，并使自己和他人严格地在自然规律和社会法则所限制的范围内活动。对神灵存在的依赖感，它使人能够积极地维护自然的生态平衡，自觉地、积极地把个人利益与公众利益紧密地联系在一起，以增强个人对社会的凝聚力；对神灵审判的罪恶感，它使人自觉地用自然法则、社会法律和社会道德规范来检查自己的错误，忏悔自己的恶行，从而自觉地服从社会利益的需要。对神灵交往的期待感，它使人自觉不自觉地把自己融入大自然。人本身属于自然界的一部分，人的任何行为的最初出发地都是自然界，最终归宿地也必然是自然界。对宗教理想的虔诚感，是人生的价值目的性在人心目中所产生的反映，宗教理想的核心是与神灵合一，灵魂得救，永享天国之乐，这些唯心主义的内容实际上蕴含着唯物主义的本质。长久以来，生活在一起的宗教信徒，他们逐渐形成了最值得他们自豪的宗教情感，有些积极的宗教在形成和谐融洽的宗教内部的人际关系上起到了推进作用；在对待自然、人类和社会的态度上形成了强烈的博爱的情感；另外，还有许多宗教狂热地追求宗教理想，形成强烈情感和牺牲精神，宗教成就了某些人的人性之美。这些宗教内部的人与人之间的和谐、博爱、宽容和宗教的理想的追求都是组成社会美的不可缺少的一部分。

(八) 酒店之美

现代旅游者在旅游的过程中，进行社会审美活动，除了欣赏旅游景区的自然、社会和艺术之美外，还要满足旅游者的吃、住、行、游、购、娱中的“住”的要素。酒店之美是指以布局、环境为主的总体形象之美。总体而言，酒店的美主要体现的是一种实用之美。在当今激烈的旅游酒店的竞争中，要想使企业立于不败之地，企业家的素质和审美文化修养是很重要的。酒店和酒店中的工作人员是旅游者的一种特殊的审美对象，只有具备深厚的美学修养，具有快速创造的灵感，不断提高审美档次，才能在竞争中脱颖而出。所以，酒店之间的竞争是美的竞争，审美档次的竞争。谁能够真正为旅游者提供一个优美舒适的环境，给旅游者以高品位的美的享受，谁就能在这种竞争中站稳脚跟，为酒店创造效益。酒店之美从本质上来讲应该包括：酒店的环境之美、餐饮之美和酒店的管理和服务之美。在本书中的酒店之美的讲述中，我们将这三个要素分解来谈，在此处主要涉及的是酒店的内外环境之美，餐饮之美在前边已经谈过，至于酒店的管理和服务之美在下边的章节中会有所体现。

1. 酒店的室外环境之美

中国酒店除学习外国欧式酒店的优点外，也有着自己酒店的环境的特色。无论是在室内还是在酒店的建筑总体风格和室外环境之美的塑造上都带有中西合璧的审美特征。但是，不论是何种风格的酒店，其室外环境美化都不能脱离周围的环境，一定要与周围的环境形成一种统一的和谐之美。随着旅游业的不断发展，在酒店的审美要求上，也越来越追求“地方特色”、“民族传统”、“乡土气息”等。酒店室外环境之美是一种综合性、全方位、多元的群体之美。通过室外环境的构成，渲染出一种意境、一种氛围、力求能动地陶冶人的性情、激起人情感上的波澜，从而使旅游者得到一种审美体验。美国饭店管理专家卡伦博士说：“一座饭店经营管理好坏的因素，第一是选址，第二是选址，第三还是选址。”由此可见，酒店的外部环境的选择是十分重要的。

(1) 自然之美和人造之美的结合　在酒店的环境设计中，人们不满足已经存在的环境，而是在周边自然环境的基础上，艺术地创造出更为丰富多样的自然与人文相结合的环境。环境艺术中的人工艺术作品最主要的当属建筑，包括房屋、道路、广场、建筑小品、园林布局等,此外还有与建筑共存的环境雕塑、环境绘画、工艺美术与书法等等。中国古代的环境艺术还特别重视把文学也融入其中,如楹联和匾额上的题词。

(2) 物质之美和人文之美的结合　酒店的环境设计中,通常还应该考虑到与所在地域文化的结合,即把当地的民族和乡土的文化环境因素、历史文脉的延续性、民俗风情以至于神化传说等都融入到总体环境中。我国是一个拥有5 000年历史的文明古国,不论是皇家苑囿,还是民间建筑,都具有独特的民族风格和浓烈的乡土气息。

(3) 时间空间、局部整体的结合　在旅游酒店的审美中非常重视酒店本身的时间和空间的完美结合。时间性指的是该酒店在设计上应该拥有一定的时间的长度,时间长度越长就越会为酒店增添美感。同样的酒店,都是古典西方的风格,一个是普通的壁炉、普通的欧式建筑;另一个却是有着几百年历史的壁炉和欧式建筑,显然,后者更会打动旅游者的芳心,最容易吸引回头客。而这样的时间的长度,又必须在一定的空间中表现出来,而这个空间也许是有深厚的文化底蕴的,也许是现代人营造的酒店空间。空间因时间的久远而更显得沧桑饱满,时间因空间的表现而具体明晰。同时,酒店的环境设计中也注重局部和整体的结合,力求总体风格一致,形成和谐之美。

2. 酒店的建筑风格之美

挪威建筑评论家诺伯·舒尔茨说:“建筑首先是精神上的避所,其次才是身躯的避所。”鲁迅先生也曾经说过:“有地方色彩的,倒容易成为世界的,即为别国所注意。”各国的酒店建筑风格各异,但都会在一定程度上体现本国或异域风格,满足旅游者的精神享受。在中国的酒店中,我们大体可以将其分为以下几种:

(1) 传统东方式风格　其风格反映的是东方文化的思想,其特征是:一般采用大屋顶、琉璃瓦、木结构的梁架和隔断,追求形式上的对称。例如:上海和平饭店的龙凤厅用梁柱、天花藻井、仿木结构的梁方斗拱,就显示了中国宫殿建筑风格的特征。我国在建筑上讲究通过小空间展现大空间,通过有限空间展示无限空间的趣味和奥妙。例如在中国古代建筑中的“窗含西岭千秋雪,门泊东吴万里船”所体现的风格在我国的酒店建筑中也有所体现。北京香山饭店的“溢香厅”向四方延伸到各层客房的单面连廊,就是借用中国古建筑的各类型门窗而形成的景象。独树一帜,自成系统,巧妙而科学的框架式结构,庭院式的组群布局,丰富多彩的艺术形象,以及含蓄、平缓、深沉、连贯、流畅的古典建筑的审美风格也都被现代酒店设计和构思所借鉴。

(2) 古典西方式风格　古典西方式风格代表着西方的文化和习俗,包括哥特式、文艺复兴式、巴洛克式、洛可可式等。在欧洲,有许多中世纪保留下来的驿站、客栈、别墅、磨坊、城堡、宫殿、教堂、修道院甚至古代的仓库,对其加以适当改建而成饭店,保留着其外表的个性,那严谨的古典柱式、壁炉都充分体现了古典西方风格,如果再加之穿戴古老服装的服务员就更给人一种怀旧的美感。例如西班牙把大量的古堡改造成饭店,从外观到布置不仅保持浓厚的民族特征,而且还出租盔甲、毛驴、马车,可以使旅游者体验到当年堂·吉诃德式的骑士生活。

(3) 乡村式风格　在人们厌倦了现代飞速发展的大都市的生活后,不断产生到乡野村间去享受自然风光之美的审美追求。“重返大自然”已经成为现代人出游的一个重要的动机了。而对于酒店而言,人们久居现代化的大都市,对于现代化的大酒店早已司空见惯,逐渐由观光型旅游者转变为休闲度假游的旅游者,更加崇尚民族特色的乡村风格的小酒店。

它给人的感觉是自由、舒适和放松。这种酒店的风格也正适合于现在风起云涌的“经济型酒店”的风格。因此成为未来较有前景、较受欢迎的酒店风格。一般来说，乡村风格的酒店立足于当地民居建筑形式，采用当地竹、木、石、砖或传统的生活用品等进行装修和设计，追求古拙、淳朴、清新的乡土风味。

(4) 现代风格　现代式的酒店在我国酒店业中比比皆是。以现代科学技术、现代化产品材料钢、铝、优质玻璃等为基础，讲究功能和经济，以几何形体和流线条为倾向特性，造型简洁，色彩上强调功能作用和心理效果。基本形式是高层建筑加裙房，高层主楼作为旅游业部分，体量大，客房标准化；裙楼是公共活动场所，给人以干净利落挺拔的美感。现代酒店还常常结合现代的雕塑，遥相呼应，相得益彰，形成强烈的时代感。

(5) 综合式风格　在我国酒店建筑形象中，从严格意义上讲，纯粹的某一种风格是很少的，任何一种建筑或多或少都自觉或不自觉地融进了其他形式。鲁迅先生用过一个比喻：吸收外国的东西和借鉴古人的东西，就好像一只鸟的两个翅膀，缺一不能飞翔。中国酒店的建筑形象，已经向多样化发展，古为今用，洋为中用，兼容并蓄，从整体环境出发，为人的活动创造出与自然环境相协调、独具特色、和谐的审美风格。华裔建筑师贝聿铭先生设计北京香山饭店时，明确提出要走“第三条路”(不走国际化和恢复民族形式的路)，他把民族和现代结合起来，最后在创作上取得了巨大的成功，引起了国内外广泛的瞩目和好评。北京香山饭店的外形为西洋式方形组合，洁白明净，如宝石镶嵌在万绿丛中，自然风光环绕四周，中国式园林景观遍布内外，远望赏心悦目，近观雅趣天成，令人心旷神怡。

3. 酒店的室内环境之美

酒店的室内环境既同于一般生活空间，又有所区别。酒店的室内环境美已经成为一门复杂的综合性学科，它涉及建筑学、社会学、民俗学、心理学、人体工程学、结构工程学和建筑材料学等许多学科。也涉及家具设计、工艺美术、庭园艺术等多种领域。通过组织空间，使声、光、色、形在有限的空间中实现功能、气氛、格调和美感的高度统一，创造出具有高度文化价值、适应旅游者生理和心理要求的理想的空间环境。它是随着社会的发展、人类对美的认识追求的提升而不断发展的。酒店的环境美不但反映出设计者和经营者的智慧和修养，也直接体现了选择酒店入住的旅游者的层次。在室内环境美化过程中，墙、地面、顶、柱、隔断宛如陈设空间的一种环境躯壳，成为陈设环境的主体。而陈设品则依托于这个壳体，作为陈设环境的客体而出现。酒店的室内陈设也讲究自然环境和人造环境的互相融合，使陈设环境和陈设造型适合于使用者的生理和心理等机能要求。陈设讲究环境的宁静、清新和亲切宜人的气氛，确保陈设品在使用上的舒适、方便、安全和耐用的特点。

4. 酒店的色彩、空间和照明之美

色彩、空间和照明是构成酒店环境形式美的基础要素。运用不同的色彩、空间和照明创造出不同的功能环境，并使环境变得更加绚丽多彩，最大限度地发挥环境的审美功能。

(1) 色彩　色彩是通过视觉为人感知，而后产生或创造出的一种心理效果。马克思说：“色彩的感觉是美感中最大众化的形式。”大千世界中，物体的颜色是多种多样的，当不同质地的物体受光后，或反射或吸收光并作用于人眼的视网膜，刺激人的视觉神经，从而产生各种色彩感觉。光的波长决定不同的色彩，自然界可以用肉眼辨别的颜色不下几十万种，但基本色只是光谱上的赤、橙、黄、绿、青、蓝、紫七色。色彩有三个属性：色相、明度和纯度。在日常人们选择颜色时常常使用色彩的冷暖色调这一概念，色调是一门艺术，它包含了色相组合的规律、节奏、法则，使色彩达到多样的统一。酒店的色彩要根据室内的功能、空间、采光及气候确定。如餐厅常用暖色调，给客人以热情和欢乐的感觉。歌德曾经提及：一个俏皮的法国人自称，由于夫人把她的室内家具的颜色从蓝色变成了深红色，他对夫人谈话的声调也改变了。色彩经过对人的生理作用，会产生不同的审美感受。虽然色彩本身没有什么固定的感情内涵，但是人们对于色彩都有着联想的习惯，不同的地域、不同的民族、不同的制度、不同的文化背景、不同的修养道德、不同的职业年龄、不同的季节气候，都会使人对色彩产生不同的感觉和感情。而这种感觉或感情决定了人的审美意识。

酒店的室内色彩设计能否取得令旅游者满意的效果，在于能否正确运用各种色彩间的关系，并与不同区域的功能结合起来考虑，从画面最大、人们注视最多的色块上确定基调。处理色彩的关系一般是“大调和，小对比”。即大的色块间强调协调，小的色块与大色块讲究对比，或者说是在总趋势上强调协调，有重点地形成对比。例如：中国古代的宫殿、府第、衙门喜欢“朱门金钉”和红、黄、金、蓝、黑、白等强烈对比的彩画，以显示其富贵尊严和政治地位。建筑色彩的一般做法是：色相宜简不宜繁，宜淡不宜彩，明度宜明不宜暗，通常不超过三色。酒店色彩的组合运用可以同类色组合，也可以临近色组合，也可以对比色组合，但无论哪种组合都必须符合处理色彩的一般规律，注意总体色彩的和谐、主次色彩的搭配、疏密相间。酒店色彩的组合运用也是一门综合性的学科，没有固定的模式，它与酒店不同区域的功能、旅游者的心理需求紧密结合。同时，它还要服从于总体空间设计的要求。有主调，有陪衬，可以是淡雅为主，可以是对比为主，也可以综合并用，使得酒店的环境色彩变幻无穷又和谐统一。

(2) 空间　人类生存的空间有具体的空间和人为的空间。器皿用实体材料构成，但使用的是中间空的地方；建房也是如此，建筑材料成了外壳，而使用的部分是内部的空间。空间的类型有固定空间和可变空间之说，也有实体空间和虚拟空间的分类方法。合理地利用和改善酒店建筑的形状、材料、色彩、照明和陈设，能够创造出不同功能的空间。酒店的每一处空间都是大的建筑整体的有机的组成部分，这些空间相互连接，彼此渗透，相互补借，统一中有所变化，从而增强空间环境的层次和节奏感。酒店的不同空间形式给人以不同的心理感受，方、圆、八角等严谨规整的几何形空间环境，往往给人端庄刚直、平稳、自我满足、肃穆和凝重的心理感受；封闭式的空间环境给人以肯定、宁静的心理感受；开敞式的空间环境给人一种崇高、向上以至神秘的心理感受；低矮的室内空间使人感到温暖、亲切。例如：广州白天鹅宾馆的玻璃幕墙可把珠江景色引入室内，可供在室内进餐、喝茶和休息的旅游者欣赏。酒店为了改善空间，给旅游者带来心理上更美的享受，可以通过一些方法来改变空间的布局，可以通过改变地面的高度、改变顶棚高度、改变照明方法、借助家具和设备、借助绿化和水体、借助隔扇、屏风和帷幔等进行隔断。

(3) 照明　在人类的意识中，光明代表着温暖、善良。在日常的生活中，光和照明不仅可以满足人们视觉上的需要，而且也是使人产生美的心理享受的不可缺少的物质因素。照明的方式不同、照明的光源不一样都会产生不同的审美情感。酒店的照明有两大类：一是自然光的引用，自然采光可以节省能源，塑造自然和谐之美，给人以舒适、明亮和亲切的感觉，一般来说，自然采光可以通过侧面采光和顶面采光两种方式来达到美感。二是人工照明，按照灯具的散光方式可以将人工照明方式分为：直接照明，指的是90%以上的灯光直接投射到被照的物体上，给人以明亮、直接的美感；间接照明，指的是90%以上的灯光照到墙面或顶棚，而反射到被照物体上，给人的美感是平和、安静；漫射照明，是指使光线上下、左右的光照大体相同，给人的美感是均衡、柔和、舒适的；半直接照明：是指60%以上的灯光照射在陈设物上，常用半透明的玻璃、布等材料加在灯具上，形成柔和、温馨的美感；半间接照明，指的是60%以上的灯光照射在墙壁和顶棚上，只有少量的光线直接照射在物品上，产生神秘、梦幻的美感。根据灯具的布局方式，可以把人工照明方式分为整体照明、局部照明和综合照明。

（九）现代城市之美

现代城市也成为当代旅游者进行社会旅游审美的一个对象，城市的人钟爱乡村，乡村的人希望了解大都市，大都市的人们也要相互了解。不同的地域城市风光也会有所不同，尤其是独具特色的现代化大都市，例如：香港、澳门、深圳、北京、上海等城市。它们要么具有浓厚的娱乐性，要么是购物胜地，要么环境优美。

1. 特色之美

每个具有观赏价值的旅游城市，都具有一定的特色，建筑的特色、城市布局的特色、城市园林景观的特色、城市文化的特色等，都是一种美。没有特色就没有吸引力，尤其是现代城市更是以特色之美为其灵魂的。因为，现代人越来越多地居住在城市里，城市的风格也日新月异，现代人已经司空见惯了的普通城市风格是无法吸引旅游者的目光的，唯其特色之美才是现代城市之美的核心。而文化的距离也是形成旅游城市之美的一个重要因素。越是距离遥远、越是文化差异就越独具魅力，当然这种文化的差异也必须在一定的范围之内，过分的差异反而适得其反。

2. 娱乐之美

现代城市快节奏的生活方式使人不堪重负，选择旅游，除了选择这种离开居住地的暂时性的生活方式外，城市自身也不断出现填充城市人日常的娱乐空间的各种娱乐项目，有些旅游城市的娱乐项目独具魅力，反而成为吸引旅游者到城市进行观光的一个重要方面，旅游客源城市竟成为旅游目的地。例如：香港，就是一个具有特色之美、娱乐之美的现代城市的一个典型。香港最美的当属夜晚了，如果用活色生香来形容香港的白天，那么它的夜晚就是动感妖娆的。入夜，奔忙的车流，购物的人流，餐厅、酒吧、商场、夜总会闪烁的霓虹让人感觉到另一分精彩。但它的美并不止于商业的繁华。夜晚，维多利亚港开始上演“幻彩咏香江”的激光彩影，荡漾在两岸的灯光忽明忽灭，风情万种。在灯光与色彩的呼应下，两岸的高楼时而凋零，时而绽放，一轮一色，此起彼伏。再加上耳边的海浪声和海风声，真的是一种荡涤尘埃般的精神享受。香港，有着中西合璧的文化氛围，它充满了绅士般的典雅风度，又蕴涵了“艰难困苦，玉汝于成”的励志精神。但其繁华背后，铭刻的是香港人代代传承的奋斗和拼搏精神，也正是这一点才铸就了今天的香港，成为她长盛不衰的力量之源和继往开来的精神财富。

（十）人之美

1. 人体之美

在旅游美学中，人体和人格之美是人之美的组成部分。人体虽然是自然形体，但随着人类的进化，人类大脑越来越发达，人的自然形体也不断地社会化。欣赏人体美时，也要欣赏人体的进化和变化之美。在纯粹的艺术审美中，人体美应该是一门艺术，但在旅游美学中，人体美却不仅仅是一种艺术美，更重要的是体现了一种社会之美。不同的地理环境、不同的遗传因素的影响，使得人类的肤色、骨骼、毛发、眼睛、鼻子等生理器官存在着一定的差异，这些看似是人体的自然美，而实质上，从遗传学的角度而言，也包含社会进化和文化的内涵。随着社会的发展，人类在适者生存中不断进化，人类思维不断活跃，人类的后代育儿知识也不断增加，人体的自然美不断完善。虽然从旅游审美对象上来看，人是一种审美对象，但人的自然体如果不加上社会服饰的修饰甚至文化的内涵，无论如何也难登上大雅之堂。因此，人体的美必须借助社会的装饰才是真正意义上的美，否则便会沦为色情或庸俗化，成了“社会丑”。

2. 人格之美

除了人体美外，人类所具备的人格和人性之美是社会美中最重要的层面。人类拥有着善良、质朴、勤劳、勇敢、智慧的人性之美，这种美在每个人的身上都有或多或少的体现。而人类的人格之美会随着时代不同、民族不同、宗教不同等外界因素的影响产生不同和差异。中国从孔子和孟子开始就非常钟爱人格之美。孔子推崇文质彬彬、美善合一、安贫乐道、自强不息的君子风度；孟子则在孔子的基础上，强调善养“浩然之气”的阳刚之美，概括而言就是“富贵不能淫，贫贱不能移，威武不能屈”的精神特征。中国古今文人墨客身上体现出来很多人格之美，例如，杜甫面对茅屋为秋风所破，却依然挂念天下苍生，吟诵“安得广厦千万间，大庇天下寒士俱欢颜”的佳句；范仲淹岳阳楼上，高声吟唱“先天下之忧而忧，后天下之乐而乐”的名句；“不为五斗米而折腰”的陶渊明，超然感悟“结庐在人境，而无车马喧，问君何能尔，心远地自偏”……这些都是人格美的集中体现。在感受旅游社会美时，旅游者依托一定的物质媒介，不仅会感受到古代人的人格美，也会感受到现代人的人格美。

模块二　旅游活动中社会美审美的基本模式

引导案例

张先生一家决定2012年春节举家到苏州游玩，想体会一下“上有天堂，下有苏杭”的感觉，第一天的行程就决定到著名的苏州留园游玩观赏。由于来之前张先生翻看了不少有关苏州园林的资料，自以为凭借自己的认识和能力可以感知到最为丰富的园林之美。可在赏景的过程中，发觉没有导游是不行的，于是，半路上请了一位导游，继续进行观赏。最后游览结束后，张先生还是一头雾水，对苏州园林的认识还是不够深刻，感到非常沮丧，觉得这钱是白扔了。

通过以上案例，我们会发现，旅游者在游览社会美——园林之美时虽然做了一定的准备，但在选取导游的环节上还是不够明智，无论旅游者搜集了多少园林资料也只是资料而已，在社会美审美中，选择一名较好的向导是非常重要的，因为一个优秀的导游能够将旅游者零散的园林知识串联起来，能够以其丰富的经验引导旅游者得到更多的社会美的审美体验。

社会美审美和自然美审美在基本模式上有着一定的相似的地方，但也有着本质的区别。接下来从以下几个方面对旅游活动中社会审美基本模式进行阐释。

一、社会美审美准备阶段

旅游者的社会美审美心理也是早在旅游活动之前就开始产生了。当人们一旦有了社会美的旅游审美动机，也和自然审美一样，会多方搜集信息，通过亲朋好友、同事同僚、媒体互联网、书籍等得到诸多有关社会美的信息。旅游者通过眼睛去感受社会美的相关书籍、录像等，感受中的旅游者就可以体会到该社会美是否强烈地刺激了自己的审美器官？是否充分满足了自己的某种审美情趣？如果得到愉快的审美体验，那么，旅游者便会确认自己的这种社会美的审美动机。接下来，旅游者开始搜集一些该社会美景区的相关生活常识、旅游常识、注意事项、当地的气候、习俗等等。和自然审美模式不同的是，作为社会审美的准备阶段，确认旅游动机后，可以更多地了解旅游目的地相关知识，因为，社会审美和自然审美有着一定的区别，对于社会美来说，更多的是慕名而至，因为慕其历史之美、文化之美，旅游者多了解一些社会美的旅游知识，便会在实地社会审美中多一些感悟，为最后一个阶段的审美理解打下良好的基础。因为，以观光为主的现代中国的旅游方式多为“走马观花”式，所以，旅游者在欣赏社会美之前，最好尽可能多地了解该社会美的相关知识，待到实地旅游时，经过导游的讲解，会更加强化旅游者对于社会美的记忆。

二、社会美审美引导阶段

当旅游者选择导游进行引导介绍时，同样要在沿途多关注和了解其周边风光，以求不虚此行。对于审视社会美，导游引导的原则也和审视自然美有所不同，审视自然美要讲究适度，在审视社会美时，则要多引导，多讲解。只有导游充分发挥作用，讲解细致、深入和透彻，才会激发旅游者对社会美的审美兴趣。要想让旅游者在很短的时间内真正了解历史文化为核心的社会美的真谛，导游须做好充分的准备，将拥有几百年甚至上千年的社会美的辉煌和内涵通过恰当的途径和讲解方式，传授给旅游者。作为社会美的向导，导游应该成为该社会美的“专家型的导游员”，才能够不断满足旅游者的需求。导游还要做到不厌其烦，耐心解答旅游者的各种疑难问题，如果知识不够丰富，对社会美没有研究，怎么能解答越来越成熟的旅游者的问题？旅游者对社会美的审美更侧重于获得知识。因此，旅游者有了社会审美准备阶段的准备后，也要力争以一个“专家型的旅游者”的身份和导游一起审视、研究社会美，才能最终得到较好的社会审美体验。

三、社会美审美直观感受阶段

社会美审美的直观感受阶段，虽然不如自然审美阶段那样充分利用眼、耳、鼻、手等审美器官的直观感受，但也脱离不开这些审美器官。心的体会和智的理解并非是凭空而来的，必须以直观的眼、耳、手、鼻、口这些基础的生理器官的感受为基础，才会引发更深刻的社会美的体验和享受。如果说自然审美是侧重生理器官的直观感受的话，那么，社会审美则是更侧重于心理感受的，应该是一种边用生理器官接触感知、边用心智思考的过程。生理感受与心理感受反反复复，交替进行，仔细琢磨，深刻思考，最终才能领略到社会美的真谛。

1. 以眼观赏社会美

旅游者在进行社会美的审美时运用最多的也是眼睛这个审美器官，通过对社会景观仰视、俯瞰、平视，旅游者得到社会美的一个最初印象，然后结合已有的有关社会美的审美经验，进行揣摩体会，反复观赏，这时眼睛观察到的美已经不再是简单的表面的形象之美，而带上了一层深刻的思考和感受。例如：欣赏西安古都的社会美时，在用眼观赏它的古城墙的古朴和沧桑时，必然要用心和智联想到古西安历史中有关这段城墙的点点滴滴。看着城墙，想着历史；想着历史，看着城墙……反复玩味多次，才会得到很好的美感。

2. 以耳倾听社会美

除了聆听导游人员有关社会美的讲解外，旅游者还要充分利用人的听觉审美器官——耳朵进行社会声响的审美：人流声、人工的流水声、喷泉声……虽然社会美的声响不如自然美中的声响丰富多彩，但也是社会美的一个重要的组成部分，因此，对社会声响美的审视也是社会审美的重要方面。例如，欣赏西安古都的社会美时，旅游者必然要去聆听传统的秦腔；又如到云南也会有机会去聆听纳西古乐。无论是对高亢浑朴的秦腔，还是对古韵十足的纳西古乐的欣赏，都绝不单纯是耳的生理反应，同样是生理感受和审美联想反复作用的结果。

3. 以手触摸社会美

旅游者利用手这个生理器官，可以触摸到社会美的每一个部分，感受它的质地、温度和形状等。抚摸建筑的沧桑，轻揽喷泉的清爽，触摸神像的肌肤……由指尖的触觉到心里的感觉；由浅层的感受到深层的体验；由肤浅到深刻，从感动到震撼。

4. 以身洞察社会美

除了用眼睛的上下打量、左右观赏，身体也必须要配合眼睛的行为，利用身体位置的变化，物理距离的改变，去体会心理距离的转化。当旅游者漫步于历史文化古迹之时，自然而然会流露出“昨日之事不可留”的感叹；当旅游者流连于现代都市的繁华与喧嚣之时，自然而然会流露出对人类智慧的慨叹。

5. 以口品味社会美

“口”这一审美器官的运用在社会美中也是较为突出的，因为餐饮之美是社会审美中的重要组成部分。人类从古至今，从蛮荒到文明，饮食观念随着社会的发展不断变化，由“充饥之食”到“美味佳肴”，从“果腹之用”到“审美体验”，人类的生理器官“口”也在不断的品尝中提升了它的功能。酥、嫩、滑、鲜应有尽有，酸、甜、苦、辣一应俱全，不仅要吃，还要吃出感觉，吃出文化，吃出品味。有了文化，口的味觉体验会更美，有了味觉体验，饮食文化则更真切。

四、社会美审美理解体会阶段

社会美审美是以心体验社会美、以智理解社会美为核心的。心和智的感受不仅在社会美审美之前、直观感受之时，更重要的是在直观感受社会美之后，这个阶段是集中体会和总体把握的阶段。它会将社会审美之前、直观感受之时零星的、分散的心和智的体会汇总起来，仔细揣摩，得到最好的审美体验。

模块三 旅游活动中社会美审美的基本特点

引导案例

秦始皇兵马俑是世界考古史上最伟大的发现之一。1978年,法国前总理希拉克参观后说:“世界上已有了七大奇迹,秦俑的发现,可以说是第八大奇迹了。不看秦俑,不能算来过中国。”从此秦俑被世界誉为“八大奇迹之一”,已挖掘出3个俑坑。秦始皇兵马俑博物馆位于秦始皇帝陵以东1.5公里处,建筑在秦俑坑的原址之上。

李先生随团来到西安秦始皇兵马俑观光旅游,看到俑坑中的兵马俑,并没有露出喜悦之色,导游走过来询问原因,李先生抱怨说:花了不少钱就为了看看这些土人 ,没意思,不如到风景秀丽的地方去,我选错了。导游听后安慰他道:自然景观和人文景观各有各的好。自然景观有自然景观的美丽,人文景观更有人文景观的独特,旅游不仅要看自然风光,也要尝试品味人文景观,观赏人文景观可以提高我们的见识、增加我们的知识。因此,在旅游活动中,社会美、自然美和艺术美都是一种美,缺一不可。能够将这三种美完美结合在一起的旅游产品的美才是最美的。

一、现实感受

社会美具有强烈的社会性,总是显示出某个时代、某个民族或某个阶层的特征。因此,社会美审美的特点首先就是,审美感受是一种在客观现实理解体验中的主观感受,称之为现实感受。社会美审美的这一特点要求旅游活动中社会美审美的过程要更多了解所观赏的审美客体的历史、文化等因素。旅游者在运用审美生理器官进行审美时,必须对客观的社会美背后的历史文化、风俗民情、传说文学等有所了解,不然旅游者得到的审美感受就是不全面的,甚至是不真实不客观的。比如,看“深圳夜景”,如果不了解深圳特区奇迹般的建设历史,不知道深圳几年前还是滨海小渔村的历史,审美感觉就不会强烈。“现实感受”的“现实”,既指目前的社会背景,也指与现在有关联的历史现实。比如看到岳飞和秦桧的雕像时,我们必然要依据“爱国”与“不爱国”、“奸”与“忠”等现实的理解去审美。当然,如果完全是客观的体会,而没有主观的个性化的审美差异,则这种审美活动和一般意义上的社会活动也就没有什么区别了。所以,客观的社会美背后的历史之美、文化之美等等也必须要在旅游者的心中进行揣摩、咀嚼,然后得出的感觉才是个体化的社会美的美感。

二、换位体验

在社会美审美中,审美主体总是在社会审美中更换角色,进入情境,体会审美对象所在时代、民族的背景,完成审美过程,这个特点称之为“换位体验”。例如:旅游者到避暑山庄的博物馆中审视一件宫廷服饰之美,如果不能更换角色去理解清朝这个封建时代的历史文化和审美标准的话,而是以今天这个时代的审美尺度去评判这件宫廷服饰,便会给出这样的评价:一点也不美,还宫廷服装呢,又肥又大,不能体现出女性的曲线之美。而这种审美评价是不客观的，是近乎于庸俗的审美，原因是旅游者没有把自己放在社会美所在的那个时代去体会和评价。旅游者只有学会换位体会，把自己当成清朝末期的某个人，仿佛自己站在北京的故宫中或是承德的宫殿之中，好像看到穿着宫廷服饰的宫女、嫔妃的音容笑貌，似乎听到了清朝末年的民间百姓对宫廷服装的羡慕、赞叹或是痛恨，再结合清朝那个时代的文化历史特征，知晓清朝统治者的封建本质，明了学习汉族文化，在服饰上的改进等等，旅游者才会对这件放在眼前的服饰产生最美的感觉，甚至赞叹不已，而且也会生发出对清朝宫廷生活的奢靡堕落的慨叹。社会美总比较直接、集中地表现人在改造世界中的本质力量，如果不能历史地理解它，就不能发现它的伟大。罗马数字的发明是人类最伟大的发明之一，但是，如果不了解它的历史，就不能感受和欣赏人类的智慧。在进行社会审美中，如果没有换位体验，不仅无法体会出社会美的真谛，而且还会歪曲审美效果。

三、关联内涵

社会美中形式美体现着内容美，而内容美对形式美产生决定性的制约作用，因此，社会美审美必然要突破形式，不可避免地与审美对象的内容相联系，这个特点称之为“关联内涵”。社会美具有较为明显的功利性，因此社会审美无法脱离内容美。如果说自然审美侧重于形式美的话，那么，社会审美则是侧重于内容美的。从社会美审美的“现实感受”和“换位体验”的两个特征看，关联内涵也必然是社会审美的重要特征。

但是，对于社会审美而言，侧重内容美，并不是说形式美就不重要了。社会美是内容美和形式美的完美结合。在社会审美中同样遵循和谐、对立统一、比例均衡、节奏韵律等形式美的法则，只是在审美的过程中，不可以把形式美的法则作为社会美的绝对标准，因为在历史文化的作用之下，社会美的内容是不断变化的，因此，所体现出来的形式美也是多种多样的，所以，如果只是单纯的品味社会美的形式美，过分强调形式美的法则，社会美审美就会大打折扣。

在进行社会审美活动时，首先应该充分地了解社会美中所蕴含的某一时代、某一民族、某一宗教或某一阶级的内容美，然后才可以在对内容美体会的基础上，运用一定的形式美法则来品味社会美的形式美。这种“一定的形式美”指的是社会所在时代中形式美的规律和法则。例如旅游者对满汉全席中某些菜品的审美，如果只是对“龙凤呈祥”、“红梅珠香”、“山珍刺龙芽”、“参芪炖白凤”等108种菜品的颜色、形状、香气的形式美的感知，那么这种旅游者只是一般的食客，绝对不是有品位的美食家。只有了解满汉全席的来历，才能体会出清朝宫廷和民间菜肴的内容美；只有知晓品尝满汉全席的礼仪，才能品味出以清朝饮食礼仪之美为主的内容美。否则，别说是像古人用三天时间品味满汉全席，就是更长的时间，也不会得到很好的审美体验。

实训：苏州留园的审美历程

【实训内容】

(一) 搜集留园相关资料，体会历史文化之美

搜集留园的相关资料，必须要全面、尽可能多地了解留园的历史沿革、名称演变，

并在了解的过程中，体会每个时代中留园的变化，感受不同时代的文化特征给留园带来的不同特点。在实地感受时，要将心中已有的留园历史之美与实体留园进行反复对比揣摩。

1. 搜集留园修建的相关资料，了解留园主人的人格之美

通过对创建人徐泰的了解，旅游者可以感受到中国文人的贬谪文化之美，可以联想到更多被贬的文人。既可以想到李白“仰天大笑出门去，我辈岂是蓬蒿人”的豪气，也可以想到柳宗元被贬后正话反说、嬉笑怒骂的急切和抑郁。中国古代的文人墨客，在封建社会之中，刚正有才之人很多却得不到才能的发挥，即使得到重用，而后也会因为自身的性格而被贬谪。被贬谪后的文人往往陶醉于诗画、纵情于山水，找到心灵的安慰和解脱，而这也正造就了中国一批文人的风格。同时，旅游者也会体会到封建社会儒家的“学而优则仕”的思想对中国古代文人影响的深远。

2. 通过留园的演变，感受不同历史时代的文化之美

(1) 古代苏州留园演变历史

了解留园衰落而后又重修的渐变、明晓“留园”这个名称的真正由来。旅游者可以通过清朝的时代特征，了解留园的特色；也可以通过留园的演变，洞悉清朝的历史。苏州园林中的沧浪亭、狮子林、拙政园、留园分别代表了宋、元、明、清四代不同的艺术风格。留园在修建之初拥有着明朝园林的风格，但随着后来修缮者的不断改变，使得留园越来越凸现出清代园林风格。明代园林的风格是平淡疏朗、旷远明瑟、朴素大方，并带有明显的功利性和生产性。当然，这一性质也自始至终或多或少地普遍存在于中国古代各类园林中。清代的代表性园林——留园“宜居宜游的山水布局，疏密有致的空间对比”，体现了清代园林的结构严谨精致之美和变化多端之美。

(2) 新中国成立前留园遭遇

在了解留园的近现代史时，旅游者也是在了解留园的血泪史。近现代中国的落后必然摆脱不了“挨打”的命运，而这也给原本就饱经沧桑的留园更增添了一层沉重和惨烈之美。旅游者还可以在阅读或观看历史资料时，联想到当时中国更多的古建筑、古园林被列强破坏甚至毁灭的情景，从而激发起旅游者强烈的爱国意识，使旅游者不断萌生出对自立自强、奋斗不息的人格之美的追求。同时，旅游者还会感觉到中国内战的残酷。

(3) 新中国成立后留园修缮

新中国成立后，党和政府非常重视这一宝贵的历史文化遗产，于1953年拨款进行整修，次年元旦对外开放。从此这座江南古典名园风采依旧，丽色重现，每天都吸引成千上万的中外游客来观光游览。1961年3月被国务院列入首批全国重点文物保护单位，和北京的颐和园、承德的避暑山庄、苏州的拙政园共誉为全国四大名园。随着园林事业的不断深入发展，国家每年都要拨出一大笔资金用于园林的保护和维修。

(4) 改革开放后留园焕然一新

自改革开放以来，留园在管理部门的不断修缮和保护下，其艺术风貌始终如故，魅力无穷。1997年12月，经国家有关部门审查推荐，留园与拙政园、网师园、环秀山庄作为苏州古典园林典型例证，经联合国教科文组织最后审定，被批准列入世界文化遗产名录。留园现有面积30余亩，集住宅、祠堂、家庵、庭院于一体，是苏州大型古典园林之一，代表了清代风格。通过对新中国成立后留园的修建的感受，旅游者不断产生爱国之情。

（二）学习园林景观，了解留园构成之美

通过学习一系列的园林、建筑等方面的资料，把握留园的构园的基本原理，了解留园的构成之美。留园的建筑综合运用了江南造园艺术，以建筑结构见长，善于运用大小、曲直、明暗、高低、收放等变化组合景观，高下布置恰到好处，营造了一组组层次丰富、错落有致、有节奏、有色彩、有对比的空间体系。全园用建筑来划分空间，可分中、东、西、北四个景区：中部以山水见长，池水明洁清幽，峰峦环抱，古木参天；东部以建筑为主，厅堂华丽，庭院精美，奇峰秀石，引人入胜；西、北部环境僻静，山溪曲流，树木葱茏，颇有山林野趣。

（三）进入留园所在苏州市区，洞悉所在古城之美

无论是乘坐公交车自由前来观赏留园，还是随着旅游大巴车进行随团欣赏留园，都不要忘记“人在旅途莫等闲”这个原则。在欣赏留园的过程中，去往留园的途中也是一个赏景的重要环节。因为作为景区而言，其地理位置很重要。留园是历史古迹，在选址上有其历史原因，但其所处的地理位置仍需旅游者进行了解和感悟，唯其这样才可对留园有一个全面的审美。另外，苏州园林众多，其历史文化也较为丰富，因此，随着车移景易，旅游者可以洞悉留园所在苏州的城市之美。只有了解苏州城之美，知晓了苏州园林所处的文化氛围和环境，旅游者才会对留园有着更深刻的认识。

听着导游的讲解，回忆着旅游前搜集的有关苏州的历史，结合眼前的实景，旅游者会渐入佳境。旅游者深知今天被称为“东方威尼斯”的苏州，位于长江下游，太湖之滨，绵延了2 500余年，是一个深蕴着吴文化的水乡。旅游者也知道苏州称“吴”的来历，是中国商代末年，有一个部落自号“勾吴”的缘故。旅游者终于得见“姑苏城外寒山寺，夜半钟声到客船”中的姑苏古城，明白“姑苏”的来历，是缘于城西南有一座姑苏山。旅游者于车上搜寻着秀丽的姑苏人的身影，观察着姑苏城的面貌，感受到苏州的柔和风格。终于明白吴语所谓“糯”其包含的丰富的美学特征：柔美、温文、清雅、细腻、潇洒。这不仅是苏州人语言之美、柔性之美，也是苏州建筑园林的一个写照。旅游者也可以真实地感受到苏州的民风淳朴、温文敦厚、友善好客、彬彬风雅。耳边仿佛听到柔美的苏州人在路上吟唱着动听的昆曲苏剧或诗词题咏。苏州的园林，“春夏秋冬皆有景，阴晴雨雪都成趣”，洋溢着诗情画意，是优雅的典范。除了园林之美，旅游者还会感受到这里的山水之胜。苏州是一个自然和人文景观结合得较为完美的地方，是“人间的天堂”。

（四）细心听取导游讲解，认真领悟留园之美

进入景区，旅游者一定要选择一个较好的导游作为向导。在自然美审美中，有时可以不需要导游的讲解，旅游者可以更多地进行独自欣赏、自我感觉才能品出意境之美来，而在社会美审美中，选择导游则是非常有必要的，因为旅游者需要通过游览观赏到更多的历史的、文化的、民族的和宗教的知识，而合格导游是潜心研究这些社会之美的专家，可以充分地满足社会美审美者的求知欲。

旅游者要边走、边听、边看、边想、边问，充分地利用审美器官，使得这几个审美器官交互作用，相得益彰，从而领略到更多的留园之美。例如，在导游的讲解下欣赏太湖石——冠云峰：它是太湖石之最，有“不出城郭而获山林之趣”的美名；苏州之所以多古典园林，其中一个主要原因，就是这里盛产太湖石；唐代大诗人白居易在《太湖石记》中曾云“石有聚族，太湖为甲，”可见诗人对太湖石是何等钟情。观赏者欣赏着眼前的曲线优美的冠云峰，品味

着它的空间之美，聆听着冠云峰的传说，联想着心中已知的有关历史，感受到欣赏太湖石犹如品茶读画一般的境界。

（五）细微处细节处着眼，感受留园整体之美

在导游讲解的空白处，或是自行游览时，旅游者要做到细心和耐心，从细微处和细节处着眼，仔细欣赏、揣摩，进而感受留园的整体之美。例如旅游者对爬山廊的审美，在涵碧山房西侧，可见一条长廊曲折逶迤于中部假山上。旅游者通过自身的观察，发现这条爬山廊不仅有上山廊和下山廊之分，而且还有依墙的实廊与离墙的空廊之对应，整个廊始终处于高、下、明、暗等不同的光线和地势的变化过程中，令人感到妙趣盎然。另外，旅游者还会发现在爬山廊中部的西墙上，嵌有明代吴江松陵勒石名家董汉策所刻的“二王法帖”。“二王”是指晋代大书法家王羲之和王献之父子。至今，留园共保存有370多方书条石，堪称留园一绝。而旅游者纵观整个园林，会发现这样的碑刻楹联随处可见。总体而言，留园到处弥漫着文化之美，到处散发着文化气息。细心观赏留园中的一窗、一柱、一竹、一花、一石、一山……每一个细节都很精致，每一个细微都十分细腻。也正是这细节的精致和细腻才构成了整个园林整体的典雅精致与和谐清新。旅游者通过细节处的观赏，体会到部分之美与整体之美的关系：部分之美组成整体之美，整体之美统一了部分之美。

（六）品味留园形式之美，揣摩留园内容之美

在对留园进行审美时，旅游者要时刻注意品味留园形式美，揣摩留园内容美。通过留园的形式美理解留园的内容美，通过留园的内容美品味留园的形式美。旅游者穿过“长留天地间”的门洞，可以看到前面的粉墙上有六扇窗图案，漏窗也俗称“花窗”。在便于通风和采光的同时，可使窗外的景色若隐若现地透过来，因此，花窗在园林建设中常作为透景或漏景之用。此处六扇花窗将中部景色半遮半掩地透了出来，使人隐约可见，从而激发起游人的游兴，催人急于进园去领略窗外那片胜景。同时，从花窗中透出的园景，随着游人脚步的移动而不断地发生变化，这就是古典园林欣赏中的所谓“移步换景”之妙。这看起来漂亮的漏窗，从形式美的角度来看的确很美，但如果旅游者仅限于漏窗的形式之美，而不去进行相关的审美联想，不去体会园林主人的文学素养和艺术品位，不去琢磨留园历史文化的相关知识，则眼前的“漏窗”就是“死”的，反之，眼前的“漏窗”就是“活”的。旅游者可以结合明朝的时代特征，联想这扇漏窗曾经有过多少古代女子的浮光掠影；这扇漏窗曾经有过多少达官显贵的谈笑风生……活了的漏窗，可以让旅游者仿佛听到歌声笑声，仿佛看到人影攒动，仿佛赏到历史故事。而对于整个留园的审美而言，如果只是形式，则留园也无异于死亡。内容之美是社会美的灵魂，形式之美是社会美的载体，没有了灵魂，载体就失去了意义。

（七）走出留园景区回首，再次体会园林之美

走出留园仿佛已是审美的终结了，但对于真正的审美而言，实质上并没有结束。真正的审视社会美除了景区审美外，还应该包括审美后的回味。而审美后的回味对于社会审美来说是十分必要的。因为，在随着旅游者自身的步移景异、导游的按部就班的讲解，旅游者对于留园还只是一个个单纯的镜头的感受，而没有联成一部影片。如果没有审美后的回味，旅游者就会对留园的整体之美不能够完全把握。旅游者再回味时，方能深刻地体会到留园的意境之美，闭上双眼、静静思索，会陡然发觉这留园真的是个清静的去处，有点“结庐在人境”的感觉，体会出重归自然、寄情山水的隐士理念，理解到这种追求隐居生活的乐趣，

豁然、淡然、清雅的美感油然而生。

【实训提示】

1. 实地模拟体验:教师可以利用当地的社会景观,让学生进行实地体验。

2. 仿真模拟体验:教师可以利用相关或相近的影像资料,在实训室中,让同学们进行模拟体验。

【实训要点】

1. 教师根据书中讲述的关于社会美的审美模式,给学生们讲述相关的审美技巧。

2. 模拟体验开始之初,教师要引导学生搜集该社会美的相关资料,让学生对该社会美的历史、文化之美产生最初印象,进行实训体验前的心理和知识准备。

3. 模拟体验开始时,教师适当地引导学生学会观赏体会该社会美所处环境的风光,把握“人在旅途莫等闲”的妙处。

4. 模拟体验过程中,教师要帮助学生学会聆听导游讲解的技巧,并要求学生对导游进行适当提问。

5. 模拟体验过程中,引导学生充分利用审美的四大要素:学会审美感知,对所赏之景进行感官的感受;利用审美联想对所见之物展开想象,或进行相近联想,或进行对比联想;调动学生的审美情感,让学生们体会旅游者观赏社会美时产生的情感变化;引导学生对所观赏到的景物进行审美理解和评价,并结合该社会美的历史文化之美进行深层思考。

6. 模拟体验过程中,要求学生反复琢磨该社会美的形式之美和内容之美。

7. 模拟体验结束后,教师要求学生对该社会美进行总体深化,要求学生们畅谈自身的审美体验,并让学生们学会了解自身和身边同学的审美个性。要求学生书写审美体验报告。

本章小结

本章重点概念是:社会美、社会美的基本审美模式;本章讲述的主要内容是:通过对不同种类的社会美展开阐述,突出了不同社会美的不同审美特征;同时结合社会旅游者的审美心理,挖掘出社会美的审美特点。

检　　测

一、复习思考题

1. 西安秦始皇兵马俑被称为世界奇迹之一,请根据本章所学的有关社会美的审美模式,认真分析秦始皇兵马俑这一社会美的真谛。

2. 试谈在旅游过程中,如何引导旅游者使其获得社会美的真谛?

3. 在旅游者进行社会审美时,应该从哪些方面去了解景观的社会美?

二、实训题

选择当地的一处社会景观,根据本章讲述的社会美审美模式的理论知识进行实地审美体验,请同学们畅谈社会审美过程中的体验。

项目五　旅游的艺术美审美

学习目标

◎ 了解　旅游审美活动中艺术美的作用
◎ 理解　旅游审美活动中艺术美的特点
◎ 掌握　旅游审美活动中艺术美的种类
◎ 应用　旅游审美活动中艺术美的审美模式

本章导读

本章从旅游者的实际审美心理出发，对旅游活动中的艺术审美进行了研究和阐释。本章内容共分为三节，以递进的表达方式讲述了：为什么进行艺术美审美？怎样进行艺术美审美？艺术美审美中的特点，便于研读，利于讲授。其中，第一节讲述了艺术美的作用及种类，为第二节和第三节的讲述奠定了理论基础；第二节对旅游活动中艺术美审美的基本模式进行了创新性的阐释，这种阐释又是建立在第一节的艺术美的种类基础上的分类分析，是引导旅游者进行审美的重要部分，是本章的核心部分；第三节对艺术美审美的基本特点进行了细致讲述。

对艺术美的审美更需要审美实践的积累。马克思曾说："美是人的本质力量的对象化。"艺术作品是艺术家审美经验的结晶，是艺术家自由自在的创造，而艺术家的审美经验是人类审美实践在艺术家身上的体现。许多人在欣赏艺术作品时经常惊叹的是艺术家艺术地表现了他们曾经感受过或曾经见过而自己无法表现出来的东西，这种情况，实质上表明了人们在内心深处已经积累了相当的经验。旅游者的这种经验在观赏艺术作品时被唤醒，使他们在一瞬间就感受到了作品的美。黑格尔曾指出："艺术理想的本质就在于这样使外在的事物还原到具有心灵性的事物，因而使外在的现象符合心灵，成为心灵的表现。"这种对现实美的升华，主要是通过典型化和理想化来实现的。艺术家对现实材料进行加工，把现实美中不美的部分"清洗"掉，把分散的美集中起来，创造出典型形象，使之更符合美的规律，更纯粹、更精致。同时，艺术家建构的艺术形象具有十分紧密、协调的内在联系，是用一种完整的面貌向世界说话，表现出一种"理想美"的色彩，因而是"普遍自由的形式"与"普遍自由的内容"相结合的一种新的美的形态。

旅游审美活动中的艺术美的表现形式很多：散文中的诗情画意、神话传说中的动人情节和人物的鲜明性格、绘画中的绚丽色彩和精巧构图、雕塑中的形神逼真和力的体现、音乐中的优美旋律和欢快节奏、舞蹈中的轻盈洒脱和灵活飞动、戏剧中的冲突迭起和妙趣横生等等，都无不蕴含着丰富的美。甚至在案头的一件小盆景中，我们也可以欣赏到美不胜收的水光云影，深壑幽林。

模块一 旅游活动中艺术美的作用及种类

引导案例

小沈早就仰慕黄山的美景，黄金周期间终于有机会随团到黄山一游。面对黄山的美景，除了欣赏到黄山美丽和自然的一面外，小沈还通过导游和黄山的石刻了解到很多描写黄山的艺术作品。古往今来，不知有多少文人墨客登临并咏赞黄山，李白、徐霞客、贾岛、丰子恺、朱光潜、郭沫若等都留下过名篇佳作。自然黄山之美使小沈心情愉悦，艺术黄山之美令小沈心灵震撼。尤其是那众多的描绘黄山的艺术诗句，让小沈了解到古人的心思和境界。“且持梦笔书奇景”“日破云涛万里红”……古人的诗句都仿佛说出了小沈的心声，令小沈不仅感到酣畅淋漓，而且在美景面前也吟出诗句，导游和游客们齐声夸赞小沈的诗句写得好。通过这个案例，我们了解到艺术美与自然美结合在一起相得益彰，艺术美具有很强的净化心灵的作用，同时，旅游者在对优秀的艺术作品欣赏的过程中，与古人产生共鸣，实现了自己的审美理想，并激发了自身的审美创造能力。

一、旅游活动中艺术美的作用

（一）净化心灵，提升境界

高尚的、健康的感情是人精神完美的重要条件和标志。艺术美对于培养和丰富人的高尚情感具有独特的作用。美的艺术品无不渗透着艺术家的感情，寄托着他的爱憎。汤显祖创作《牡丹亭》时，当写到“赏春香还是你旧罗裙”，不觉伤心落泪；梁斌在创作《红旗谱》时，也“无数次流下眼泪，是流着泪写完这本书的”。艺术家的这种充沛而丰富的情感，通过艺术形象传达给欣赏者，必然引起强烈的感情共鸣，产生或悲、或喜、或怒、或愤的情绪，进而使感情得到净化、丰富和升华。艺术美的情感内容，对于培养人的精神之美是不可缺少的条件。

另外，艺术美的创造是艺术家针对现实而生发出来的，主要是通过典型化和理想化来实现的，是对自然美和社会美的升华。艺术家把现实美中不美的部分去除掉而创造出典型形象，是一种理想美，是一种完美的美。所以，当旅游者进行审视艺术美时，不仅是在和艺术家对话，更重要的是在和完美对话。每一件艺术作品都有一个境界，每一个境界都是一种完美。旅游者在不断的旅游艺术审美中，会逐渐提升自身的境界。虽然，艺术美中的境界和人的境界有所区别，但是艺术境界可以熏陶、提升人的境界。

什么是人生境界？这一直是人类在思索的一个课题。冯友兰先生认为，人生境界若基于求同存异的原则，可以分为四种：自然境界、功利境界、道德境界和天地境界。

1.“自然境界”是第一境界，以“混沌”为基本特征

在此境界中的人，通常天真烂漫，他们或“顺才而行”“行乎其所不得不行，止乎其所不得不止”，或“顺习而行”“照例行事”。这一境界的人的行为带有一定的盲目性、习惯性或“从众心理”。

2.“功利境界”是人生的第二境界，以“利己”为基本导向

在此境界中的人，对于“自己”和“利益”有清楚的觉解，对其行为的目的十分明确。他们的行为通常以“占有”或“索取”为目的，或求增加自己的财产，或求发展自己的事业，或求增进自己的荣誉。他们不一定如杨朱者流，“拔一毛而利天下，不为也”，一味埋头消极地为我，而是有可能积极奋斗，甚至牺牲自己，但其终极目的是为己利。当然，这并不排除他们的盖世功业，与其主观上为自己进而客观上为天下的社会效应。

3.“道德境界”是人生的第三境界，以“行义”为基本准则

在此境界中的人，外对社会性和社会利益、内对人性和个体利益有相当的觉解。社会与个人，并不是对立的，二者相互依存。有鉴于此，个人的行为以“奉献”为目的，追求的是社会的大利益而非个人的小利益，但这并不排除个人“索取”自己应得的那份东西。道德境界与功利境界相比，前者，人即于“取”时，其目的亦是在“予”；在后者，人即于“予”时，其目的亦是在“取”。

4.“天地境界”是人生的第四境界，以“事天”为最高理想

在此境界中的人，有完全的高一层的觉解，外知社会之全和宇宙之全，内知人之性且能尽其性，也就是说，他们的修养达到了“知天”、“知性”的阶段，他们的行为达到了“顺天”、“事天”的境界，他们的理想达到了“与天地参”的高度，即“为天地立心，为生民立命，为往圣继绝学，为万世开太平”的天人合一境界。他们的生活目的不仅要为个体和社会做贡献，而且要为人类和宇宙做贡献。这是一种从“小我”进入到“大我”的精神飞跃，是真正认识到天地人“三才”互动关系的形而上觉解。

人生境界是在随着人的成长、成熟和阅历学识的增加而不断变化的，作为人生境界最高境界的天地境界，是超功利、超道德的，是人类的精神家园，是人类“安身立命之地”。王柯平先生认为，天地境界实则“审美境界”、“艺术境界”或“自由境界”。旅游审美活动是可以达到这最高境界的一种最好的途径，它增加人的阅历，提高人的生活质量，提升人的人生境界。而在旅游审美活动中，凝聚了自然美和社会美精华的艺术美的审美是最能够帮助人提升自身的人生境界的。

（二）升华审美情感，实现审美理想

每一个普通的旅游审美者虽然不是艺术家，但在对艺术家的艺术品的审美过程中，旅游者可以了解到艺术家的审美情感和审美理想，从而在思想上和自己的审美情感和审美理想进行碰撞，一旦发现符合自身的审美理想和情感，即产生了共鸣，旅游者便会产生极大的审美情趣，获得极大的审美享受。越是伟大的艺术家，就越能够创造出伟大的艺术作品来，越是伟大的艺术作品就越能够引起更多人的共鸣。普通人的审美情感和理想也经常会陷入缺失的状态，无从释放和排解，而旅游活动就是让旅游者的审美情感进行释放的过程。旅游审美活动中的艺术美的审美是最能让旅游者得到审美释放和审美需求的满足的。通过不断的艺术美的审美，旅游者不断升华自身的审美情感，间接地通过艺术家的艺术美来实现自己的审美理想。

（三）提高艺术修养，激发审美创造

旅游者懂得欣赏艺术美，可以提高自身的艺术修养。艺术修养就是指人们在艺术创作和艺术欣赏中进行的努力锻炼，经过长期实践所达到的一定艺术鉴赏水平。任何人的艺术修养都不是先天的，都是需要在艺术创作和欣赏的实践中，逐步锻炼和培养的。人的鉴赏

水平提高了，就会更懂得艺术审美，分辨美与丑。而艺术诉诸人的感觉，引起人们对美的感受和丰富的想象。在对艺术美的感受中，旅游者对艺术美的欣赏同时也是一个审美创造的过程，旅游者在审美中，发挥想象的力量，完善、补充、丰富，甚至改变艺术审美对象在心目中的性质，重新创造出新的完美意象来。例如，尽管我们许多人没有到过大草原，但读过北朝乐府民歌《敕勒歌》："敕勒川，阴山下。天似穹庐，笼盖四野。天苍苍，野茫茫，风吹草低见牛羊。"头脑中就会浮现出一幅草原牧区的辽阔壮美的图景。当然，这种想象力创造力所引起的结果是因人而异的。一个人的审美经验越丰富，文化水平越高，他的思考和理解的能力也就越强，他对艺术美的感受、领悟和情感体验也就越敏锐，越强烈。

二、旅游活动中艺术美的种类

在旅游审美活动中，艺术美的审美种类很多，但这些艺术美通常情况下，并不常见于单纯的艺术审美活动中，往往点缀、散见于社会美之中，以形成总体的和谐之美，因此，旅游者在把握艺术美的各个种类的审美特征时，既要考虑到艺术品的本身之美，又要结合社会美进行综合审美。但在这里为了方便研究，我们多以单纯的艺术品的审美视角进行分析。

(一) 雕塑之美

在旅游活动中，旅游者会接触到很多雕塑艺术作品，这些雕塑作品或出现于社会景观中，参与社会美的构成；或以单独的形式出现于艺术景观中。对于参与社会美构成的雕塑艺术品而言，旅游者不仅仅要考虑到雕塑品本身的艺术之美，还要学会将雕塑艺术品置于整体的环境当中进行品味和把握，这样才可以全面地把握雕塑之美。

人们称雕塑艺术是文学中的诗，是静止的舞蹈，是永久性的一种艺术形式，既是最普及又是最高雅的。从人类的原始社会到今天的21世纪，世界五大洲各个国家、民族、社会的不同历史时期发生的重大历史事件、历史人物都记载在许多的雕塑作品中。历史悠久、源远流长、丰富多彩、光辉灿烂。中国的旅游景观中的雕塑艺术经历了原始社会的"淳朴美"，商周时期的"凌厉美"，秦汉的"豪壮美"，魏晋南北朝的"悲慨美"，唐朝的"雄浑美"，宋朝的"清秀美"，明清的"精致美"。在审美的变迁中，也反映了佛教文化对雕塑文化的影响。雕塑是运用可塑性、可雕性的物质材料(如石、木、金属、石膏、树脂及黏土等)，通过雕、刻、塑、铸、焊等手段制作的反映社会生活、表达审美理想的具有三维实体的造型艺术，是一种静态的、可视的、可触的三维实体，以主体的造型形象和空间形式反映现实，称之为"凝固的舞蹈和诗句"。

随着时代的发展和观念的变化，在现代艺术中出现了反传统的四维雕塑、五维雕塑、动态雕塑以及软雕塑等。使人们改变了时空观念，突破传统的三维的静态的形式，向多维的时空心态方面进行探索。雕塑是一种永久性的艺术，古代的许多事物经历史长河的冲刷已荡然无存，历代雕塑遗产却在一定意义上成为人类形象的历史。在旅游审美中，旅游者既要了解古代雕塑，又要了解现代雕塑。无论是现代雕塑还是古代雕塑都应该从以下几个方面对雕塑艺术进行审美：

1. 形式美

雕塑作为三维空间的实体，给予人的感觉，首先来自它的形体，形体美是雕塑形式美的灵魂。雕塑的形体要比例匀称，结构严谨，通过形体展示形象的动势、情绪与生命力。雕塑的形象美可能给人或是宏伟崇高，或是宁静沉重，或是升腾飞跃等各种感受。当旅游者到了马约尔对《河》的雕塑进行审美时，并没有河的具象，却见一个女性人体横卧的雕塑，通过审美联想和导游的讲解，旅游者可以通过女性身材流线的柔美感受到河水的流动。实际上，这个雕塑是将河水的形式美用女性人体的形式美来展示的一种方式。雕塑艺术通过其形象美首先是诉诸视觉的，以静示动。雕塑是永久的休止，但又是永恒的运动；是静止中的运动，却又是运动中的静止。因而，它具有高度的凝练性，通过瞬间的姿态来造型，概括地反映生活的整个过程。

2. 内容美

雕塑品的内容美也同样是通过其形式美表现出来的，它依靠于形式美的表现手段，却又不完全依赖于它。旅游者在欣赏雕塑艺术美时，会通过雕塑品了解到作者的主观精神和审美理想，会通过雕塑品了解雕塑品所在时代的一些状态。在不同的时代有着不同的政治、经济、军事等社会氛围，而这些社会氛围的内容美必然体现在一定的雕塑作品中。例如，旅游者在欣赏汉代雕塑时，会发现在中国的汉朝时国力很强大，因此，雕塑中体现出来的内容之美是一往无前、势不可挡的气势之美；而在欣赏唐代雕塑时，旅游者会觉察到唐朝由于经济强盛，反映在雕塑品上的内容美是一种多元化、开放式的美。内容美还表现在注重将雕塑作品的材质与其表现的内容结合起来，通过不同的材料来表现不同的内容美。例如旅游者欣赏《宋庆龄雕像》时，会发觉雕塑家利用洁白的大理石表现伟大女性的纯洁与高雅；又例如旅游者欣赏《思想者》时，会感到雕塑家使用青铜来铸造的雕塑作品与其深沉的内容是相互吻合。雕塑和绘画一样具有瞬间性，是静止的、个别的、立体的、没有背景的形体来再现生活。著名的雕像《掷铁饼者》是希腊古典时期雕塑家米隆的代表作。雕像极其成功地塑造了掷铁饼运动员的形象，这是对生活的观察、取舍、概括的结果。这里所刻画的瞬间动势，几乎像用电影慢镜头拍摄下来那么准确，这是一个训练有素的优秀运动员，此刻正处在竞技状态的最关键时刻，通过运动员大幅度摆动的双臂、快速旋转的身躯和铁饼即将出手的瞬间，概括了掷铁饼这一动作的整个连续过程，展示了肌肉的健美和力量，抓住了最典型的姿势，找到了最生动的结构。这是为奥林匹克竞技优胜选手制作的纪念像，这个结构单纯的作品所唤起的视觉形象是一个体魄强健的运动员，使人们了解到古希腊人运动的竞技水平是相当高的。

3. 象征美

雕塑艺术品的象征美是建立在形式美和内容美的基础之上的，没有好的形式、好的内容，就不会更好地激发旅游者审美联想，就不会产生好的象征美。因此，在艺术旅游审美活动中，旅游者要能够得到雕塑艺术品的象征美，就必须要很好地把握其形式美和内容美。雕塑艺术品的象征性和寓意性，不可能像绘画那样进行复杂的精细描绘和环境空间的表现，因而形象单纯，所以通常赋予形体和体积以象征性和寓意性来表达主题，表达某种思想感情和审美观念。而这种象征美又是具有一定的纯粹性的。所以，旅游者要善于抓住这种象征意义之美，才可以得到雕塑艺术品的真谛。例如审美罗丹的《思想者》时，如果旅游者只是感觉到一个为痛苦和烦恼所困扰在深沉思考的强健有力的男子汉的形象之美，就没有得到艺术品的真谛，只有借助审美联想和想象，通过对形式美和内容美的综合把握，才会得到其象征美，即该雕塑象征了一种人类的反思。

(二) 绘画之美

绘画是依赖于视觉来创造、感受和欣赏的艺术，它除了具有造型艺术的“应物象形”的造型性和瞬间性、静止性、永固性的一般特征外，还有自己独具的审美特征。在社会旅游景观和纯艺术的旅游景观中，旅游者会经常进行绘画的审美。这些绘画艺术品对社会美起到了极大的点缀作用，其主题和特色都必须要与社会美紧密结合。

1. 色彩美

绘画的色彩来自客观世界的光与物体。各种物体因吸收和反射光量的程度不同，而呈现出复杂的色相。色彩到了画家的笔下，不仅反映客观事物而且表达艺术家的思想感情。在旅游审美中，绘画的色彩是最吸引旅游者的要素。由于色彩的本质在于它的情感意义，所以旅游者往往在审美绘画的色彩时，得到不同的心理感受。旅游者看到红色，便感受到热烈、庄严、兴奋；看到橙色，便感受到热情、严肃、快乐；看到黄色，便感受到明朗、欢快、活泼；看到绿色，便感受到美丽、自然、大方；看到青色，便感受到秀丽、朴素、清冷；看到蓝色，便感受到清秀、广阔、朴实；看到紫色，便感受到珍贵、华丽、高贵；看到黑色，便感受到沉闷、紧张、恐怖；看到白色，便感受到明亮、淡雅、纯洁。当然，我们也不能僵死呆板地去理解色彩的情感性。色彩的情感性会因人而异、因地而异，就是同样一种颜色，在不同的画面中，也会呈现出不同的意味。

2. 构图美

旅游审美活动中的中国画的构图，以立意、气韵为根本的出发点和归宿。重视情势，讲究画面物象内在联系上脉通气贯；在位置的经营上讲究环环相扣，节节相连，从内外两个方面形成一种起伏而又连贯的情感节奏。例如欣赏宋代张择端的《清明上河图》时，旅游者会发现在构图上，有序曲、高潮、尾声，形成了鲜明的情感节奏，抒发了作者的主观情思。又比如，旅游者欣赏清代大画家朱耷的构图时会感受到气势豪放，同时又深藏着一种矛盾心理，其画古怪、奇崛、空旷、幽深、孤寂、静穆，同时又朴茂、酣畅、皎洁、秀健、雄浑，从这些复杂的构图中我们可以看到作者的豪情纵逸和因国破家亡产生的愤懑、沉郁。

3. 瞬间美

绘画利用线条和色彩，通过平面描绘来展示丰富多彩的生活。它反映的是瞬间的生活，表现的是静态的视觉艺术形象，因此，表现人物和事件的发展过程，不像小说、诗歌、电影、戏剧等艺术形式那样自由舒展，往往受到画面的局限，只能选择最富于表现力的一瞬间来反映现实生活，表达人们的审美感受。因而，绘画对艺术形象的概括和提炼，要求更为集中、凝练和巧于构思。所以，旅游者在进行对绘画艺术的审美时要学会把握作品的瞬间美。一个线条、一片色彩，甚至一个小小的墨点，只要旅游者细心品味都有可能蕴含着一种瞬间的美丽。

4. 虚幻美

绘画是在平面上描绘出具有一定形状、体积、质感和空间感的二维空间艺术，但其艺术形象是虚幻的。它是运用透视学原理、明暗向背关系、色彩的浓淡冷暖变化等来表现物体的远近层次，使平面的画幅呈现出具有深度和立体感的空间效果的。例如旅游者在欣赏绘画艺术中的线条时，要时刻牢记这线条在自然界中是不存在的，我们说的线条只不过是形体与形体、色块与色块会合的地方，是我们想象力在它们之间创造出来的可视语言。线条是画家用以表达自己的感觉和情感的造型语言。当画家用画笔画过纸张或画布时，标出了空间的界限，同时也表现着时间的流动，画家的感觉和情感也随之而凝聚在画面上。画家的线条风格，反映其内在的品格。所以，旅游者在进行绘画审美时，要充分利用审美联想和想象，通过对线条、色彩、明暗、透视等要素的展示，幻化出艺术家的思想，了解到艺术家的情感，甚至创造出旅游者自己独有的情感来。

5. 意境美

旅游者在对绘画艺术进行欣赏时要在对绘画的形式美欣赏的基础上了解到艺术家的绘画意境，甚至通过自己的审美联想构建出全新的绘画意境。绘画可以突破时间、空间的限制，从而达到画里传神、画外有画的美妙境界。绘画作品所表现的，可以是已经过去的一瞬间，可以是正在发生的一瞬间，也可以是运用想象对未来一瞬间的描绘。绘画不但可以描画可见的具体的事物，也可以表现抽象的不具体的事物，比如人的精神、思想等。绘画借助旅游者的联想和想象以及一些特殊的表现手法来突破时间和空间的限制以表现艺术形象。这在中国画方面表现尤为突出。例如宋徽宗赵佶当政的时候，曾以"竹锁桥边卖酒家"为题让画家们作画。当时许多应试者都集中心思考虑如何重点表现酒家，所以大多以小溪、木桥和竹林作陪衬，画面上应有尽有。然而，画家李唐却独出机杼，在画面上巧妙地画出一弯清清的流水，一座小桥横架于水上，桥畔岸边，在一抹青翠的竹林中，斜挑出一幅酒帘，迎风招展。画面虽未画出酒家，酒家深藏于竹林之中却是一看便知，而且深得"竹锁"意趣。

(三) 书法之美

汉字是由点线组成的，点是线的浓缩，线是点的延伸。

1. 线条美

旅游者在欣赏书法艺术作品时，首先就应该很好地把握艺术家的情感，甚至在审美中将自己的情感熔铸于书法作品中。线条美是书法艺术形式美表现形态之一。"精美出于挥毫"，点画的线条美又是通过笔墨来表现的。书法家运用提按、顿挫、轻重、粗细、强弱、徐疾等用笔技巧，结合用墨的枯、湿、浓、淡等丰富变化，使点画线条富有力感和情感的美。在现实生活中，有各种各样的线条，诸如直线、曲线、折线、斜线、波浪线、蛇形线等，这些线条都能通过视觉使人获得某种相应的感受：水平线使人感到广阔和平静；垂直线使人感到上腾、挺拔；曲线使人感到柔和、流动；斜线使人感到危急和空间变化……这是在长期社会实践中对客观事物外形重要属性的一种抽象。这种抽象本身积淀了丰富的人的观念和情感内容，使线条有可能成为人的审美对象，并在书法艺术中成为具有直观特征的表现语言。所谓"筋"，就是点画坚韧遒劲，具有弹性；所谓"骨"，就是点画铁画银钩，坚实有力。筋和骨都是使线条具有力感的主要因素，"颜筋柳骨"正好符合"骨肉相称"的要求，因而成为书法用笔技巧的重要典范。旅游者在导游的引导下，要以投入的精神状态对书法作品的线条、笔墨技巧、书写风格等进行品味，从中参悟艺术家复杂的意境和情趣，甚至引发自身的情感共鸣。

2. 节奏美

唐代的张怀瓘在《书议》中曾把书法艺术称为"无声之音"，主要是指书法用笔轻重徐疾，抑扬顿挫，就像音乐一样能唤起人们的节奏感；又像心电图上的曲线记录心脏活动一样，反映书法家心灵的情韵。音乐是音响的节奏与旋律，而书法则是线条的节奏与旋律。旅游者对节奏最敏感的器官固然是听觉，但在视觉上也会感受到艺术家用笔的节奏感。节奏主要是利用既连续又有规律变化的点画线条，引导人的视觉运动方向，控制视觉感受的变化，给人的心理造成一定的节奏感受，并由此而产生一定情感活动。

3. 和谐美

线条的和谐之美主要表现在线条的呼应上。浑然天成,无雕凿痕迹。笪重光《书筏》中说:"起笔为呼,承笔为应。"故用笔讲究"笔断意连","笔断"使点画有起有止,起止有度;"意连"使点画有呼有应,启承分明。如果每一线条,各自独立,互不关联,只是机械拼凑在一起,那就"图写其形,未能涵容,皆支离而不相贯穿"。旅游者在这或断或连、似断还连,上下呼应、左右顾盼的线的艺术作品中,感受到书法家的种种情绪意志,风神状貌。

4. 象征美

点画的线条美固然不可忽视,但旅游者在欣赏书法时的习惯,一般不全孤立地去看字的点画线条,而是按照作品中的文字内容,以字为单位逐句地看下去。实际上,书法作为线条造型艺术,它的艺术性不光是在于点画的线条美,而是集中表现在字的造型上。单个的点画线条本身就很美,如果再按照整齐一律、对称均衡、对比和谐、多种统一等形式美法则组合起来,就会更加生动。正如明代陶宗仪在《书史会要》中所说:"夫得不偿失,兵无常势,字无常体:若坐,若行,若飞,若动,若往,若来,若卧,若起,若日月垂象,若水火成形。倘悟其机,则纵横皆成意象矣。"我们看王羲之在《兰亭集序》中写的二十个"之",尽管该字点画简单,姿态却各不相同,极尽变化之妙,充分表现了结构的造型美。

5. 虚实美

旅游者要想了解书法艺术美的真谛,必须将其视为一个多样统一的整体来观赏才行。构成书法艺术整体美的重要因素是章法。因此,旅游者必须在审美书法时了解什么是章法。章法也称为"布白",是对空间虚实的艺术处理。实处之妙,皆由虚处而生,"虚"与"实"、"白"与"黑",相依相生,相映成趣,给旅游者留有审美想象的广阔天地。成功的章法集中体现了虚实结合的美学原则,"计白当黑"便是这一美学原则的具体运用。也就是有笔墨处重要,无笔墨处也重要;字里行间均有笔墨,均有情趣。字的空间的匀称、布白停匀和字形点画具有同等的审美价值。既然所有空间都是作品的有机部分,对线条结构、对空间的感受,自然也应该包括在内。书法章法还讲究承上启下、左顾右盼、参差变化,以及落款合理、钤印得宜,并注意局部美与整体美的和谐统一。如欣赏《兰亭集序》这个书法艺术作品时,旅游者会发现:全篇 324 个字,分 28 行,字字相映,行行相呼,若行云流水,气势连贯,浑然一体。清包世臣说:"古帖字体大小,颇有相径庭者,如老翁携幼孙行,长短参差,而情意真挚,痛痒相关。"形象地说明了书法作品整体美的艺术效果。

6. 风格美

各个时代对书法艺术美的鉴赏,实际上是对书法风格美的品评。中国书法艺术,流派繁多,风格迥异;或沉雄豪劲,或清丽和婉,或端庄厚重,或倜傥俊拔,或浑穆苍古,或高逸幽雅……真是百花齐放,绚丽多姿。不同的风格给人不同的美感。王羲之的书法平和简静,遒丽天成,"如清风出袖,明月入怀"。旅游者欣赏这种优美风格的书法艺术时,往往会联想到天朗气清、鸟语花香、湖光山色、小桥流水……在生理和心理上产生一种亲切自然、轻松愉快、心旷神怡的心境。而颜真卿的书法,"点如坠石,画如夏云,钩如屈金,戈如发弩",那雄强豪迈、气势磅礴的书风,充分显示书者刚正忠烈的性格和"立朝正色、刚而有礼"的风度。旅游者欣赏这种壮美风格的书法艺术时,往往会联想起广袤的太空、浩瀚的大海、巍峨的群山、逶迤的长城……由此产生景仰、尊崇、悲壮、豪迈、胜利感等心理情感反应。

（四）文学之美

文学艺术包含的内容很多，在旅游文学审美中，我们仅就游记、楹联、古诗和词曲的文学艺术审美进行阐释。

1. 游记审美

在旅游文学中，游记是旅游文学重要的表现形式，以记游诗歌和游记散文为常见。有赞颂祖国大好河山的山水诗，有咏叹淳朴怡静农家生活的田园诗，有描绘塞外大漠风光的边塞诗，还有历代文人登临览胜凭吊古迹时，发思古之幽情的怀古诗。游记散文也涌现出众多名篇佳作，有的写景抒情，富有诗情画意；有的议论说理，耐人寻味；也有描述、议论和抒情熔为一炉的佳作。不少著名的游记使山川、名胜、古迹更加引人入胜。真是文以景传，景以文传，成为旅游资源的一部分。例如明代散文家、地理家徐霞客，立志“问奇于名山大川”，著成《徐霞客游记》。它既是卓越的地理学著作，又是优美的游记文学作品。记事真实精细，写景寓情于景，情景交融，既注意表现旅游者的主观感觉，又善于运用动态描写或拟人手法使景物人格化、性格化，成为情趣盎然的“动画”。它被后人誉为“世间真文字、大文字、奇文字”，是我国旅游文学史上最长的一部日记体游记。

2. 诗词曲审美

（1）声律美　中国古诗与音乐有着传统的难分难舍的“血缘”关系，现在，我们说起诗来，还是“诗”和“歌”不分的，称其为“诗歌”。就是当它与音乐分离的时候，依然显示着音乐美的天性，这是汉语自身的音乐属性决定的。“李白乘舟将欲行，忽闻岸上踏歌声。桃花潭水深千尺，不及汪伦送我情”写的是歌声，其实诗自身也是歌声。亚里士多德说“高尚的享乐”是艺术的本质，读诗是享乐，听诗尤是“高尚的享乐”。因为诗词不仅是语言艺术，还是“听觉艺术”。在旅游者进行诗词曲赋的审美中，可以通过语言的声和韵的角度感受强烈的节奏感。从声的角度来说，四声的调式、平仄的区划，自如地弹奏出抑扬顿挫、起伏跌宕、高低长短的节奏；从韵的角度来说，众多的异义同音字，异形同韵字，天然地生发着和谐共鸣、回环往复的旋律。汉语文字在诗词中有规律地排列组合，平仄交对，音韵相协，营造出“大珠小珠落玉盘”的音乐效果。词、曲尽管样式有别，也无不神合于这种声韵和美的普遍性逻辑轨迹。

（2）意境美　意境美是诗词曲赋的灵魂。旅游者只有感悟和品味出意境之美才可以真正理解诗词曲赋的内涵。意境美，一是体现在对景物的意境展示上，营造出景物美的意境来；二是体现在作者的思想和情感上，通过诗词曲赋的字里行间，流露出作者的主观意趣。“诗言志，歌咏言。”在诗歌创作当中，意境就是主观与客观的统一，是艺术家的主观感情与客观物景相互融合而产生的一种艺术境界，是诗作中所呈现出的那种情景交融、形神结合的有立体感的艺术图画与韵味无穷的诗意空间。诗歌创作营造出一个“象外”的艺术空间，以达到“言有尽而意无穷”的艺术联想和审美效果，而这正是意境美的精髓。景因情而生，情因景而妙，情景交融，妙趣无穷。同时，诗歌的意境美也包含虚实相生的含义，诗歌所描绘出的直接的情景是实境，是“象外之象”“景外之景”中的前边的“象”和“景”，而经过欣赏者的审美联想，在这诗歌表面实境的基础上又会生发出新的“象”和“景”来，这就是虚境。无论是虚境还是实境都是一种通过审美联想而产生的意境之美。

3. 楹联审美

楹联是中华民族所特有的古老文学体裁，篇幅短小，语言凝练，是融合了书法、雕刻和建筑于一身的综合艺术。楹联发展较晚，它吸取了诗词曲赋的长处，被人们称为“诗中之诗”，所以，它除了具备自身的审美特征外，也同样具备诗词曲赋的审美特征。在旅游审美活动中，它或刻于峭壁，或悬于门楹，或挂于廊柱，或镌于金石，或雕于竹木，或书于墙壁，或悬于厅堂，烘托着周围的社会之美，吸引着观赏者的目光，启迪着旅游者的思想。旅游者在对楹联进行欣赏时应该从以下几个方面进行把握。

(1) 对称美　从形式美上来讲，楹联体现了书法的形式之美，同时，从中国语言的角度和听觉艺术上来看，楹联体现了对称均衡、整齐一律的和谐的形式美的法则。所谓楹联的对称美，一般表现在字数相等、词性相同、结构一致、平仄协调和意义相关上。例如秦皇岛山海关孟姜女庙联：海水朝，朝朝朝，朝朝朝落；浮云长，长长长，长长长消。又如苏州留园的楹联：奇石尽含千古秀，桂花香动万山秋。洛阳白马寺天王殿楹联：大肚能容，容天下难容之事；开口常笑，笑世间可笑之人。

(2) 综合美　楹联融合了书法、雕刻、诗词曲赋等艺术形式于一身，是一种综合性的艺术，具有多种艺术的审美特征。例如：杭州西湖孤山联：山山水水，处处明明秀秀；晴晴雨雨，时时好好奇奇。旅游者在体会这一楹联时，首先是一种节奏美，然后是读者可以体会到西湖的风景之美；另外，我们也可以通过这个楹联联想到苏东坡《饮湖上初晴后雨》诗中的“水光潋滟晴方好，山色空蒙雨亦奇”，这个楹联并非对苏诗的简单复制，而是拓展了苏诗的意境美；从书法上来看，此联是黄文中撰，任政书写，字里行间渗透出流畅自然、清丽媚秀的趣味，行草相间，极尽变化之妙。

(3) 雅俗共赏之美　楹联是至雅的，是古今文人墨客的厅堂饰物、书斋爱物、自省宝物，至于离别题赠或在各种场合即席联对，更成为文人间的高雅游戏；楹联又是至俗的，几乎家家户户都会在新年、婚丧、乔迁、祝寿等等日常生活中用到楹联，来表达人们的喜庆或哀思。亦雅亦俗，雅俗结合，雅俗共赏。

(五) 音乐之美

在美学上，音乐被称为“时间艺术”。音乐随着时间的流动而流动，随着时间的消逝而消逝。音乐艺术以其独特的艺术美装点着人类社会，丰富着人类生活。中国著名的音乐家冼星海说：音乐，是人生最大的快乐；音乐，是生活中的一股清泉；音乐，是陶冶性情的熔炉。在旅游社会审美中，音乐艺术的审美也是不可缺少的。音乐之都维也纳最著名的旅游吸引点除了多瑙河的静谧、建筑的古朴外，最重要的则是音乐之美。音乐是它的灵魂，没有音乐也就没有维也纳。维也纳的空气里弥漫的都是音乐的味道。就中国的旅游审美而言，音乐艺术之美主要集中表现在民歌、民乐等方面。在旅游审美中，旅游者要注意从音质、旋律、内容和意境美几个方面来把握这艺术之美。

1. 音质美

音乐演奏的物质材料不同，其声响的效果就不同，产生的音质美感也不同。悠扬婉转，柔和而又刚劲，让人产生凄美之感的二胡的声响之美；或委婉缠绵，或凝重悲怆，或清雅秀丽，纯净细腻让人产生灵魂深处的感动的古筝之美；唢呐明亮、狂野、喜庆；小提琴柔和、忧郁中略带伤感之美；长笛优美动人，明朗欢快……

2. 旋律美

音乐的旋律美指的是不同的乐音按照一定的高低、长短、强弱顺序进行运动而形成的美感。旋律美是塑造音乐形象的最主要的手段，通常被人们称为音乐的灵魂。也有人称音乐的旋律美为“流动的诗”。音乐的旋律美中也蕴含着一种完整的和谐之美。旋律为歌词插上了翅膀，使它更加形象生动。无论是铿锵有力的进行曲，还是优美婉转的小夜曲，都同样给旅游者以美的享受。

3. 内容美

音乐艺术除了它外在的声响和旋律之美外，其内容美也是必不可少的，它集中体现在歌曲和乐曲反映的时代和社会内涵。例如《义勇军进行曲》：雄浑沉郁、激人奋进，再现了中国人民与列强势力的一次次较量的历程，让人产生一种战斗的渴望。在旅游审美中，旅游者欣赏最多的是民歌，除了欣赏民歌的清新独特外，更重要的是欣赏其内容美。在民歌中曲调自然是悠扬婉转的，其歌词往往是表现一个地域、一个民族的特征、思想，在中国的民歌中，尤其是少数民族民歌，主要以传唱爱情的情歌居多。例如陕北民歌，其歌词被赋予浓厚的地方特色，表现了黄土高原人民的情感和愿望。“白格生生脸脸太阳晒，巧个溜溜手手挖野菜”“哥哥你参军闹革命，干妹子家里把你等”“白羊肚子手巾包砂糖，哥哥你人穷好心肠”等等。

4. 意境美

音乐是一种典型的表现艺术，它不同于雕塑、绘画和文学等再现艺术。音乐的音响是人情感的直接载体，承载着情感内容的音乐，给人的感受是直接的，人们在音乐音响中直接获得相应的感受，并产生种种审美联想，从而在眼前浮现种种具体的画面、图景或情景，而这种情景的出现，又更加强化了人的情感。音乐之美通过声响之美表现出一种形式美来，旅游者通过这种形式美产生一种情感，从而构建出意境之美。例如：管弦乐曲《春江花月夜》是一首非常典型的中国民乐，聆听时，似听“潺潺流水”之声，似见“蓬蓬远春”之色，似闻“幽幽花香”之气，若断若续，似远似近，如痴如醉。

（六）舞蹈之美

宗白华先生在他的《美学散步》中有这样一段叙述：舞蹈具有最高度的韵律、节奏、秩序、理性，同时又是最高度的生命、律动、热情，它不仅是一切艺术表现的综合状态，而且是宇宙创化过程的象征。音乐与舞蹈有着密不可分的关系。舞蹈通过动作所呈现的人的内心情感往往是以音乐为背景的，离开音乐的配合，舞蹈难以取得感人的效果，然而舞蹈与音乐的联系不仅仅表现在随着音乐的旋律与节奏翩翩起舞，更在于舞蹈本身的节奏性和旋律性，舞蹈是一种“动作的音乐”。在旅游审美活动中，舞蹈艺术集中表现在民族舞蹈的欣赏上。

1. 动作美

舞蹈是人体动作的艺术，构成舞蹈最基本的物质材料是人体，舞蹈者的身躯、四肢、眼神、动作和姿态等，是舞蹈艺术的基本表现手段。舞蹈借助人体这一物质材料来表现美感，它比其他的艺术手段更具有直接性、纯粹性、生动性和丰富性。例如旅游者在欣赏杨丽萍创作的舞蹈《雀之灵》时，会从她的舞蹈动作中感悟出杨丽萍对圣洁宁静世界的向往，体会到“孔雀仙子”恬静的灵性及和谐的生命意识。有时趴在地上一动也不动，静静的，有时忽然猛跳起来，托起长长的裙褶上的一角在空中不停地旋转，欢腾，雀跃；她那修长的手臂和配有长长的晶莹指甲的手指，展示出如水一样的柔美，让她的每一个动作都显得别致突出，时而像鸟儿翅膀那样的灵敏；时而像岔出的一根树枝，奇妙而又不失风韵；时而如同闪电迸出炫目的火花，在瞬间光彩夺目，美艳动人！

2. 情感美

舞蹈属于表情艺术，因此，情感美是舞蹈之美的核心，而情感美的形成也自然离不开节奏美、造型美和虚拟美。舞蹈的动作之美，不是单纯的表现人的动作，而是把人的思想和感情化为舞动起来的艺术形象。舞蹈属于表情艺术，它是人在异常激动时的产物，是内心激情的外化。舞蹈艺术常采用“借景抒情”和“借物抒情”等象征性的手法，来抒发艺术家心中的情感，同时，引起人们心中情感的共鸣。例如旅游者欣赏芭蕾舞《天鹅之死》，会深刻地感受到纯洁、高雅的天鹅濒临死亡的一个瞬间的状态，体会人类对生命和希望的渴求。

3. 节奏美

节奏是舞蹈艺术构成的基本要素。德国艺术史家格罗塞说：“舞蹈的特质是对动作的节奏的调整，没有一种舞蹈是没有节奏的。”在舞蹈中，节奏一般表现为动作力度的强弱、速度的快慢和能量的大小。相同的动作，由于节奏的变化，结合演员的不同表情，就可以表现不同的含义。旅游者会在欣赏舞蹈艺术家动作的变化中感受到：节奏轻快、急促，表现出的情感是喜悦、热烈、紧张的；节奏缓慢、舒徐，所表达的情感就偏于悲伤、忧郁、沉重；节奏篇幅大，所宣泄的情感就较为激昂、强烈；节奏篇幅小，所抒发的情感就较为平和、细腻。

4. 造型美

舞蹈也是造型艺术。人们称舞蹈是“动着的绘画”“活着的雕塑”。舞蹈艺术的造型美包括人体的动作造型和舞蹈群体的造型两个方面。人体的动作造型，是指演员的身体动作、表情姿态等的造型。它重在表现作品的思想内容、人物的精神气质和情绪状态等，既可以表现矫健的美、柔和的美，也可以表现优雅娴静的美和活泼的美。舞蹈群体造型，也称“舞蹈构图”，是舞蹈作品构成的重要因素之一，有圆形队形、横排队形、交叉队形、扇形队形等等。

5. 虚拟美

舞蹈还是一种夸张艺术。舞蹈的虚拟性首先表现在它的动作，已不是出于自然形态的人的现实生活中的动作，而是经过提炼、夸张、艺术加工过的动作，成为高度概括的、美化了的、形象化了的舞蹈语言。例如我国古典舞蹈中的《乌龙绞柱》，最初就是由蛇的动作变化而来的。中国传统舞蹈中，“扬鞭”、“水袖”等，不仅虚拟性强，而且动作优美，能表达出不同场面和各种人物的不同思想感情。然而，虚拟并不是随心所欲，而必须以生活的真实为基础，进行典型、抽象化的艺术概括。只有这样，虚拟美才不会变成荒诞可笑之丑。

（七）旅游纪念品之美

随着旅游业的发展，旅游纪念品也日益丰富多彩起来，各旅游地的旅游纪念品各具特色。中国的旅游纪念品大都是造型艺术，与文学、音乐、舞蹈相比，更为含蓄。中国旅游纪念品，是熔绘画艺术美、书法艺术美、雕塑艺术美以及编织、刺绣、蜡染等等艺术美于一炉的工艺美术。所谓工艺美术，包括两个大类：一类是日用工艺品，凡经过装饰加工的生活实用品，如某些染织工艺品、陶瓷工艺品、家具工艺品，都属于日用工艺品；再一类是装饰和陈列工艺品，凡供观赏的工艺品，如金银首饰、玉器首饰、装饰绘画、象牙雕刻、玉石雕刻、雕漆、景泰蓝等等，都属于装饰和陈列工艺品。这两大类工艺品都是工艺美术品，都具有审美价值。就我国的旅游纪念品而言，包含以下几个方面的美感。

1. 特色美

旅游纪念品的美在于体现地方的独特性，没有独特，也就失去了特有的价值。中国旅游纪念品的生产，运用一定的形式结构和表现技巧，讲究艺术审美特征，精心设计，创造出优美奇特的艺术形象。在现代旅游业中，旅游纪念品成为旅游收入的重要组成部分。旅游纪念品越受旅游者的欢迎，越容易获得更大的经济和社会效益。新奇的旅游纪念品将是最有魅力的，最吸引人的。当然，具有了新奇的特点，还是远远不够的，旅游纪念品还必须是美的、实用的和有纪念意义的。中国的旅游纪念品业一度出现了没有特色、陈旧等现象，不同的旅游景点，可以找到众多相同的旅游纪念品，让旅游者不知所从。作为旅游从业人员，懂得旅游纪念品的审美，懂得创新出具有民族特色、地域特色的精美新奇的旅游纪念品是非常重要的。

2. 质地美

任何一种旅游纪念品，都是由一定的物质材料制成的。其物质材料，包括两大类：一是天然材料，如金银、玉石、象牙等；二是人工材料，如用以制作刺绣品的丝绸和彩线，用以制作景泰蓝的铜丝和珐琅。所有这些材料都具有质地美。旅游纪念品的质地美，一般包括两个基本要素：第一是要有良好的性能，即一种材料具有制成某种旅游纪念品的良好性能，意味着这种旅游纪念品的美是建立在良好材料性能的基础上的；第二是要有美的形式，这主要是材料形状的美、色彩的美、色泽的美、纹理的美，椰壳的圆形、黄金的成色、水晶的光泽、红木的纹理，就是形、色、泽、纹等美的现象。以珍贵材料为原料的旅游纪念品的材质美，其构成要素除了良好性能和美的现象之外，还有一个很重要的要素，即材料的珍贵性。所谓材料的珍贵性，就是指一种材料稀少、难得、价值大、价格高，如黄金、白银、宝石、象牙，这些材料不仅具有特殊的性能，还具有非同一般的价值，其材料本身就是一种财富。一种旅游纪念品能集特殊、非凡的美的现象和财富于一身，自然就是最能激起人们情感愉悦的具体可感的形象，即最有审美价值的东西。正因为旅游纪念品具有质地美，所以人们在开发、制造旅游纪念品的时候，特别珍惜和突出它的质地美。制作红木家具，应该使之显示红木的自然色彩和自然纹路，而不宜过分地施以油漆和绘制花纹、图案，否则便会湮没红木自然色彩和自然纹路的质地美；开发南京雨花石，为使之显示天然生成的云霞、山水、人物、动物、花卉等各种物象，不宜加人人工雕琢，为了使雨花石表面更加光洁，当然有必要对它加以抛光，但是不能过分加工，否则便会损害其材质美；制作树木根雕，则应该根据其自然原型，作适当点缀加工，使其形象宛自天成。

3. 形式美

旅游纪念品的形式美是指它的外观造型、色彩、线条的美。它是外部表现形态的造型美和装饰美的结合，是内在功用美的载体和表现。旅游纪念品形式美的产生是人们根据实用和审美的需要，精心设计创造出来的，是旅游纪念品的制作者以高超的审美创造力创造出来的，是引起游客兴趣的最主要的因素。例如杭州某宾馆有一四扇玉屏风，每一扇屏风都用平面玉雕制成。玉雕中仕女、景物形象动人，其人物形状优美，形态如生，给人以观而不忍离去的审美感受。而其两颊的红晕和嘴唇的红色，以及衣裳的花点，竟然又都是材料天生，而由人工巧妙运用而成的，这就更激起观者惊奇的美感。中国的旅游纪念品，不论是特种工艺品，还是民间工艺品，或是实用工艺品，无不在造型上精心设计，有的古朴典雅，有的凝重刚健，有的挺秀脱俗，有的仪容富丽，有的端庄饱满。

4. 功能美

一件旅游纪念品本来就是一件艺术品，具备具体可感的悦人形象，成为审美对象。旅游纪念品的功能美包括纪念性功能美、审美性功能美、实用性功能美。纪念性功能美是指旅游纪念品具有旅游地的某种文化特色,这种特色可以引起人们美好的回忆。例如壮锦是一种旅游纪念品,它具有壮族地区的文化特色。旅游者来到壮族地区进行旅游活动,购买壮锦回到自己的常住地以后,一看到壮锦,随时会引起该旅游者对壮族地区风土人情的美好回忆。审美性功能美是旅游纪念品所具有的给旅游者带来美感的功能,这些美都是能够激起人们的情感愉悦的,旅游纪念品的美虽然属于造型艺术美,但是它不仅仅是艺术美,还包含自然美、社会美的成分。实用性功能美是指旅游纪念品具有的良好用途,而这种用途又是能引起旅游者强烈美感的,例如宜兴紫砂茶壶在寒天用沸水泡茶也不炸裂,又不烫手,而且泡茶五天仍能保持茶香,这是它的实用性功能,这种实用性功能引起使用者良好的手感、口感等感受,从而产生美感。

模块二 旅游活动中艺术美审美的基本模式

引导案例

2012 年,海南的几名驴友结伴通过自助游的方式到西安进行旅游。听说西安的碑林久负盛名,于是来到碑林进行观赏。从进入到出来,游览时间倒是不短,除了买了几张书法拓片外,旅游者并没有在有效的时间里得到更多的美感,出来都说:“什么碑林呀?没有意思!再也不来了。”

通过这个案例,我们发现,旅游者之所以得不到太多美感,有多方面的原因:首先,旅游者在选择旅游景点时,过于仓促,没有从自身的审美兴趣和艺术审美素养的角度出发进行选择,而是盲目选择,因此,没有做好充分的艺术审美的心理准备,因此也就无法进行书法审美基本原理和资料的准备。对于艺术审美而言,不像进行自然审美和社会审美哪样,可以较为容易的得到美感。要想得到艺术美的美感必须做好充分的准备,否则就不要进行艺术美的审美。其次,旅游景区的管理者和导游人员也存在一定的问题,在日常的管理和导游服务中,作为旅游景区的从业人员必须充分的考虑到旅游者的层次、素质,要根据不同审美心理的旅游者进行恰当的、有效的审美引导,以使不同层次的旅游者都尽可能地得到更多的书法艺术的审美体验。对于旅游经营者和接待者而言,无论是阳春白雪,还是下里巴人都有进行艺术审美的权利,关键是该如何去引导旅游者。如果对旅游者的艺术审美引导恰当,就不会出现案例中的现象,旅游景区景点就不愁没有良好的口碑。

一、艺术美审美的准备阶段

这个审美的准备阶段和自然审美、社会审美的准备阶段截然不同,它可以分为无意识的艺术审美准备和有意识的艺术审美准备两个方面。人对于艺术品的感觉依赖人的艺术审美敏感性、审美情趣。而艺术审美敏感性和审美情趣是要靠长期以来的潜移默化的艺术审美经验积累而成。在旅游艺术审美中,无意识的艺术审美准备虽然脱离旅游艺术审美,却对旅游者感知、理解旅游艺术品起着决定作用。另外,无意识的艺术审美准备除了无意识的审美经验外，还应该包括日常生活中对待自然、社会和人类自身的感知和理解。所有的艺术品都是来源于生活，而又高于生活的。旅游者如果没有一定的生活经验，对自然和社会理解就不充分，在实地的旅游审美中，就不能够得到最好的艺术审美感受，甚至理解不了艺术品中的美。人们根据科学的实验发现：有些动物也能够感知声音的节奏或者鲜明的色彩。电影中也经常看见有人在吹箫，同时有条蛇跟着音乐在舞，为什么蛇一听到音乐就舞动起来了呢？有一些禽类看见人穿的衣服色彩艳丽就兴奋，比如孔雀开屏。我们应该清楚的是动物的这种表现，不能说是艺术审美，它是一种天然的动物生理反应，而真正的艺术审美是具有高智能的、人类所特有的一种高级的精神活动，也是人类所特有的一种社会性的行为。同时，艺术的修养和品位与人自身的修养和品位是结合在一起的，没有良好的人格和人品，就没有出色的艺术审美品位和修养。所以，无意识的艺术审美准备也应该包括日常人品修养的准备。

当然，除了无意识的艺术审美准备外，有意识的艺术审美准备也很重要，在旅游之前，在日常生活当中，人们自觉地去关注艺术品，自觉地去阅读相关的艺术审美书籍，或是自觉地请教有造诣、懂得艺术的专家或教师，都是进行有意识的艺术审美准备的重要途径。通过不断地积累艺术审美的直接或间接经验，可以不断提高旅游者的艺术敏感性和艺术情趣，使其在进行真正的旅游艺术审美活动时可以得到更多的艺术之美。

二、艺术美审美的引导阶段

这一阶段要求旅游者细心听取导游或讲解员的讲解，认真领悟艺术美的内涵。导游或讲解员作为旅游艺术美的引导者，首先自己就应该是一个艺术美鉴赏的行家或专家。要想让旅游者对旅游艺术美产生感知、理解、情感甚至创造的美感，导游和讲解员要潜心研究旅游艺术品和旅游者的艺术审美心理，以便更好地引导旅游者的审美，激发旅游者的审美敏感性。

导游和讲解员在讲解中首先要引起旅游者的艺术审美注意力。欣赏艺术美时，旅游者要具备稳定的审美注意力、集中精力，才能认真仔细地观察对象。然后通过关注艺术品而产生感觉、思考、联想、想象。各种心理活动相互引发，彼此促进，从而进入生动活泼的状态。这与自然审美、社会审美有着本质的区别。如果导游和讲解员不能够引起旅游者的审美注意力，或是旅游者自身缺乏审美兴趣，而注意力不集中，那么，就很难进入下一个艺术审美的直观感受阶段。所以，这就要求导游和讲解员了解旅游者艺术审美心理，采用多种方式、多种渠道去激发旅游者的审美兴趣，从而引起旅游者的审美注意力。

三、艺术美审美的直观感受阶段

旅游者产生了极大的审美兴趣后，开始关注旅游艺术品，进入艺术审美的直观感受阶段，在这一阶段中，要充分利用旅游者自身的审美感官，认真品味艺术品之美。同时，这一阶段也离不开导游和讲解员的引导。导游或讲解员在引导旅游者进行直观感受艺术作品时，要做到真实、投入，只有自己真正参透艺术品的真谛，才有可能去帮助旅游者欣赏艺术之美。导游或讲解员可以在讲解中强化旅游者的审美意识，以引起旅游者的注意。例如：“请看！”“请看这里！”配合一定的手势，然后，发问：看到了什么？什么颜色？什么形状？“请听！”“请认真听！”然后发问：“听到了什么？动听吗？”“请触摸一下，感觉怎样？”等等。

这样，在导游或讲解员的悉心引导和指导下，旅游者渐渐进入旅游艺术审美的状态。开始以眼观赏艺术美，上下打量；以耳倾听艺术美，认真仔细，反复倾听；以手触摸艺术美，感受质地，感受温度；以身洞察艺术美，选择良好的观赏位置，或由近及远，或由远到近。

四、艺术美审美的再创造阶段

对于艺术品的真正审美应该是艺术美再创造的过程。所谓“再创造”，是指欣赏者在艺术形象的诱导下，结合自身的生活经验，发挥想象，丰富原有艺术形象或提炼出新的艺术形象的过程。在旅游艺术审美中，旅游者借助审美想象、审美理解、审美情感，用志趣理解艺术美，用情趣咀嚼艺术美，用心去创造旅游艺术美。前一个阶段的艺术美的感知，为理解艺术美打下了一定的基础。

1. 艺术美审美中审美理解的过程

在艺术审美活动中，旅游者曾经对事物本来具有的经验和知识，会自然而然地加入到审美对象中进行认识和理解。在旅游过程中，旅游者到了景点，除了直观的感受外，还要学会将历史、地理、文化及相关知识联系起来，进行思考与联想。唐朝王勃，应邀到南昌滕王阁，写出了千古佳篇，那就是他将自己所具备的天文地理、人文历史、诗词歌赋等方面的知识融入到对滕王阁的审美活动中，才写出千古绝唱。又如“寒山寺”因张继的那首《枫桥夜泊》而闻名海内外，特别是日本友人，每年除夕晚上他们从日本远道而来就是为听“寒山寺的钟声”，体会“夜半钟声到客船”的雅韵。理解促进了感受，感受又加深了理解。毛主席说：“感觉的东西你不能理解它，而理解了的东西你才能深刻地感觉它。”

2. 艺术美审美中审美联想的过程

审美过程的联想和想象，是在审美感受和理解的基础上产生的，反过来又进一步加强理解和感受，这是一个相互交织和互动的过程。中国的诗词有很高的艺术水准，有象外之象，景外之景，含不尽之意于言外，这个要求对作者很难的，对欣赏者来说要求也是高的。鲁迅说：“高尔基最惊服巴尔扎克写人物对话的巧妙，他并不描写人的模样，但可从对话中知道那人物的形象。中国还没有那样好手段的小说家，但是《水浒》、《红楼梦》有些地方使读者看到了人物。”鲁迅说的就是人们利用审美联想对艺术品进行的一种创造。艺术品的审美联想包括相近联想与类比联想，同时也包括创造性想象。在旅游艺术审美中创造性想象无处不在，使用频率最高。相近联想、类比联想的审美也是服务于创造性想象的，以期最终创造出一个源于艺术家的作品，又超越艺术家的作品和思想的一个新的艺术形象来。

3. 艺术美审美中审美情感的参与

情感活动是审美心理当中极为重要的组成部分。艺术品本身就蕴含着艺术家的情感。而在审美过程中，又会加进审美者自身的审美情感。任何审美过程，如果没有审美情感的参与，那就不能使人产生美感或者至少说美感不够深刻。人们在日常生活中对客观事物产生了态度，这个态度变为生理感觉，这个生理感觉又被我们体验出来，那么，这就叫情感，只有对事物有了认识，人们才会有对事物的态度。只有有了态度，才会有生理心理变化和体验，有了体验才进入了情感状态。情感和认识是密不可分的。没有无缘无故的爱，也没有无缘无故的恨。

4. 艺术美审美中审美情趣的参与

每个审美欣赏者都有其不同的个性特征，所以对同一个作品往往有不同的理解。从本质上说，艺术欣赏活动是审美主体在自身审美情趣的支配下进行看、听、触摸、体验的过程，因此主体的各种特殊心理活动，独特的心理感受、情感意志、想象理解都将在创造的想象中打下鲜明个性的烙印。人们常说“有一千个读者就有一千个哈姆雷特”，这就是艺术欣赏的个性差异，也是每个欣赏者“再创造”所产生的必然结果。由于社会经历、思想意识和审美经验的不同，人们往往在欣赏中表现出爱好上的差异。有的人喜爱优美，有的人喜爱壮美。人们根本无法统一，也不需要强求一律。同是一幅名画，有人喜欢，有人就不一定喜欢。艺术欣赏的再创造性在历史发展过程中还表现为时代的差异性。由于不同时代的人们有不同的生活方式、思想情感、审美趣味等，他们向艺术品提出的、并希望从艺术品中找到答案的问题都是有所不同的，所以在欣赏过程中作品的选择、感悟自然会各不相同。

模块三　旅游活动中艺术美审美的基本特点

引导案例

杨先生早就想到国外旅游，2013年春节期间他随团到维也纳旅游。美丽的异域风光令他陶醉。在欣赏音乐之都维也纳的音乐会之前，杨先生虽然没有太多艺术美的审美经验，但是却在导游的引导下了解到了不少有关音乐的知识和欣赏高雅艺术时应该注意的事项。因此，进入会场后，杨先生被浓厚的艺术氛围所感染，在悠扬的音乐声中，杨先生身心俱忘，陶醉在高雅艺术中。通过这次旅行，杨先生不仅丰富了自身的艺术审美情感，而且还提升了自身的艺术审美素养和品位。这个案例告诉我们：在旅游活动中，如果了解到了艺术美的特点，即使不懂艺术的人也可以形神畅快，得到艺术美的真谛。

一、神韵领悟

艺术美审美总是超越具体审美对象而进一步把握其无形的“神”，这个特点称之为“神韵领悟”。在旅游审美活动中，对于艺术美的审美总是针对艺术美本身的特点进行。艺术品除了自身外在形式美外，还包含着一定的深刻的历史、社会和生活内容，另外，也包含着艺术家丰富的思想和情感寄托。所以，立意高远的艺术品，能给人带来更大的艺术享受。

艺术美审美和自然美审美有着本质的不同，自然美审美更加重视形式美的直观感受，而艺术美审美如果只注重艺术品的形式美，就不能领悟艺术品的内在神韵，也就不是真正的艺术美审美。艺术美审美和社会美审美从表面上看，好像有些共同之处，但是仔细研究思考后，我们会发现，它们也有着本质的区别。社会美的审美特点之一表现为现实感受，在审美中，更注重社会美的历史、社会和生活的内容美，更强调客观的理解和感受。而艺术美审美虽然有理性客观的分析层面，但更需要旅游审美者对于艺术品的“神”的感受和把握。因此，除了客观地认识艺术家和艺术品所在时代的背景外，更强调审美主体的审美联想和创造性审美想象。了解到艺术家要表现的艺术美的神韵，旅游者才能够对艺术品进行主观的创造，得到最有价值的艺术美感。在艺术美审美过程中，甚至可以超越艺术家在艺术品中倾注的神韵，而创造出审美者自己喜欢的艺术美来。所以，对于有些艺术美审美而言，有时旅游者会抛弃艺术家在创造之初的思想，而创造出来的艺术美出乎艺术家的预料，这正是优秀艺术品的非凡之处。旅游审美者往往会在"有形的形"和"无形的神"中创造出超越形式的神韵来。因此，在艺术美审美中，要学会对艺术美的形的感受，更要学会对艺术美的神的感受，然后再神形合一，完成高层次的艺术欣赏过程。

二、情感会意

在艺术美审美过程中，"读懂"审美对象的方式不是理性的理解，而是"共鸣"和"会意"，这个特点称之为"情感会意"。就这一点而言，艺术审美和社会审美有一定的相同之处，但艺术美审美更注重审美主体在审美情感基础上的会意，这与社会美审美是不同的。审美情感是一种精神的愉悦，不是物欲的发泄，是人的一种高级的情感活动。艺术美的审美虽然强调审美情感在艺术美审美中的作用，但这种艺术审美情感中也必须包含着丰富的理性因素。在强烈的情绪情感活动中，可理解到审美对象深刻的社会观念。例如欣赏柳宗元的"千山鸟飞绝，万径人踪灭，孤舟蓑笠翁，独钓寒江雪"，透过鲜明的画面和冷峻的气氛，我们意会到作者的峥峥傲骨，深刻理解作者那洁身自好、不与污浊同流的思想观念；这种观念的感受和理解又大大地激发起我们的情感共鸣，并使寒江独钓的画面益显冷峭、高洁，审美者更可以通过自身的大胆创造，创造出与自己或其他人相关的洁身自好、超脱冷峻的审美情感。人们说诗只可意会不可言传，表达的就是艺术美审美的情感会意的特点。旅游者对于人和自然、社会的情感体验，最集中最精粹地表现在艺术美审美中。对于艺术美的审美来说，情感体验是主线，但是，理性理解是辅助情感体验必不可少的环节，理性活动总是自始至终充溢着情感体验，但是，它不是具体的某个道理的理解，而是以更宽泛的"会意"表现出来，其结果是强烈的情感共鸣。

三、形象再造

艺术审美活动是一种审美再创造活动，艺术品与审美主体之间的互动，实现了欣赏过程的再创造，每一次新的创造，都意味着一件新的艺术形象的诞生，这个特点称之为"形象再造"。形象再造是艺术美审美和自然美审美、社会美审美最本质的区别。自然美审美和社会美审美无需创造新的形象，而艺术美审美则必然经历形象再创造，体现了美感中反映与再创造的统一。艺术审美，不是像人照镜子那样观照，而是一种积极、能动的精神活动。艺术审美者以艺术作品为基础，结合自己直接或间接的生活经验，运用自己的艺术修养、审美能力、审美经验和审美理想去感受、体验、想象和理解、取舍，将艺术作品中的艺术形象"创造"成自己思维中的形象。这些"创造"的形象有的可能高于原形象，甚至是超越；有的则可能低于原形象的艺术魅力、艺术意境。例如《红楼梦》的作者原意不过是"补天"，而在现代许多鉴赏评论家眼中却认为该书反映了封建制度日趋腐朽、必然崩溃的"塌天"历史规律。相反，一些歌星演唱的革命历史民歌《南泥湾》，嗲声嗲气，摇头晃脑，参加过南泥湾垦荒的老战士见了说，如果当年听了这样的歌星演唱的《南泥湾》，我们就举不起锄头了！可见，艺术审美过程，也是反映一个人的人生理想、人生态度和人生创造的精神实践过程。因此，形象再造的审美特点要求旅游者有更多的社会生活积累，更高的精神境界。旅游者的艺术审美理想、审美情感丰富，其审美品位就高尚、高雅，也就能更好地进行形象再造。

四、自我教育

在艺术美审美中，每欣赏一件艺术品，就是一堂美育课；每感受一种艺术美，都会提升自身的审美素养，这个特点称之为自我教育。艺术美的审美带有浓厚的审美教育性，旅游活动中的艺术美审美更是教育性与娱乐性的统一，是寓教于乐的。从旅游者的主观上来看，艺术美审美活动必然是一种自我审美教育的过程，虽然通过导游员讲解、引导，但必然有旅游者自身的感悟、理解和再创造，丰富自身艺术审美情感，升华艺术审美理想，提升艺术审美素养和情趣。任何一个旅游者都可以得到自然美和社会美的真谛，但并非每一个旅游者都可以得到最高层次的艺术美的审美体验。在旅游艺术审美活动中，旅游者除了拥有一定的审美理想、审美标准和审美情感作为审美的基础外，更重要的是要有意识地在旅游活动中进行自我审美教育。据报载，中国某城市上演德国第一女子交响乐团的大型新年音乐会，有人旁若无人地走到台上，会场中还不断传来孩子的阵阵哭声。每个人都有欣赏高雅艺术的权利，但并不是每个人都有欣赏高雅艺术的"资本"，真正欣赏音乐会这类高雅艺术，是需要听众有较高的文化水平和综合素质的。欣赏者如果没有自我审美教育的意识，不懂得怎样去感受、理解和再创造艺术美，不仅破坏了艺术的美，而且还会贻笑大方。

实训：中国古乐《梁祝》的审美历程

【实训内容】

（一）了解背景——搜寻相关历史资料，知晓创作的历史现实

1. 在众多爱情故事和传说中，了解梁祝的爱情故事

关于梁祝的历史故事和传说很多，我们要在众多的资料中学会对其进行筛选和理解，从总体上把握梁祝爱情的基本状况：女扮男装的祝英台前往红罗山书院求学，途中与梁山伯相遇，两人一见如故，遂义结金兰，同往求学。二人书院同窗三载，情同手足，但梁山伯竟不知英台是女儿之身。后经师娘挑明，山伯前往求婚，却被告知英台已强许马家，归家后一病不起，百药无治。临终前嘱咐家人，将其葬在马乡北官道旁，以能看到祝英台出嫁时的情形。祝英台被逼嫁到马家时，花轿行至官道旁梁山伯墓前，英台下轿哭祭山伯，撞柳殉情。因梁祝没有结婚，马家又没将其娶到家中，不愿收葬，当地人就把其葬于官道东侧，与梁墓隔路相望。后来从两墓中分别飞出黄白两只蝴蝶，当地群众说黄蝴蝶是梁山伯变的，白蝴蝶是祝英台变的，黄白两只蝴蝶总是形影不离。梁祝故事以汝南为中心传向四面八方，深得全国乃至世界人民的同情和喜爱，其传奇爱情故事，千古流传。

2. 通过相关的爱情故事传说，了解中国人的爱情观

（1）了解中国梁祝遗址。通过资料，了解到中国有许多地方都拥有一定的梁祝爱情故事遗址，例如：浙江宁波、杭州、绍兴，江苏宜兴，山东济宁，河南驻马店汝南县等地，为了"中国梁祝之乡"之名，还曾经引起社会争论。梁祝故事，典型地表现了中国传统式的爱情追求，因此，全国梁祝遗存也就有很多。其中有的在审议，有的已经拥有了"中国梁祝之乡"的美誉，这些遗址都将被保护、开发和利用起来，成为社会审美和艺术审美重要的旅游资源。例如汝南梁祝遗存遗址保存最为完备：梁山伯故里——今和孝镇梁岗村，梁家老宅、石臼、古井还在；祝英台故里——今马乡镇祝庄；其结拜地——曹桥；共同就读的红罗山书院；共同栽植的银杏树；其老师邹佟夫妇的合葬墓；梁山伯墓、祝英台墓；一步三孔桥等。

（2）了解中国传统爱情观。通过翻阅历史资料，遍查中国的爱情故事，了解到"梁祝"故

事和歌曲的主题是坚贞地为纯洁的爱情而死。从而明白，中国的梁祝类的故事，何止这一个？“在天愿为比翼鸟，在地愿为连理枝”“愿天下有情人终成眷属”“窈窕淑女，君子好逑”“冬雷震震夏雨雪，天地合，乃敢与君绝”，中国传统式的爱情誓言和感慨不胜枚举。《孔雀东南飞》、《牛郎织女》、《白蛇传》和《梁祝》都是中国古代爱情观集中体现的传说。爱情是人类永恒的主题，无论西方东方，其实都有着对忠贞爱情的期冀和崇尚，西方有《罗密欧与朱丽叶》，中国有《梁山伯与祝英台》。中国人传统的爱情观，虽然与西方直接而奔放的示爱方式不同，但却也不失热烈，含蓄中见忠贞。

3. 通过现代《梁祝》乐曲的创作背景，解读梁祝的现实意义。通过了解现代《梁祝》乐曲的创作，我们可以明白，没有传统的爱情故事，就没有越剧《梁祝》；没有越剧《梁祝》，就没有交响曲《梁祝》。中国人传统的爱情观才是创作的真正的源泉。《梁祝》，不仅仅是单纯几个音符中的情感的宣泄，它还是一部完美的叙事诗。《梁祝》乐曲的诞生，除了有其历史必然性外，还有着历史契机：20 世纪 50 年代，中国的音乐在世界范围内显得落后，当时热爱艺术的爱国青年们，都想振兴民族音乐。《梁祝》就悄悄在作为学生的何占豪、陈刚手上诞生了。正巧当时有一个捷克弦乐大师团访问，外国人趾高气扬地询问：“你们中国是否有自己创作的好乐曲？”于是，《梁祝》初创的曲子被送到捷克大师之手，却令大师瞠目结舌，认为曲子很有难度，中国果然有好曲子。就这样，这首乐曲刚刚露面就为国家争了光。在那个命令艺术的年代，在那个高唱战歌、齐声颂扬的年代，策划、组织创作《梁祝》，需要何等的勇气和魄力，何等高深的艺术鉴赏力。

（二）初次聆听——聆听感受基本曲调，得到初步的审美感受

首先进行对乐曲《梁祝》的第一次聆听，初次倾听的要领是：了解乐曲的基本曲调、基本的感情色彩，并得到初步的审美感受。这是感受音乐之美的直观感受阶段，因此，在聆听的过程中，可以暂时抛开《梁祝》历史的文化之美，要充分调动起旅游者的审美生理器官：耳和心。通过这初次的聆听，旅游者可以感受到小提琴交响曲《梁祝》中体现出的中国传统民乐的特色：细腻、流畅、明快而不失恢弘，含蓄而又热烈，柔美而又大气，舒缓中有激烈，急切中见柔和。忽而快乐，忽而忧伤，忽而暴躁，忽而沉郁，涤荡人的心胸，陶冶人的性情，让人听此音乐，可以暂时忘却世间烦恼，而进入乐曲的声响之美中，如痴如狂。

（三）再次聆听——认真解读乐曲结构，得到基本的审美体会

经过对乐曲的初次聆听阶段后，接下来再进行倾听，就要好好把握乐曲中的构成情况，认真体会乐器演奏和爱情故事的节奏配合，总体感受乐曲和故事之美。

1. 相爱部分

(1) 在轻柔的弦乐颤音背景上，长笛吹出了优美动人的鸟鸣般的华彩旋律，接着，双簧管以柔和抒情的引子，展示出一幅风和日丽、春光明媚、草桥畔桃红柳绿、百花盛开的画面。

(2) 主部：独奏小提琴从柔和朴素的声响开始，在明朗的高音区富于韵味地奏出了诗意的爱情主题。然后转入浑厚的音色，接下来，乐曲转入大提琴以潇洒的音调与独奏小提琴形成对答，仿佛山伯与英台的交流。后乐队全奏爱情主题，充分揭示了梁祝真挚、纯洁的友谊及相互爱慕之情。

(3) 副部：在独奏小提琴的自由华彩的连接乐段后，乐曲进入了副部。这个由越剧过门变化来的主题，由独奏小提琴奏出，与爱情主题形成鲜明的对比。

第一插部富于变化，由木管弦乐与独奏小提琴相互模仿而成。第二插部更轻松活泼，

独奏小提琴模仿古筝、竖琴与弦乐模仿琵琶的演奏，作者巧妙地吸取了中国民族乐器的演奏技巧来丰富交响乐的表现力。这段音乐以轻松的节奏、跳动的旋律、活泼的情绪生动地描绘了梁祝三载同窗、共读共玩、追逐嬉戏的情景。它与柔和抒情的爱情主题一起从不同角度反映了梁祝友情与学习生活的两个侧面。

(4) 结束部，由爱情主题发展而来，抒情而徐缓，已变成断断续续的音调，表现了祝英台有口难言、欲言又止的感情。而在弦乐颤音背景上出现的山伯与英台对答，清淡的和声与配器，出色地描写了十八相送、长亭惜别、恋恋不舍的画面。真是“三载同窗情似海，山伯难舍祝英台”。

2. 抗婚部分

突然，音乐转为低沉阴暗。阴森可怕的大锣与定音鼓、惊惶不安的小提琴，把我们带到这场悲剧性的斗争中。

(1) 铜管以严峻的节奏、阴沉的音调，奏出了封建势力凶暴残酷的主题。独奏小提琴以戏曲散板的节奏，叙述了英台的悲痛与惊惶。接着乐队以强烈的快板全奏，衬托小提琴果断的反抗音调，它成功地刻画了英台誓死不屈的反抗精神。其后，上面两种音调形成了矛盾对立的两个方面，它们在不同的调性上不断出现，最后达到一个斗争高潮——强烈的抗婚场面。当乐队全奏的时候，似乎充满了对幸福生活的向往与憧憬，但现实给予的回答却是由铜管代表的封建势力的重压。

(2) 楼台瞬间相会，展现出缠绵悱恻的音调，如泣如诉；小提琴与大提琴的对答，时分时合，把梁祝相互倾诉爱慕之情的情景，表现得淋漓尽致。

(3) 哭灵控诉：音乐急转直下，弦乐快速的切分节奏，激昂而果断，独奏的散板与乐队齐奏的快板交替出现。这里加了板鼓，变化运用了京剧的手法，深刻地表现了英台在坟前对封建礼教血泪控诉的情景。这里，小提琴吸取了民族乐器的演奏手法，和声、配器及整个处理上更多运用了戏曲的表现手法，将英台形象与悲伤的心情刻画得非常深刻。她时而呼天嚎地，悲痛欲绝，时而低回婉转，泣不成声。当乐曲发展到改变节拍时，英台以年轻的生命，向苍天做了最后的控诉。接着锣鼓齐鸣，英台纵身投坟，乐曲达到最高潮。

3. 化蝶部分

长笛以美妙的华彩旋律，结合竖琴的级进滑奏，把人们带到了神仙的境界。在加弱音器的弦乐背景上，第一小提琴与独奏小提琴先后加弱音器重新奏出了那使人难忘的爱情主题。然后，色彩性的钢琴在高音区轻柔地演奏五声音阶的起伏的音型，并多次移调，仿佛梁祝在天上翩翩起舞，歌唱他们忠贞不渝的爱情。“碧草青青花盛开，彩蝶双双人徘徊，千古传颂深深爱，山伯永恋祝英台。同窗共读整三载，促膝并肩两无猜，十八相送情切切，谁知一别在楼台。楼台一别恨如海，泪染双翅身化彩蝶，翩翩花丛来，历尽磨难真情在，天长地久不分开。”

(四) 潜心品味——悉心理解时代内涵，在想象中深化其美感

这个阶段是听后的理性思索阶段，悉心理解时代内涵，在想象中深化其美感。审美者会在听后不断发问：为何这样的悲剧爱情成为中国人不变的“梁祝情结”？为何又以神仙之力将悲剧演化出神奇完美的结局？中国人的爱情观到底是怎么样的？对自己、对历史、对时代发问后，审美者就可以借助审美想象驰骋纵横。眼前闪现出无数个梁山伯与祝英台、刘兰芝与焦仲卿、白娘子和许仙、崔莺莺和张生、牛郎与织女交织在一起……产生前所未有

的伤感，甚至落泪。但同时又顿生愤慨，感悟到中国历史现实中的苦命鸳鸯不胜枚举，到底是什么造成这样的爱情悲剧，当然是鲁迅所言的“中国的吃人的礼教和制度”。中国古人也具有最淳朴的人性，同样渴望美妙的爱情，但因为“非礼勿视，非礼勿听”等传统思想的限制，将爱情与孝悌、礼义相结合。所以中国人依据传统的父母之命、媒妁之言确定婚姻，在某种程度上是先结婚再恋爱的，往往因不合己意，而失望、痛苦，没有爱情可言。中国几千年来的婚姻礼俗严重地束缚了中国人的人性，但是，人们追求自由恋爱的愿望一直也没有磨灭。在中国古代，追求自由恋爱的故事和传说很多，但悲剧也很多。尽管挫折多多，但期冀依然，追求依旧，甚至从来也没有放弃过行动。而这也正成就了中国传统的爱情故事的残缺美、悲壮美。在严酷的礼教面前，中国古人往往无力抗争，最后只得寄希望于神灵的力量，希望它帮助有情人终成眷属，或幻作蝴蝶，或鹊桥相会……这些正是这部传世之作、震惊中外的中国民乐产生的历史必然基础。而认真聆听、细细品味后，又生发出：《梁祝》不仅仅是描述了梁山伯与祝英台二人单纯的爱情故事，而且在辗转变化的乐音中，抒发了无数中国古人乃至今人的心声。用清新明丽的声音诉说着爱情理想，用缠绵柔和的语言表现着含蓄委婉，用激昂沉郁的声响宣泄着压抑已久的情感，用仙乐悠悠描绘出神奇的理想。愤慨之后，又归于平静，深刻领悟到音乐的妙处：音乐因情而生，情感因为音乐的渲染而更加浓烈。

（五）三次聆听——结合自身审美情感，在聆听中升华其精神

这个阶段是第三次进行聆听的阶段，有了前两次的聆听和搜集材料以及潜心品味的基础，第三次聆听将得到较高的审美体验和感受。这是一个边聆听边思考的阶段，有了前几次的欣赏审美作为铺垫，审美者在梁祝优美的音乐背景中，充分利用“心”这个审美器官，心情随着优美的节奏而变化，感受随着乐曲的转变而升华，心随乐走，情随乐生，感因乐妙。曲调虽然有时悲切，却不失优美；故事虽然残缺，却亦有完美；中国传统的礼教虽然禁锢人的思想，却也造就了无数艺术作品的璀璨；中国传统的礼教虽然吃人，但却成就了中国人独特的爱情观：细腻而又粗犷，含蓄而又热烈，使得中国人更重视爱情的精神享受，不囿于肉体的感觉，因此，“相思”成为中国人对爱情追求中主要的感情体现，相思亦苦，不得相见，牵肠挂肚；相思亦乐，朦胧完美，无限憧憬。在第三次聆听之时，审美者会发现，这时的审美感觉已无痛苦之感、悲伤之情，不再受历史现实的禁锢，有的只是对涤荡心胸的音乐产生的强烈的喜悦，感慨中国人传统爱情的纯真，体验一种超尘脱俗的纯粹美感。

（六）静心回味——审视现代人的情感，找寻传统的精神家园

这个阶段是不听的阶段，是凝神静思、潜心品味的艺术审美阶段。关掉音乐，放起书本。寻个无人的去处，或是自己塑造出一个无人的境界，闭目而思。耳边仿佛响起《梁祝》的曲子，随着心灵的节奏而慢慢释放，乐曲一点一点地在心中演奏出来。或幻化出自己的爱情故事，或联想起现代人的爱情故事，用心来演奏自己心中的《梁祝》。比照古代传统的爱情观，深感现代人的爱情竟有如此浅薄的一面。古人为追求真正的爱情奋不顾身，勇于献身的精神虽有不珍惜生命、不负责任的一面，但比照某些现代人情感的开放、多变似乎要完美得多。现代人对于爱情，强调功利，多于纯真；强调物欲，多于精神。今人能够吸取古人和现代人的爱情悲剧的教训是进步的，但今人过于强调功利和物欲，讲究感情的宣泄、直白，则又是矫枉过正的。而这种矫枉过正不能不说是在某种程度上，受到西方情感开放的影响，也不可否认的是中国的现代青年有着较为浮躁的一面：学习浮躁，追求快餐文化；做

人浮躁，追求急功近利，当然追求爱情亦然。

审美者在心中演奏出的音乐声中，不断回味揣摩中国人的含蓄而热烈的传统情感，方知中国人的情感才是最符合中国人自己的心灵的情感。“只有民族的才是世界的”，思想情感也是一样的。细细想来，赤裸裸的情感的宣泄，毫无节制可言；赤裸裸的自私的占有，毫无美丽可言，那只能是动物的“情感”而已。所以，终于明白《梁祝》不再仅仅是中国的，更是世界的、全人类的。无论中国外国，无论西方东方，实际上，美好的爱情都应该以良好的道德为基础，有了道德的尺度，有了道德的标准，爱才是人类的爱，情才是美好的情。

（七）重新聆听——宠辱皆忘重新聆听，得到更高的审美体验

这是一个较高的审美体验阶段，并非每个人都可以达到。但随着审美者审美品位的提高、审美经验的积累、道德素质的提升，也是可以达到“宠辱皆忘重新聆听，得到更高的审美体验”的阶段的。这个阶段实质上就是天人合一的阶段。而这个阶段要想达到最终的艺术审美境界，需反复聆听。

听既是听，又不是听，想是在想，又好像没有想。人世间的一切情感皆忘，所有一切都如烟似云，而人最终将归于尘埃，爱也好、不爱也好，苦也好、乐也好，一切都将随着有形的生命的消逝而消逝。什么才是永恒的情感？什么才是永恒的留存？顿时让审美者陷入哲学思考的痛苦之中。如果只陷在痛苦中，是不可能达到最高的审美体验的。唯有超越痛苦，得到前所未有的快乐，才可得到真正超脱的美感。如何超越这种痛苦？唯其把自己重新融于宇宙之中，融入全人类之中进行审视：肉体虽死，精神永存，肉体虽亡，情感依旧。因此，培养完善的性情、开创造福人类的事业，才是人类最终的归宿，才可以最终成就完美。

【实训提示】

1. 实地模拟体验：教师可以利用当地的艺术主题资源，让学生进行实地体验。

2. 仿真模拟体验：教师可以利用相关或相近的影像资料，在实训室中，让同学们进行模拟体验。

【实训要点】

1. 教师根据书中讲述的关于艺术美的审美模式，让学生多读一些相关的艺术美的审美体会书籍或文章，使其较多地积累艺术美的间接审美经验。

2. 模拟体验开始之初，教师要引导学生搜集该艺术美的相关历史资料，让学生对该艺术美的创作历史背景和文化内涵进行充分的了解和掌握。

3. 模拟体验过程中，教师提供给学生一种较好的艺术审美方式，要求学生充分调动审美生理器官——眼、耳、鼻、手等，并进行反复的观赏、思考，仔细琢磨品味。要求学生进行多次的观赏和品味，以不同的审美心理进行艺术审美。

4. 模拟体验过程中，利用审美联想、审美理解和审美情感，让学生充分领悟到艺术美的真谛。

5. 模拟体验过程中，要求学生根据自己的审美情趣，充分发挥创造性的想象，用审美心理重新创造出新的艺术形象来。

6. 模拟体验结束后，教师要求学生对该艺术美的欣赏进行总结，并要求学生畅谈自身的审美体验，并让学生学会了解自身和身边同学的审美个性，并书写该艺术美审美论文。

本章小结

本章重点概念是：艺术美、艺术美的基本审美模式；本章讲述的主要内容是：通过对不同种类的艺术美展开阐述，突出了不同艺术美的不同审美特征；同时结合艺术审美旅游者的心理，挖掘出艺术美的审美特点。

检　测

一、复习思考题

1. 达·芬奇的《蒙娜丽莎的微笑》尽人皆知，请根据本章所讲授的艺术审美的审美模式，创造性地审视《蒙娜丽莎的微笑》之美。

2. 试谈怎样理解艺术审美的再创造。

3. 在欣赏书法艺术作品时，旅游者应该怎样审美才可以领会书法艺术的美？

二、实训题

选择当地的一处艺术景观或一种艺术形式，根据本章讲述的艺术美审美模式的理论知识进行实地审美体验，请同学们畅谈艺术审美过程中的体验。

阶段性综合实训2：一次实地旅游活动的实际审美体验和思考训练

【实训目的】

通过本阶段的综合实训，让学生们了解自己作为旅游者时，在实际审美过程中，对自然景观、社会景观和艺术景观的认识，并对自然审美、社会审美和艺术审美的基本模式的构成做到很好的了解、把握和运用。然后，让学生们以一个旅游从业人员的角色或一个旅游活动研究者的角色，去思考如何更好地引导旅游者的审美心理，才能使旅游者获得最大的审美体验。并为旅游景区景点的审美创造提出相应的建议。

【实训程序】

1. 教师选择一个合适的旅游目的地，组织学生进行一次实地的旅游活动。

2. 教师要熟悉此次旅游活动中涉及的全部的自然景观、社会景观和艺术景观。

3. 教师要求学生根据本阶段对于自然审美、社会审美和艺术审美的模式的基本原理，到景点以实际旅游者的身份对旅游景点进行体会，记录自己的审美感受和体验。

4. 教师将学生分成小组，组织学生在旅游景区或景点进行对现场游客的随机调查和了解，并记录其审美感受和体验。

5. 教师要求学生选择较为适合的旅游者，将本阶段旅游审美模式中的一些较简单的技巧教予旅游者，让其运用这些方法去实地对景点进行再次审美，或是新的审美，及时得到旅游者的反馈。

6. 教师要求学生将自己作为旅游者和实地旅游者的审美感受进行总结，从旅游者实际的审美心理出发，书写引导旅游者审美的可行性方案。

【实训提示】

在教师组织学生进行实地旅游活动时，必须做好充分的准备，否则就不会得到良好的实训效果。

1. 知识准备：将学生分成小组，进行对本阶段知识的回忆、复习。教师抽查每个小组中的一个学生对于本阶段知识的把握情况，做到心中有数，不合格的继续要求其进行对知识的复习，教师并要做到耐心指导，甚至要再次为不合格的学生讲述本阶段的知识，或是引导学生根据笔记进行自学，以使学生对全部知识和原理做到掌握和理解。

2. 心理准备：要求学生做好角色转换的心理准备，到了旅游景点首先转变成旅游者的角色，然后是旅游调查时要转变成旅游调查者的角色，最后是转换成旅游研究者的角色。

3. 技能准备：教师要教授学生与旅游者进行交谈的基本技巧，包括访谈语言的言辞的设计，对于访谈内容的设计。教师可以在实训室中，让学生分组模拟演练调查和访谈的场景，教师对其进行指导和引导，并要求学生能够做到熟练地运用，以便在实际景点中，对旅游者的审美调查做到有序、有法和有效。

4. 物品准备

(1) 如果有必要作相关的审美调查问卷，应事先由各实训小组进行设计，由老师认可通过，并复印恰当的份数，不宜过多。

（2）学生每人要携带好进行实训所需的教材、笔记本和笔。

（3）学生每日要携带好旅游时必备的生活必需品，尤其是旅游中常见疾病的药品等，因为是大型的外出活动，所以，教师除了要很好地把握学生校外授课的环节，更重要的是要注意学生的安全和饮食的卫生等生活细节，否则，不仅影响了正常的教学和实训效果，还可能会产生其他不必要的麻烦。

5. 组织准备

（1）教师将学生分成若干小组，选出负责任的、有感召力的同学作为生活组长，实施对实训小组同学生活上的组织和管理，并配合小组中学习组长的实训组织和训练工作。

（2）教师选择恰当的旅行社，或指导学生中善于外联、熟悉旅行社业务的同学与旅行社商谈学生出行和授课的相关事宜，教师要帮助和指导学生，为旅游实训做好充分的准备。

【实训要点】

1. 复习本阶段知识和原理要做到全部掌握，运用自如。
2. 做实际的旅游者进行审美要投入认真。
3. 对旅游者进行实际访谈要适时、适度、适法。
4. 分析总结研究要客观。

【实训考核】

教师要在学生实训过程中，实施对各小组学生的考核：

（1）抽查每个小组一名学生对本阶段知识和原理掌握情况，作为该组的知识考核的一项成绩，进行打分，占10分。

（2）检查每个小组学生对心理和技能的准备情况，尤其是与旅游者进行交谈的技巧，请每个小组同学进行模拟演练与旅游者的交谈，进行打分，占10分。

（3）教师检查各小组的组织准备情况，了解生活小组长和学习小组长的配合与能力情况，并结合实际旅游活动中学生的组织纪律情况，进行综合打分，共占10分。

（4）教师在旅游活动中实施总体的检查和监督的职能，对各小组学生的实际旅游活动情况进行打分，访谈效果：10分，学生模拟旅游者体会：10分，共计20分。

（5）旅游活动结束，要求每个小组的学生上交一份此次活动的体会报告，占30分；要求学生对报告能够熟练掌握，讲述清晰明了，教师抽查每个小组一个同学对该小组的调查报告进行总体阐述，时间不少于10分钟，占20分，共计50分。

项目六 旅游服务的审美认知

学习目标

◎ 了解　旅游者的审美需求分类
◎ 理解　旅游服务中旅游者审美心理的控制
◎ 掌握　旅游服务中审美诸要素的展示
◎ 应用　旅游服务中的审美创新

本章导读

本章讲述的是旅游服务的审美心理影响。第一节讲述了旅游服务中审美要素的展示；第二节在研究审美要素的基础上，讲述了在旅游服务中，如何更好地控制不同类型旅游者的审美心理；第三节是在前两节的理论与实践阐述的基础上的升华，讲述了旅游服务的创新与审美。

模块一　旅游服务审美要素的展示

引导案例

海南呀诺达雨林文化旅游区位于三亚市郊35公里处，是中国唯一地处北纬18度的热带雨林，是海南岛五大热带雨林精品的浓缩，堪称中国钻石级雨林景区，是海南省第三个国家5A级景区，是海南旅游发展新的历史时期的标志和象征。

该企业拥有系统的企业文化，景区充分以天然形胜和热带雨林景观为主体基础景观，融汇"热带雨林文化、黎峒文化、南药文化、生肖文化"等优秀文化理念于一体，构建一个以"原始绿色生态"为主格调的高档次、高品位、高质量的大型生态文化旅游主题旅游景区。"呀诺达"是形声词，在海南本土方言中表示一、二、三。景区赋予它新的内涵，"呀"表示创新，"诺"表示承诺，"达"表示践行，同时"呀诺达"又被意为欢迎、你好，表示友好和祝福。该企业以其独特的资源、厚重的文化、优质的服务，吸引了诸多国内外旅游者，并成为电影《Hole住爱》的重要拍摄地。董事长张涛先生2012年获得国家五一劳动奖章。此案例告诉我们：一个旅游企业的经营要靠服务质量，而服务质量离不开服务中审美要素的全方位的展示。

从旅游审美活动的角度看，旅游过程中处处都是旅游者审美的对象，因此，旅游服务的美与不美，必然是旅游者审美的一个重要的方面。从旅游服务角度看，怎样更好地满足旅游者的审美需求，是旅游服务的核心工作，除了要掌握基本的旅游服务美的塑造技巧外，还要认真将旅游者的审美心理归类分析，对症下药，才可药到病除，才会使旅游者充分感受服务美感，乘兴而来，满意而归。

在旅游服务中，审美要素的展示是全方位、多角度的，既有服务者外在的审美要素，又有内在的审美要素，它应该包括服务语言审美要素、服务形体审美要素、服务者的思想道德品质等多方面的审美要素。在众多的旅游审美要素的展示中，心灵美是核心，是旅游者审美需求得到满足的关键。因为，只有旅游服务人员的心灵美展示得好，才有可能更好地做到仪态美、语言美。仪态美、语言美的展示反映了心灵美，是心灵美的外在体现，没有美好的心灵，就没有真正美的仪态、真正美的语言。环境美是满足旅游者审美需求的基础，没有良好的优美的环境，旅游服务人员的形象再好，心灵再美也无从谈起。归纳起来可以从以下几个方面进行阐释。

工作任务一　环境美的展示

对旅游服务企业而言，环境美看似与旅游服务的审美心理无关，但实质上，却是有着密切的联系的。旅游者来到异国他乡，想要得到一种放松、休闲和愉快，因此，在心理上期待所到之处的环境都是美的，不仅仅是旅游景区要美，入住酒店的环境要美，进行旅游商品购物的商店环境要美，满足餐饮需求的饭店环境也要美等等。

这种环境美的展示要求：

1. 环境幽雅

无论是何种品位的服务企业，如果环境不幽雅，都会给旅游者带来不好的感觉，影响旅游者对其他审美要素的展示的体会。

2. 环境和谐

旅游服务环境应该与旅游接待人员的工作服饰彼此协调。首先，是旅游服务环境应与旅游服务人员服装的风格和谐，例如，旅游接待人员身着民族服装，而旅游酒店的接待环境却是极其豪华和欧化的，让来享受休闲娱乐之美的旅游者会感到拘束和压抑，不仅不会产生美感，反而会觉得不伦不类，心生厌恶之感。其次，是旅游服务环境应与旅游服务人员服装颜色和谐，一般而言，旅游服务环境和旅游服务人员服装颜色，应该形成柔和、明朗、整洁的视觉美感。和谐之感，可以缓解旅游者疲劳和紧张情绪，增加旅游服务的美感，有助于其他审美要素的展示。

工作任务二　仪容美的展示

仪容美的展示包括容貌美、体型美、头饰美、服装美、风度美等几个方面，是旅游服务审美要素中的“无声语言”美的展示。就中国本土的旅游服务人员而言，总体来说仪态美要遵循含蓄为美的原则、和谐为美的原则、个性与共性的原则。

1. 对于容貌美展示的要求

五官端正，与头部配合协调，一般女性服务人员要求化淡妆，以达到扬美抑丑的审美效果。总体而言，对于面部容貌美的修饰要以淡雅为主，可以根据自身的特点选择粉底，略施一些，以弥补面部皮肤的颜色缺陷，略施彩妆，可以用胭脂刷将浅色的胭脂粉轻轻扫在两颊处，以显示青春的活力，增加脸颊的立体感，也可以加一些浅色眼影增加眼睛的亮度，最好不要用黑色、蓝色等深色眼影，也不可涂抹太多，避免因服务中流汗而使妆容脱落，破坏美感。

2. 对于体型美展示的要求

骨骼发育正常，关节不凸显粗大，肌肉发达均匀，皮下脂肪适度，双肩对称（女性双肩圆润、男性双肩宽阔），脊柱正视垂直，侧视弯曲度正常，胸部隆起，男性略呈V型，女性乳部丰满而不下垂，侧视有明显的曲线，腰细而结实，呈圆柱形，臀部圆满适度，腿部要长，曲线柔和，足弓要高，脚位要正；男性的手浑厚有力，女性的手纤巧结实。

3. 对于头饰美展示的要求

发型在一定程度上而言，属于实用造型艺术，是体现人的审美需求和性格品位的直观形式，是自然美和修饰美的有机结合，同时也折射出人们的物质与文化生活水平以及时代的精神风貌。良好的发型会使旅游服务人员看上去更显出众，增添美感。英国美学家荷加斯认为，发型"能使整个人的美有一定程度的增进，这要看他们安排得是否合乎艺术的规则。"一般来说，整洁、自然符合旅游服务人员的脸型、体型和服饰的头发是最美的。在日常生活中，人们常追求发式的个性化，寻求新奇，但在旅游服务中它要求旅游服务人员的头饰尽量统一、整洁、利落和自然，并和工装形成和谐搭配。例如，旅游服务人员身着唐装，头发就必须是挽起的盘头；旅游服务人员身穿运动装，头发就最好是自然、蓬松和利落的"短碎"或"中碎"的发式。如果身着唐装而修剪成现代的"短碎"，身穿运动装而梳起盘头，都是不伦不类的。

4. 对于服饰美展示的要求

中国的俗话说："人靠衣装，马靠鞍""三分长相，七分打扮"，都说明了服装修饰作用的重要性。服饰美不仅要反映出人的品格和审美情趣，给人以美感，而且更重要的是对人体起到一定"扬美"和"抑丑"的功能。对服饰加以科学而巧妙地应用，就会使其与人体构成和谐的美。在旅游服务人员的服饰的选择上也同样遵循和谐为美、个性与共性相结合的原则。一般而言，不同的部门服饰是不同的，同一部门服务人员的服饰是一致的，而各个部门之间的服饰又并非孤立的，都是互相融合的，共同构成了和谐之美。在服饰的共性上，一般旅游服务机构做得相当充分，但就个性化的服务服饰而言，各旅游服务机构还略有欠缺。

工作任务三 风度美的展示

对于风度美展示的要求：风度美是人的行为举止的综合产物，是旅游服务审美要素中的无声语言。我们通常所说的人的"风采"、"风姿"基本上就是风度的具体表现。对风度美的欣赏不仅是旅游者的需求，更是人类的共性。对于旅游服务人员而言，应该拥有自己的职业风度和在共性风度下的个人风度。总体而言，旅游服务人员的风度美应该始终遵循的美的展示原则是：把最自然的、最和谐的一面展示给旅游者，以满足旅游者的服务审美需求。一般来说，对风度美展示的要求包括：

1. 表情要展示出自然和善

表情美展示的自然和善也属于人风度美的一个方面，而表情美的核心就是"微笑服务"。在旅游接待服务中，服务人员脸上自然柔和的微笑是使旅游者消除疲劳、缓解压力、放松心境的一种最重要的方式。著名的国际酒店希尔顿饭店总公司董事长康纳·希尔顿深知微笑服务的表情美的妙处，视其为治店的法宝。今天微笑服务被酒店服务界奉为法宝。不仅是酒店服务界，景区和旅行社服务界同样也必须塑造以微笑服务为核心的表情美。

微笑的种类很多，在旅游服务中，要展示的微笑是自然和善的微笑，而不是妩媚的微笑、轻蔑的微笑、忧郁的微笑、痴呆的微笑、难以捉摸的微笑等。在旅游服务表情中的微笑主要是自然和善的微笑，根据不同的服务工作和服务对象，可以适当变换这种微笑，有时是明朗甜美的微笑，有时是温馨柔和的微笑。例如对导游服务而言，当旅游者出现了不良的举动，影响了景区景点的卫生清洁，除了委婉的环保生态教育的语言外，其表情美的展示，可以是嗔怪善意的微笑；当导游为了提高将要观赏的景观的新奇度和吸引力，而在导游技巧中采用引起悬念的方法，在表情上可以辅以故作神秘的微笑。

2. 手势要展示出自然适度

除了坐态、站态和步态外，旅游服务审美要素还应该注意手势动作。优美的手势可以增添服务美感，反之，粗俗的手势则影响服务质量。旅游服务人员的手势不可没有或呆板。要做到舒缓优雅，自然潇洒，不可过多，否则令人生厌。

3. 步态要展示出自然轻巧

培根说："论起美来，状貌之美胜于颜色之美，而适宜并优雅的动作之美，又胜于状貌之美。"从容稳健、轻盈自然的行走姿态是旅游服务人员在步态美上展示的要求。如果旅游服务人员看起来很美，笑起来很美，可就是走起路来不美，也是不和谐的表现。作为旅游服务人员而言，步态美的展示多于表情美、坐态美和站态美的展示。为了服务到位，旅游服务人员的步态运用的最多，因此，要特别注意训练自身的步态美。

4. 站态要展示出自然稳定

在旅游服务中，要求旅游服务人员两脚叉开，不超过肩的距离，腰应该自然挺起。既不可过分呆板，站得笔直，又不可摇头晃脑。

5. 坐态要展示出自然端庄

在旅游接待服务中，大多数情况都是以步态和站态为主的，但对于导游员、讲解员或翻译而言，有时要求进行坐式的服务，所以，就相应地需要在坐态上展示出美感来，例如座谈游览计划时、与旅游者休息而坐时、共同进餐时。入座要先客后己，彬彬有礼，轻缓自然，离席时切忌猛坐猛起，弓背哈腰，或半躺半坐。总体而言，要求旅游服务人员将端庄大方和自然舒适的美感展示出来。

工作任务四　语言美的展示

语言美作为有声语言在旅游服务中，对美的展示起到极大的作用。语言美包括语言要素的美：声调美和言辞美。声调是指说话时发出的声音和语调，声调美要求旅游服务人员发音清晰流畅，吐字清楚，音调柔和；言辞指的是语言的表达内容，要求内容上的服务指向性较强，言辞不粗俗，不做作，随和自然，又不失礼貌。在旅游服务中讲求特色服务，在语言美的展示上也同样存在地域上语言的差异。因此，在旅游服务中不一定要求所有的服务人员都是一口标准的普通话，各地方言只要吐字清晰，表达完整，有时比普通话的语言效果还要好。旅游者到各地旅游就是要感受各地的特色，如果所到之处都是一口标准的普通话，那就显得很单调。如果每到一处，都可以尽享当地方言的特色，那么，这样的旅游服务应该是旅游者的一次美妙的经历。除了要体现地方的语言特色外，在语言美上还应该注意塑造旅游服务人员的个性化服务语言，当然，这里所讲的个性化应该是建立在旅游企业要求的统一的专业服务的语言的共性基础上的。例如在承德避暑山庄有一位优秀导游，他的导游语言就很有特色，不同于一般的导游，像说评书一样的，反而收到了意想不到的效果。

工作任务五　心灵美的展示

心灵美是旅游服务审美要素中的核心，心灵美是深层次的美。只有在旅游服务中做到表里如一的内外综合美，才是完整的美。心灵美是其他美的依托，是人的思想、情感、意志、道德和行为之美的综合表现。旅游服务心灵美的核心是善。孔子奉行"文质彬彬"的谦谦君子之美，而且要做到"尽善尽美"，要"成人之美，不成人之恶"，就是一种心灵的善之美。孔子还提出衡量君子的尺度有"五美"之说——"君子惠而不费，劳而无怨，欲而不贪，泰而不骄，威而不猛"，这五美是以"中和"为基本原则的五种仁善行为。就善而言，不仅是社会生活中形成良好的人际关系的标准，更是做人的道德行为规范。

旅游服务人员在旅游服务中更应该以心灵美为核心，处处体现出"善"来。旅游服务人员要想真正做到心灵美，必须要从思想道德上真正提高自己的人生观、价值观和社会观。当然，在旅游服务人员心灵美的塑造和展示上，除了从根本上提升心灵美外，也要注意从日常的外在行为中帮助旅游服务人员养成良好的习惯。这样，久而久之，旅游服务人员的服务不仅能够充分满足旅游者的审美需求，而且可以极大地提高服务质量。

在心灵美的塑造和展示上，旅游服务人员还应该注意避免重外轻内和重内轻外的偏见。只有将心灵美、仪容美、风度美、语言美完美结合起来的美才是最和谐的美，也才是最能够满足旅游者服务审美需求的美。

模块二　旅游服务审美心理的适应控制

引导案例

在接待一个旅行团时，导游发现该团的旅游者多为文化水平较高的研究人员，因此产生畏缩心理。面对面露难色的导游，旅行社经理根据自己的带团经验和对该类旅游者的心理的分析，帮助该导游出谋划策。在经理的帮助下，该导游顺利完成带团任务，并得到旅游者的一致好评。通过以上案例，我们发现，在旅游活动中，虽然旅游者的目的是去审美旅游客体，但是，旅游过程中的旅游企业的接待服务、餐饮服务和导游服务的质量都会在不同程度上影响到旅游者的审美心理。旅游服务的美与不美则是影响和制约旅游服务质量的一个重要层面。

根据旅游者的审美需求的不同，我们可以将旅游者分为：求知类旅游者、抒情类旅游者、体验类旅游者、休闲类旅游者。

工作任务一　求知类审美心理的适应与控制

求知类的旅游者，是知识水平较高的群体，我们可以视其为审美心理较为理智的旅游者，例如教师、研究人员、科学工作者、公务员等等。他们常常具备的审美心理特征是对于社会美和艺术美的审美具有浓厚兴趣，对一切旅游活动中的美都想探知究竟，喜欢发问，对审美对象的层次和水平要求较高，因此，对旅游服务审美的要求也就相对高一些。

针对这类的审美心理较难控制的特点，在对其审美心理进行适应和控制时，应该做到：

1. 用专业化的服务，满足求知欲

旅游服务人员要学会在日常的旅游服务中不断积累经验，要认真投入地为其服务。有时面对这类旅游者，旅游服务人员要充当专家的角色，才可以更好地满足旅游者的审美心理。

2. 用高雅的环境之美，吸引旅游者

这类的旅游者对于环境的要求往往是较苛刻的，因为，他们知识文化水平较高，审美层次也就相应的高一些，有些甚至是属于高雅一类旅游者。因此，要想令这类旅游者的心理愉悦，对旅游服务满意，必须注意塑造良好高雅的服务环境。

3. 用有问必答的态度，打动旅游者

求知类的旅游者因为对一切都产生浓厚的兴趣，不清楚之处，自然会多多发问，因此，旅游服务人员要始终在态度上保持不厌其烦，做到有问必答，答而耐心。以此来打动这类旅游者。

4. 用适当赞美的语态，肯定旅游者

对于这类旅游者而言，懂得的知识较多，不仅善问，而且善说，以满足想得到他人尊重和显示自己文化知识水平的心理，因此，旅游服务人员要学会用语言适当地赞美，或用赞许的目光和手势来赞许对方。

5. 学会扮演学生角色，抬高旅游者

为了满足这类旅游者的求知欲和释放知识的心理，旅游服务人员有时甚至可以充当学生的角色，耐心听其讲解、教导，并配合以适度的点头、真诚地发问、谦虚的态度，以此抬高旅游者的身份和地位。

工作任务二　抒情类审美心理的适应与控制

这类旅游者是感情较为细腻的一类，如果说求知类的旅游者审美心理较为理性的话，那么，这类旅游者当属于较为感性的一类。例如高工作压力人群、故地重游的人群等等。这类旅游者的旅游活动往往为了抒发某种感情、释放某种情绪，有一种“感时花溅泪，恨别鸟惊心”的特点，对于一切旅游活动中的现象都十分在意，追求细节完美。对于这类旅游者的审美心理的控制可以从以下几个方面考虑。

1. 用整体和谐之美，影响旅游者

要求服务人员着装的和谐、环境的和谐、设施设备的和谐、氛围的休闲轻松等等。使旅游者接触到的一切有关服务的人、事和物都是和谐的。以和谐之美使旅游者紧张、激动的心理得到舒缓、放松，使其产生总体的轻松的感受，使其产生美感。

2. 用家庭般的温馨，打动旅游者

这类情绪较激动或是紧张的旅游者是最需要关怀的，情感细腻和敏感是他们的特征，因此，在旅游服务中强调为其营造如家的温馨，并为其提供无微不至的关怀。

3. 用细节的人性美，感染旅游者

在旅游服务中，更加强调旅游服务的人性化，更加注重细节服务的人性化。在旅游服务中无小事，一般旅游者尚且要做到细致入微，对于这类感情细腻的旅游者就更要特别注意这一点。例如，对于一个海外归来的华侨游客，应注重从“归乡”的角度，强化乡土“情结”。尤其是细节，比如特意在房间中放上一盆家乡的特色鲜花，或赠送一盘家乡特色的水果，或是特意安排同乡的服务人员来为其尽心服务，甚至可以与其进行热情沟通和交谈等等。有时这些看似很小的事，往往会收到良好的效果，甚至从心底打动旅游者。这样的服务才能更好地激发旅游者的特定情感，给旅游者带来美好情感经历。

4. 用温馨的语言美，融化旅游者

在语言表达上，对于这类旅游者要格外和善、温馨，“良言一句三冬暖，恶语伤人六月寒”说的就是这个道理。对于情绪紧张、精神脆弱的旅游者而言，就更需要用温馨的语言融化他们。在语调上，善于控制声调，声调不可太大，也不可太小，遵循适度的原则，保持柔和舒缓并富有节奏，善用家乡的动听悦耳、通俗易懂的方言，可以多一些与这类旅游者的语言沟通；在言辞上，善于运用和谐的语言内容，如果语调柔和，可说出的内容却是生硬的，也是不美、不协调的，因此，要充分调动口才要素，遵循指向性一致的原则，力求为旅游者带来亲切平易的美感。

工作任务三 体验类审美心理的适应与控制

体验类的旅游者，求知的欲望不强，情绪上也不是过于激动，在审美心理上，既不过于理性，也不过于感性，他们在旅游活动中没有明确的指向性，他们喜欢参与性的旅游活动，对于“吟风弄月”之类不特别感兴趣，也不喜欢去深究社会美或艺术美的内涵，多关注一些新奇有特色的东西。因此，对于这类旅游者要从旅游服务的趣味参与性和新奇特色上入手。

1. 用新奇特色之美，打动旅游者

在旅游服务中，要以新奇特色作为旅游服务的追求，仪容的塑造、语言的选择、环境的设置等等都要体现新奇和特色。例如，美国夏威夷休闲度假中的旅游服务以当地土著人的装束、土著人的草裙舞等等形成了旅游服务的特色美，吸引了众多游客，使得夏威夷成为名副其实的度假胜地。

2. 用趣味参与之美，吸引旅游者

体验类的旅游者是人类“玩”的天性体现的最为突出的一类旅游者，所以，除了用新奇特色打动他们外，将日常的服务安排得有趣味是非常重要的。世界著名的主题公园迪斯尼乐园的旅游服务就是一个典型的例子，服务人员模仿童话故事人物的穿着、服务语言的童话性等等，都强烈地吸引着这类旅游者投入参与到童话世界的天堂，尽情欢娱。

工作任务四 休闲类审美心理的适应与控制

休闲类的审美心理，是一类较为特殊的审美心理，这类心理往往出现在以休闲度假为主要特征的一些旅游者的身上，他们的主要旅游目的不是为了增长知识和见解，也不会刻意抒发感情，不苛求参与各种新奇的旅游活动，喜欢寻求僻静、悠闲的旅游目的地，或休闲于海滨度假的阳光中、海风里、沙滩上，或休闲于山野度假的森林中、花香里、溪水边。这类旅游者在审美情趣上侧重于“采菊东篱下，悠然见南山”的景物，审美体验层次较高，往往会在幽静淡然中融入到自然、社会或艺术中，达到天人合一的境地。对于这类旅游者，在旅游服务上是特殊的，在旅游服务的审美心理的适应和控制上也是独特的。

1. 用适度的服务空白，给旅游者以休闲的空间

对于这类旅游者，在旅游服务上一般要求不多，可以适当地多给该类型旅游者以休闲、自我享受的空间。如果说其他类型审美心理在旅游服务中要多一些美的要素展示的话，那么，这一类型的旅游者，就可以利用道家“无为”的思想指导旅游服务，少一些旅游服务美的展示，反而会使旅游者惬意。在绘画艺术上所讲的空白之美，即可运用到旅游服务审美当中，力求给旅游者更多自己的空间，用自己的思维去感受一切，享受一切。否则，服务过多，即使再美，也会令这些旅游者厌烦，反而没有了美感。

2. 以高文化内涵的服务，为旅游者营造美的天地

服务空白的营造，并不是不要服务。其实，在服务上要求得更高，不仅要确立“够用”的服务尺度，还要达到“超标”的服务标准。所以，以休闲度假为主的旅游企业尤其要关注如何将旅游服务的美展示给旅游者。首先，旅游企业管理者自身的观念是新的，旅游审美品位是高的。其次，能够挑选出合适的、有着一定审美品位的旅游服务人员，并对其进行审美品位、审美层次方面的培训，而这种培训和一般的培训又有所不同，更侧重于知识修养、文化底蕴上的培训。也可以称其为一种“无为”的培训，拥有了这种无为的服务原则，才会在旅游服务中产生“有为”甚至是“大为”的服务效果。唯其如此，才可以更好地把握、适应该类旅游者的审美心理。

【小思考】

分析休闲类旅游者的一般审美特征，并思考怎样才能更好地满足休闲类旅游者的审美服务需求？

模块三　旅游服务的审美创新

引导案例

素有“古城堡之邦”美誉的德国，根据自身特点，创新出“古堡旅游”这一产品。于是，许多德国人投资将许多古城堡重新修复，改建成旅馆、餐厅、娱乐场所，组织游人参观。参加古堡旅游的人可参观古堡的各个房间和地下室，并可以在此举行古典式宴会和婚礼等，使得国内外旅游者得到了新奇的服务体验。这个案例说明了旅游企业如果能够了解到旅游者的审美心理，创新出满足旅游者新奇需求的旅游产品，提供新奇的旅游服务，会提升旅游企业的服务质量。

人的天性有着求新、求奇和喜新厌旧的一面，旅游的本质是人们离开惯常环境到异地他乡去寻求某种体验的一种活动。到海滨去旅游，是为了体验海洋的自然和人文生活；到

沙漠去旅游，是为了体验沙漠的自然和人文生活；到历史文化名城去旅游，是为了体验前人创造遗留下来的人文环境；到现代都市去旅游，是为了体验现代的人文环境；到国外去旅游，是为了体验那里的异域风光、异国风情；到太空去旅游，是为了体验在太空的全新感受……美国两位著名学者约瑟夫·派恩和詹姆斯·吉尔姆指出了体验经济时代的来临。旅游经济就是人们去异地体验全过程的服务经济，而旅游服务的创新就在于如何让游客获得一个美好的体验。旅游者服务的创新，可以避免旅游者对现有的服务产生厌倦和疲劳，所以旅游服务能够根据旅游者的现状进行适时、适度的创新，而服务的创新是产生服务美的重要方面。新奇的服务会吸引旅游者，满足其求新、求奇的心理，从而增强旅游服务的美感。

一、探索新奇主题

对于任何一个旅游企业来说，要想创新服务，必须首先确立一个鲜明的新奇的主题。如果缺乏明确的主题，旅游者就抓不到新奇的主线，就不能很好地整合其所感觉到的体验，也就无法留下长久的美好记忆。“主题”是营造环境、创造氛围、吸引注意力、影响旅游者的心理感受，使其产生强烈美感的有效手段。它是在对旅游者的审美心理需求和欲望进行准确把握后产生的，是定位在旅游者心理上的。目前，我国不少旅游目的地缺乏个性与特色，或“翻版”其他旅游目的地的模式，在旅游服务中也是千人一面，没有自己的特色，或是一味照搬国外，或是杂烩拼凑、零杂散乱。因此，尽管在旅游服务上下的力气很大，但仍给旅游者一种千篇一律的感觉，并无太多美感可言。究其原因，在于规划者、建设者、经营者的头脑中缺乏统一的、渗透各方、鲜明独特的主题，或主题定位错位。主题的确定必须根植于本地的地脉、史脉与文脉，应根据主导客源市场的需求，凸显个性、特色与新奇，避免与周边邻近地区同类旅游目的地的雷同，最终才可以满足旅游者的求新求奇的心理需求，从而产生美感。

二、整合审美要素

在旅游服务创新中要重视旅游者的审美感官。在创新中要注意整合旅游者的各种审美感官的刺激，充分调动旅游者的参与性。体验的前提是参与，如果没有参与，仅仅是走马观花似的旁观，就得不到真正的体验。而且体验所涉及的感官越多，就愈容易成功，愈令人难忘。要想让旅游者参与，必须增强旅游服务的可进入性。旅游服务要通过对旅游者的感官产生强烈的刺激，更好地吸引旅游者进入体验状态，才能够得到最新奇的体验，得到最好的美感。当旅游者走进一家雨林主题咖啡厅时，首先听到“滋滋滋”的声音，然后看到迷雾从岩石中升起，皮肤会感觉到雾的柔软、冰凉，最后消费者可以闻到热带的气息，尝到鲜味，从而打动旅游者的心。因此，旅游服务供给者应该设计和提供尽可能参与性强、兴奋感强的活动与项目。另一方面，要提倡深度的体验旅游。旅游者既要身游又要心游，游前要了解旅游地的历史与环境，游中要善于交流，游后要咀嚼和琢磨，要动腿走，动嘴问，动脑想，动手记，把观察上升为心得，从经历中提炼体验，不断提高旅游素质。

三、创意纪念商品

旅游纪念品的创新与否，也会影响到旅游服务的美感。纪念品的价格虽然比起不具备纪念价值的相同产品来说要高出很多,但因为其具有回忆体验的价值,所以旅游者还是愿意购买。度假区的明信片会使人想起美丽的景色,绣着相关标志的运动帽会让人回忆起某一场球赛,印着时间和地点的热门演唱会运动衫则会让人回味观看演唱会的盛况……旅游纪念品可以深化并增强旅游服务的美感,从而给旅游企业带来更好的声誉。一个旅游目的地,如果只是食、住、行、游、娱等方面服务的出色,而不重视旅游纪念品的创新,会让旅游者的旅游体验产生极大的缺憾和不完整感。旅游纪念品是旅游者旅游活动中不可或缺的部分,旅游纪念品的审美是旅游服务审美中的一个重要组成部分,通过旅游纪念品这一实体承载着更多的民族的、文化的东西,同时在延续旅游服务美感中充当着重要的角色。

【小测试】

选择一旅游产品,试着为其设计旅游服务的审美创新。

实训:对抒情类旅游者服务的审美创新

【实训资料】

有一个来自台湾的旅游团队,到大陆来进行旅游观光,入住某酒店。该酒店的总经理得知后,对此非常重视,并针对这些台湾旅游者的接待、住宿、餐饮等服务进行了细致的部署。台湾旅游团队入住该酒店后,得到了前所未有的酒店服务,感动备至,回台湾后,依然念念不忘该酒店,写来热情洋溢的感谢信。

【实训内容】

(一)了解台湾旅游者对旅游服务的审美需求

要想为台湾旅游者提供优秀和创新的审美服务,首先就要对台湾人的审美心理和该团队旅游者的审美心理进行详细的了解、调查和研究。我们都知道台湾与大陆的历史渊源,同是华夏儿女,自然有着血脉相连的关系,几十年离别大陆,自然对大陆的一切都想感知,对一切都感兴趣。对曾经生活在大陆的老年的台湾旅游者来说,还未踏上大陆的土地其审美联想早已插上了翅膀,回到了当年、当时、当地。自然对大陆的美有一种独有的审美期待。同时,又受着关于大陆的发展和状况的种种说法和传闻的影响,因此,多半的台湾旅游者是心情复杂的、矛盾的,甚至是恐惧的。既想敞开心扉拥抱大陆,又害怕受到伤害。所以对于大多数的台湾旅游者而言,大多期望入住的酒店和旅游目的地一切温馨如家、一切随其所愿。所以,作为酒店的管理者和工作人员,要特别关注这样的人群,提供一般的服务是很难满足其要求抒情和寻求安全感的审美心理的,所以酒店的服务审美创新就显得格外重要了。

(二)及时召开接待旅游者工作部署的相关会议

在进行对台湾旅游者接待之前,要充分做好服务审美创新的部署工作,酒店接待旅游者是一系列的接待活动,不是哪个部门的事情,因此,要求服务审美创新必须由酒店高层的管理者亲自督导,进行接待活动策划。在接待策划方案中合理地安排各个部门对旅游者的服务审美创新。策划方案一经确定,就要召开酒店全体员工会议,进行工作部署,并要求各个部门的管理者根据策划的总体方案提出本部门的服务审美创新方案,并由酒店的高层管理者对其进行审定并通过。

（三）酒店形象的视觉创新

酒店的视觉形象是台湾旅游者一经接近酒店的“第一印象”，这第一印象非常重要。可以在酒店的外观尤其是门庭的周边及入口处都进行一系列的布置。首先要打上台湾旅游者喜欢的带有篆书的迎接条幅，例如“这里是您永远的家，欢迎台湾旅游者入住”；其次是对门庭入口的布置，可以以传统的中国式的装饰品来进行布置，例如，用中国节挂于门庭，把大红灯笼高挂于门庭前边的树木或建筑上，也可以布置各色彩灯渲染夜景，彩灯可以布置为“欢迎回家”的形状等等。

（四）前台接待的服务创新

前台接待是第一步的接待，包括门童、引领、前台服务员和大堂经理的服务。在着装上采用唐装，款式庄重大方，色彩以暖色调为主，体现出热情和温馨；在用语上可以适当地运用方言或闽南语，以示亲近，博得台湾旅游者的好感；在体态上，亲切而不失自然，热情而不失风度。

（五）住宿服务的服务创新

在住宿服务上也要进行服务审美创新，为迎接台湾客人，对客房的整理要体现创新，运用古典的中式铺床方式，可以布置当地的乡间野花，可以放置大陆重要省份、风景名胜的介绍卡片和图片，可以用卡片的形式提示电视节目的情况，亦可以“每天一个温馨问候”的卡片的形式，放置在梳妆台上。例如可以由客房服务员，每天进行个性化的设计，在统一的印有酒店字样的卡片上，手写温馨的文字，例如“房间已经为您打扫干净，送您一个温馨的家”。

（六）餐饮服务的服务创新

中国是饮食王国，拥有很多特色美食，这一点台湾旅游者是非常清楚的，因此在餐饮上也有着一定的审美期待，希望尽可能多地吃到一些特色的食品。为此，餐厅的管理者要亲自安排专门人员，以电话的形式，对台湾旅游者进行饮食爱好调查，请台湾客人提出要求，尽最大可能进行满足，奉上旅游者满意的美食。

（七）特别服务的服务创新

另外，还可以提供一些特殊的服务。例如，在台湾团队中，有到此寻亲的旅游者，就要特别关照，并主动地予以帮助，提供线索、提供寻找方式等等。如果该团客人中遇到生活难题，更要抓住机会，尽量帮助，关怀备至，体贴入微。

【实训提示】

1. 实地调查访谈：教师可以利用当地的旅游服务机构，带领学生自行进行调查和访谈，了解旅游服务机构旅游者的审美心理，并根据不同审美心理类型的旅游者进行服务创新，书写方案，进行实习演练。

2. 仿真模拟训练：如果没有相应的旅游服务机构的配合，可以在实训室中进行仿真模拟训练。

【实训要点】

1. 教师要讲述有关的调查和访谈的方法和技巧，以及书写策划方案的相关知识。

2. 要求学生分成几个小组，进行调查访谈，书写策划方案。

3. 与旅游服务机构建立联系，将优秀的服务创新方案推荐给旅游机构，请求由实习学生进行创新方案的实际操作，或是请求学生见习，旅游机构服务人员根据方案进行实地操作和效果分析。

本章小结

本章重点概念是旅游审美要素。原理的阐述主要涉及旅游服务创新。本章讲述的主要内容:首先对旅游服务中审美要素的展示进行了细致的阐述;然后针对不同旅游者的审美心理,讲述旅游服务中的适应和控制;最后,提出了旅游服务创新的概念和技巧。

检　　测

一、复习思考题

1. 旅游服务中,面对抒情类的旅游者该如何对其实施旅游服务?
2. 在旅游服务中,旅游从业人员该如何塑造自身完美的形象?即从哪些方面注意自身的美的塑造?
3. 试谈你如何理解旅游服务创新?

二、实训题

选择当地一酒店,根据本章所讲授的内容和实训案例,对其进行审美服务创新。

项目七 旅游接待服务的审美

学习目标

◎ 了解　旅游接待服务的种类
◎ 理解　旅游接待服务的审美制约
◎ 掌握　旅游接待服务的基本美学原则
◎ 应用　旅游接待服务的基本美学技巧

本章导读

本章的主要内容是旅游接待服务与审美。第一节讲述了旅游接待服务的种类；第二节在研究审美要素的基础上，讲述了在接待旅游服务中，如何更好地控制不同类型的旅游者的审美心理；第三节是在第二节的基础上阐释了接待服务中的基本美学原则；而第四节则是在基本美学原则指导下接待服务技巧的讲述。

模块一　旅游接待服务的种类

引导案例

广州的冯先生到杭州旅游，其旅游方式是自助游。冯先生自行坐飞机到了杭州，找到在网上了解到的杭州的一家旅行社前去咨询，但冯先生到了该旅行社咨询时，却有些失望，因为旅行社的服务不像网上描述得那么好。于是，冯先生没有在该旅行社购买产品，而径自到了一家酒店准备入住下来。酒店的服务接待非常到位，令冯先生很满意，并在酒店前台服务人员的帮助下，找到了一家租车公司，租到了满意的自驾车。到了杭州西湖风景区，冯先生陶醉了，景区的接待服务也很好。尽管景区内游人很多，天气炎热，景观冯先生也觉得司空见惯，但是，冯先生依然游兴不减，对景观赞不绝口。这个案例告诉我们：在旅游服务中，接待服务的种类有三，既包括酒店和景区的接待服务，也包括旅行社的接待服务。哪一个环节的接待服务做得不好都会影响到旅游者的审美心理。

在旅游接待服务中，主要包括酒店接待服务、景区接待服务和旅行社接待服务三个方面。

一、酒店接待服务

在酒店中的接待服务主要涉及迎宾接待、前台接待、客房服务接待、餐饮服务接待等。

酒店的接待服务美应该做到:①为旅游者营造一个整体环境的和谐轻松之美;②塑造出一种与酒店特色一致和谐的旅游服务人员的外在形象美;③体现出酒店服务人员的热情爽朗、细致入微、办事高效率的内在的心灵美。这样由整体的和谐到旅游服务人员的个体的协调,从旅游服务人员外在的和谐美到内在的心灵美,形成酒店接待服务美的特色:和谐、爽朗、热情、自然。

二、景区接待服务

在景区中的接待服务主要涉及售票服务、入门接待服务和投诉受理服务等。景区的接待服务美应该做到:①营造出一个与周围景物相一致的景区接待环境,例如,以民族风光为主的景区,其接待服务环境的塑造可以采用与周围景观协调的茅草屋等民族特色,作为售票处、入门接待处和投诉受理处的外观设计风格;②塑造出一种与景观相协调的旅游服务人员的外在形象美;③体现出景区服务人员的热情利落、简单明了的内在的心灵美,景区中的接待服务不可过多,较之于酒店中的接待服务少一些,因为旅游者主要享受的是景区的景观,切不可喧宾夺主,而影响了旅游者的审美心理,所以简单明了、热情利落是景区接待服务的宗旨,这样可以尽量少影响旅游者较为迫切的审美需求,确保旅游者的审美需求得到最大限度地满足。

三、旅行社接待服务

旅行社的接待服务主要涉及旅行社销售门市的日常接待、电话咨询接待等。为了消除不良的影响,旅行社本身除了规范自己的销售行为外,也要在旅行社的接待服务上认真研究和思考。在旅行社的日常接待中:①要注意接待人员着装得体规范;②要重视接待人员语言的随和动听。在旅行社的电话咨询接待中就应更加强调语言美,通过电话,以声调和言辞为主的接待语言是最主要的与准旅游者进行交流的要素。旅行社的接待服务虽然不多,但也是旅游接待服务中必不可少的一个部分,也可以说是旅游接待服务的基础服务,切不可忽略了旅行社的接待服务。旅行社的接待服务是旅游活动形成的根本,如果旅行社的接待服务不被旅游者认可,那么就根本谈不上酒店和景区的接待服务,旅游活动也就无法形成。这样看来,旅行社的接待服务是更重要的一个方面。由于旅行社直接面对市场,竞争压力较大,容易在旅游销售宣传上出现浮躁、粗俗等倾向,有的旅行社随意选择散发宣传单的销售人员,在散发传单的过程中,强行要求路人接受,引起人们的反感,严重影响了旅行社的形象,进而也严重影响到旅行社的服务工作,为旅行社的接待服务增加了难度。

模块二　旅游接待服务的审美制约

引导案例

几个自助游的旅游者预定了一个三星级的宾馆,坐了几个小时的飞机又坐了两个多小时的车,终于到达宾馆前台办理入住手续。宾馆前台漂亮端庄的接待人员,按照服务规程有礼貌地接待、问候,按部就班地登记,但是最后,不知什么原因其中的一个旅游者不耐烦地和接待人员吵了起来，接待服务人员满脸泪水和委屈，不知自己错在哪里。在此案例中，我们发现，表面上看该旅游接待人员工作是没有错的，但错就错在没有在意这几个旅游者疲惫不堪的神色，没有及时地满足旅游者“旅途疲惫，需要及时缓解疲劳”的心理需求，因此引起旅游者的反感，影响了旅游服务美感甚至服务质量。在接待服务中，不是按照服务程序进行操作就可以得到良好的服务效果和服务美感的。作为旅游接待服务人员，必须了解旅游者服务特定审美心理，掌握影响控制其审美要素的制约原则，才能更好地运用服务技巧满足旅游者的心理需求。

一、客观审美制约因素

1. 旅游活动自身的特点对接待服务的审美制约

旅游活动的短暂性、异地性和季节性的特点对旅游接待服务审美产生一定的制约作用。旅游活动是一种短暂的行为，因此，要求旅游接待要充分利用短暂的时间塑造出较为完美的服务来；异地性的特点要求旅游接待要很好把握服务文化的差异新奇的尺度，没有差异性的服务就没有美感，但是，与旅游者所在地域文化差异过大的服务也会影响服务美感。

2. 接待服务企业的观念意识对接待服务的审美制约

企业观念影响接待服务的总体环境，企业观念影响对接待服务人员的服务的培训、考核和控制，进而对接待服务产生一定的审美制约。

3. 旅游者自身的地域、文化、性格等方面对接待服务也产生一定审美制约

来自不同区域的旅游者，有不同的地域文化背景，同时每个人都有自己的个性。因此，其审美的角度也必然不同，也必然对审美活动产生制约。

二、主观审美制约因素

1. “旅途疲惫，需要及时缓解”的旅游需求是否满足

在接待服务中，旅游者旅途疲惫是旅游服务人员首先要考虑的心理因素，如果旅游者要求及时缓解的需求不能够得到满足，就会增加其疲劳感，而无心欣赏接待服务中的美感。所以，及时和必要地缓解旅游者的疲劳是制约旅游审美需求的一个重要因素。人的生理需求得不到满足时就谈不上心理美感的需求。生理疲劳对一切都会产生反感。营造轻松的服务氛围、设置接待时旅游者休憩的设施、温和热情的服务语言、轻松明快的着装、简单快捷的问题处理都是缓解旅游者疲劳、形成美感的方法。

2. “得到关怀，亲切热情”的旅游需求是否满足

旅游者在接待服务中，期待得到关怀，需要得到亲切热情的服务。旅游者在旅游活动中购买的旅游产品就是旅游服务，因此，希望自己所购买到的服务是全方位的、多角度的，甚至是无微不至的关心，所以，亲切热情的旅游服务始终都是旅游接待服务的核心，是满足旅游者审美需求的根本因素。

3. “受到尊重，异地如家”的旅游需求是否满足

旅游活动是旅游者离开异国他乡的一种活动，中国有一句古话“在家千日好，出门一日难”，旅游者虽然喜欢异国他乡的风光，但在心理上总在某种程度上或多或少地有一种担忧，害怕出门遭到冷遇、排斥，害怕没有家里的舒服、自在和温馨。因此，这种希望得到尊

重、追求异地如家的心理需求也成为影响旅游者审美需求的一个重要因素。要求在服务中尽可能地为旅游者营造如家的氛围，使旅游者轻松愉悦，从而满意，产生美感。

4. "需要帮助，无微不至"的旅游需求是否满足

在旅游活动中，旅游者经常会遇到各种各样的问题，需要求助于旅游接待人员，这就要求旅游接待人员对旅游者的问题耐心解答、尽心帮助、体贴入微。及时耐心地帮助解决旅游者的疑难问题是制约旅游接待服务审美要素的辅助因素。例如，在平时看来很小的一个问题，无助的旅游者提出后，得到了满意的解决会倍增旅游者心理的满足感，从而增加对服务的满意度，产生美感。

模块三　旅游接待服务的基本美学原则

引导案例

一对来自四川的老年夫妇前往贵州旅游，第一站就是欣赏倾慕已久的黄果树瀑布。然而在这对老年夫妇到达机场后，导游员没能及时赶到接机，而是迟到了半个小时之久，这令年岁稍高的老人很是反感。随后，尽管该导游员口齿伶俐、服务到位，但是两位老人始终觉得不能尽兴。这个案例充分说明了在接待服务中"第一印象"的重要性。如果旅游服务中，没有良好的第一印象，让旅游者心生不满，那么，再到位的服务，再优秀的服务也都是零。

在旅游接待服务中，必须遵循一定的美学原则，才能保证旅游服务的美感展示。旅游接待服务中，一切都是旅游者审美的对象，一旦出现一点不美的现象，那么，一切都变得不美了，100－1＝0 正说明了这一道理。所以，接待服务中的根本原则是：没有不美，只有最美。

一、用"第一印象"奠定基础

在旅游接待中，无论是哪种类型的接待服务，其服务美的核心都是创造良好的第一印象。旅游企业、旅游服务人员和旅游服务质量的"第一印象"是非常重要的，是形成接待服务之美的基础原则。在人们认识事物中，第一印象起到了重要的先导作用。如果旅游服务中，没有良好的第一印象，让旅游者心生不满，那么再到位的服务，再优秀的服务也都是零。因为，第一印象一旦形成很难转变，况且，旅游活动是一种短暂的活动，一旦形成不良的第一印象，即使接待人员有能力扭转，只怕旅游活动"时不我待"。所以，旅游接待人员要好好把握自己的言行举止，塑造好旅游者心中的"第一印象"，时刻谨记抓住展示服务美的接待机会，"机不可失"，"失不再来"。

二、用"美好心灵"深化美感

这是接待服务审美原则的核心原则，没有美好的心灵，就没有良好的第一印象、良好的态度，也不会做到善始善终，最终难以形成旅游服务的完美性。只有拥有了美好的心灵，旅游接待服务人员才会由衷地展示出良好的态度，从而感染旅游者的情绪，使其容易得到美

感。“由于可爱才美丽，而不是由于美丽才可爱”说的就是这个道理。

三、用“良好态度”感染情绪

“态度决定一切”，在旅游服务美的展示中，同样遵循这一原理。良好的、热情的、投入的服务态度，是形成旅游服务美感的一个主要原则。用“美好心灵”深化美感是旅游接待服务中的核心原则，而心灵美是要通过外在的表象体现出来的，所以“良好的态度”必然成为又一个重要的原则。

四、用“善始善终”完善美感

旅游接待讲究迎来送往，有了迎接时的第一印象和服务过程中的好感，还要在送别时留下好的印象，这样的接待才是善始善终的接待，这样的服务才能推进美感的完善。

模块四　旅游接待服务的基本美学技巧

引导案例

国外有一家酒店在旅游接待服务上堪称楷模。一次，他们得知即将接待的旅游者是一位知名学者。客房部经理的直接指挥，将该学者的客房布置得很有品位，并且服务人员还为该学者制作了漂亮的贺卡和精美的书签。当该旅游者入住房间时一下被这适宜的环境所吸引，非常感动。自此成为该酒店的长期客户。此案例真实地告诉我们：接待服务的技巧很多，只要接待服务人员善于抓住旅游者的个性和审美心理需求，就可以提供令旅游者满意和富有美感的服务来。

工作任务一　塑造良好的“第一印象”

接待服务中最基本的美学技巧就是塑造一个良好“第一印象”的技巧。针对这一点，旅游接待人员要做好充分的准备，搜集有关旅游者多方的信息，这个工夫看似没用而且繁琐，但实际上对创造旅游接待服务美感是非常有帮助的。通过搜集旅游者的信息，掌握旅游者的好恶、特征，以创造更好地满足旅游者需求的环境、仪态、语言和态度等等。

1. 营造出适宜旅游者的接待环境的技巧

旅游者对于旅游接待服务环境的需求是很高的，虽然不如情感需求等迫切，但却是形成良好“第一印象”的重要组成部分。旅游者对于环境期待的共性是要求和谐、干净、轻松、舒适的环境。在日常的旅游接待过程中，服务人员会积累起很多有关环境满足方面的经验。根据旅游者的出游目的，可以创造出适宜旅游者接待环境的技巧。商务客人期待的接待环境是高档、大气和豪华的；经济型客人期待的接待环境是如家、干净和简单的；休闲度假型的客人期待的接待环境是舒适、自由和轻松的。

2. 展示出旅游者满意的旅游接待服务人员个人形象的技巧

旅游接待服务人员的“第一印象”比旅游接待环境的“第一印象”还要重要，是重中之重。在接待之初，对旅游者的特征信息进行搜集，根据不同心理类型旅游者的特征，总结并设计接待旅游者的最佳仪容展示、语言展示、风度展示。

（1）展示使旅游者满意的仪容　旅游者需要的仪容美的共性特征是与整个旅游企业环境相协调的和谐之美。在穿着上要求旅游服务人员穿出自己旅游企业的特色；要求每个旅游接待服务人员的面貌都让人看起来舒服、顺眼。不同心理类型的旅游者对仪容的要求也有所不同。接待求知类的旅游者，旅游接待人员的仪容基本美学技巧是穿着打扮要有品位，不粗俗，总体来说要体现出旅游接待人员是有文化的；接待抒情类的旅游者，旅游接待人员的仪容基本美学技巧是穿着要体现地方特色，色彩选择平易近人的暖色调，接待服装不可追求新奇；接待体验类的旅游者，旅游接待服务人员的仪容基本美学技巧是突出特色，选择新奇有趣的仪容装束；接待休闲类的旅游者，旅游接待人员的仪容基本美学技巧是服装色彩以冷色调为主，样式选择较为休闲和自然，接待人员可以不施脂粉，呈现出“清水出芙蓉”的自然美的外在仪容。

（2）运用让旅游者喜欢的语言　旅游者需要的语言美的共性特征是声调优美，言辞热情准确。接待求知类的旅游者，旅游接待人员无须太多的客套话，也无须过于热情，要采用专业性的服务语言为其展示正规的旅游接待语言，在言辞上体现出接待人员专业和修养；接待抒情类的旅游者，旅游接待人员要多一些情感性的语言，多一些关怀，多一些热情，可以适当地多说一些；接待体验类的旅游者，则可以设计一些有特色、有趣的语言，以形成该类旅游者心中良好的第一印象；接待休闲类的旅游者，语言不用过多，但要体现出旅游接待人员同样淡然的、追求天人合一的美学理想，以给其一个好的印象。

（3）塑造使旅游者欣赏的风度　旅游者对旅游接待人员风度的共性期待是希望旅游接待人员是风度翩翩的谦谦君子。接待求知类的旅游者，要塑造出的风度就是有学问、举止得体的君子形象；接待抒情类的旅游者，旅游接待人员的风度要始终保持和善，适当地多一些关注、扶助、亲切的动作；接待体验类的旅游者，旅游接待人员可以设计一些较为自然、潇洒的动作；接待休闲类的旅游者，旅游接待人员的风度应该是大气、挥洒自如。

工作任务二　创造神奇的“知求先备”

一个优秀的旅游服务人员应该是一个心理专家，学会揣摩旅游者的心思，捕捉到旅游者的变化，预测出旅游者的需求，做好准备，变“有求必应”为“知求先备”，令旅游者产生愉悦之感，使服务产生高效率的美。

（1）通过旅游者的语言，预测需求，并及时帮助　旅游接待人员，要学会做好“听者”的角色，通过聆听旅游者的语言，捕捉信息，从而预测出需求，进行及时帮助。例如旅游者说：“请问贵酒店是否出售有关周围地理情况的地图？”旅游接待人员听到后，捕捉到旅游者想买地图或是想到处走走的信息，于是答道：“地图我们这里有卖的，在那边的商品部，您是不是想到周边走一走、转一转？其实您也可以不买地图，我帮您介绍下周围的情况吧，来，我拿纸给您写好标好，如果您想去时，可以按照这个去逛逛。”如果只是简单的接待服务，就只会这样回答：“您到那边的商品部去买地图吧，请这边走。”后者的服务也没有不礼貌，但是会影响旅游接待服务美。

（2）通过旅游者的表情，预测需求，并及时帮助　旅游接待人员，要学会做好“侦探”的角色，善于通过细心的观察，捕捉到旅游者的表情变化、态度转变，从而预测出其信息需求，对旅游者实施及时帮助。例如：一个满脸通红的旅游者着急地办理入住手续，接待服务人员根据自己的经验和细心的观察，捕捉到其内急的信息，于是，首先提出："您好！先生，如果您有急事，您可以先去处理一下，您的东西我会替您保管，并以最快的速度帮您办好入住手续好吗？"又如，在对旅游者进行接待的过程中，当旅游接待人员说到某些问题时，发现旅游者面露不悦，或是眉头紧锁，或是表现默然，甚至是表现出强烈的反对的态度和情绪时，旅游接待人员切不可再继续该话题，认真捕捉到旅游者的心理需求，转变话题，或是及时地帮助旅游者解决问题。

工作任务三　施展巧妙的"情感关照"

在旅游接待服务中，旅游接待服务人员要认真揣摩、研究分析旅游者共性的情感需求和个性的情感需求，而后，通过耐心细致、热情周到的服务满足旅游者。

1. 共性情感需求的满足技巧

（1）身处他乡，需要得到呵护、照顾的情感需求　外出旅游者，身处异国他乡，总是有一种心理上的担心或恐惧，唯恐遭到冷遇，没有家里舒服，因此，就产生了较为强烈的希望得到如家般的照顾呵护的情感需求。旅游服务人员只有从内心深处真正地去理解、关爱旅游者，才会在服务中使旅游者的这种情感得到满足。旅游服务人员可以通过换位思考的方式，从旅游者的角度考虑：如果是我在此，我想得到怎样的如家般的服务？一个温和的眼神、一个和善的手势、一句温馨的话语、一块照顾小旅游者的小小的糖果、一张自制的生日贺卡、一声轻轻的节日问候、一束送给独自出门的母亲旅游者的康乃馨、一下体贴的搀扶、一块干净的毛巾……旅游服务技巧很多，其核心是从小处着眼，细微处见关心；其本质是以善心为出发点的无微不至的体贴照顾。

（2）地处异地，需要得到尊重、重视的情感需求　期待得到尊重和重视是每一个人都有的情感需求，无论是日常的生活工作，还是短暂的旅游中，旅游者都拥有这种情感的需求。对于有一定社会地位的旅游者，在旅游接待服务中，通过旅游者资料的了解，可以称呼其职位或尊称来满足其情感需求，例如一个酒店前厅经理对一位旅游者的接待：王经理，您好！欢迎您入住我们酒店！孤身一人，初到异地，居然有人可以呼出自己的职位，荣幸万分，于是，对该酒店的服务美感油然而生。对于一个普通的旅游者，可以用日常人们熟知的尊称来接待旅游者，以满足其情感需求，例如对于一个只身旅游的女性的接待：小姐，您好！一路上辛苦了，让我来帮您，好吗？旅游接待服务人员面对旅游者时，切不可忽略了任何一个旅游者，使得他们得到尊重和重视的情感无法满足，从而影响了旅游服务的美感。

（3）旅途疲惫，需要得到同情、帮助的情感需求　在旅游接待中，常常遇到旅途疲惫的旅游者，他们的情感需求是希望得到同情、关心和帮助。因此，一张舒适的椅子、一杯清淡的茶水、一个同情的眼神、一个俯身扶助的动作、一句轻轻的问候都是对旅游者莫大的关心和帮助。面对疲惫的旅游者，在酒店接待入住中尤其注意的是，在办理入住手续时，安排旅游者适当的休息的地方、快速认真地办理入住，以免旅游者等待太久产生厌烦情绪。在接待时，可以适时地在得到旅游者同意的情况下，帮助旅游者拿一些较重的东西，或是搀扶其行进等等。

（4）人性特点，需要得到赞赏、羡慕的情感需求　每个人无论在自己的长期居住地，还是异国他乡，都同样希望得到别人的赞赏和羡慕。例如对只身一人旅游者的勇气的适当赞赏："好棒呀！我们虽然同龄，可我却自愧不如"；对于穿着得体美观的女士的赞赏："小姐，您很会选择衣服，运动装竟然可以搭配得这么漂亮"；对于带着小孩的母亲的赞许："您好！好乖好可爱的孩子"或是"您好！您的孩子好勇敢好棒呀！"在运用此类技巧时，注意寻找旅游者最得意、最突出的优点、特点，以真诚的适度的语言进行称赞。同时需要注意的是，不可在称赞一位旅游者的同时，而贬低了另一位旅游者，尽量采用中性的语言。例如一位旅游服务人员在夸赞一个女士："您好！您的身材真好"而旁边站着的却是一个身材肥胖的女士，这样的服务虽然满足了前者的情感需求，却在不经意间伤害了另一个旅游者的情感。面对这样的状况可以称赞前者的身材以外的优点，比如"您的头发梳得很有特色"，对后者则可以这样称赞"您的发型也非常适合您"。如果，利用普通的赞许客人的方式去称赞后者"您的皮肤很好"的话，看似很好，实际上不如采用和前者一样的话题，表明前者后者不存在太大差异，使后者忽略自身体型的缺憾，而愉悦起来。现代旅游者已经基本习惯一般的旅游服务技巧，会觉得司空见惯，产生不了更多的美感。所以，创新旅游服务技巧也是满足旅游者审美心理的一个重要策略。

2. 个性情感需求的满足技巧

旅游者除了共性的情感需求外，还有着性格不同、地域差别、信仰差异、民族情感不同等多方面的情感需求。这就要求旅游服务人员在接待之初，深入细致地了解所接待旅游者的各种信息资料，为满足个性的情感需求做好充分的准备。例如，旅游者因为信仰差异而引起的个性情感需求不同，并期待得到满足，身着宗教服装出外旅游的旅游者，形象鲜明地告知接待服务人员他的信仰，以期待得到关怀和帮助，旅游接待人员切不可因为其表征新奇，而一直盯看旅游者，引起这类旅游者的不自在和反感。笔者到西安进行旅游考察时，入住西安某酒店时就遇到了几位基督教装束的国内外旅游者在酒店的前台办理入住手续，酒店的旅游接待服务人员，以平静的态度、庄重的言辞、尊重的态度对其进行了完美的服务，得到了基督教旅游者的好评。再如，旅游者因性格不同而引起的个性情感需求，并期待得到满足。从人的性格上，我们可以根据人的气质将人大致划分为多血质型、胆汁质型、黏液质型、抑郁质型。面对多血质型的旅游者，旅游服务人员切不可因其活泼开朗、热情好动好问，而冷落甚至厌烦其行为，一般来讲，多血质的旅游者在情感上希望得到有问必答、开朗热情的情感回应；胆汁质的旅游者多表现出暴躁、厌烦和抱怨的情绪，有着希望发泄、倾诉的情感需求，因此旅游接待人员要学会面带微笑的耐心、细心地听取这类旅游者的发泄和倾诉，通过同情的目光、语言，及时地缓解其情绪等方面的不满，解决其情绪上的困扰，从而避免暂时性的情绪转变成对旅游服务持久的不满；对于黏液质类的旅游者的服务，应该尽量放慢语速、动作的频率，以与其心理协调一致，不可嘲笑、讽刺其慢性子等表现，令这类旅游者产生舒适的感觉；面对抑郁质的旅游者，旅游服务人员应该倾注更多的关心、细心来满足其压抑、郁闷等等情绪的变化和情感的需求。旅游者的个性情感需求众多，要求旅游接待服务人员要在日常的工作中，努力积累经验，认真钻研，才可以拥有更多的个性化的技巧来满足旅游者的情感需求。

工作任务四　留下深远的"服务回味"

一次美的旅游接待服务，应该是善始善终的、完整的服务。所以，要求旅游接待人员，除了要注意塑造第一印象的技巧及注意接待过程中其他技巧外，还要在结束的时候投入、认真地对待旅游者。

(1) 要利用热情的送别为旅游者留下接待结束的印象　旅游接待人员要保持送别如接待的态度。有些接待人员往往因为劳累，在观念上重视第一印象，而轻视送别时留给旅游者的印象。完美的接待服务必然要求有一个完满的结尾。

(2) 要充分地展露旅游接待人员对旅游者期待再来的诚恳　旅游业要想得到更好的经济效益和社会效益，就要形成"回头客"，而旅游接待服务的圆满是形成回头客的一个重要的原因。

实训：旅行社接待准旅游者的一次审美经历

【实训资料】

一家海南的旅行社专门设置散客咨询服务，接待各地来海南的散客。一群来自广州的散客，自行乘飞机来到海口，入住酒店后，根据酒店前台服务人员的推荐，找到这家旅行社，进行咨询，准备进行9人5天自助游览。该旅行社的员工认真接待，受到了游客好评，9个广州人旅途结束回到海口，又专程打来电话致谢。

【实训内容】

(一) 利用旅行社总体形象进行接待

既然是与酒店建立长期联系的旅行社，一定要考虑到未来的长期合作，所以要注意塑造旅行社的总体形象，包括旅行社外部装潢视觉形象、旅行社接待工作人员形象、旅行社销售人员形象等等。当广州旅游者一经接近旅行社就要令其产生一种安全感、可信赖感，尤其是以接待散客为主的旅行社更要注意其形象的品位性。

(二) 利用特色的接待服务语言接待

旅行社的接待人员应该是训练有素的，面对广州的客人，亦有熟练掌握粤语的接待人员进行接待，这样就令广州的客人有一种更加信赖和安全的感觉，好像在和家乡人说话。当然，除了家乡的语言外，更要注意的就是言语的谨慎、态度的热情、风度的端庄，因为自助游的旅游者是有一定的审美经验的，也是较为理智的旅游者，不宜语言过多，最好让旅游者自己分析、选择。

(三) 利用设计精美的资料进行介绍

除了有声的语言接待外，设计精美、有一定档次的自助游的旅游资料也是非常重要的。可以采用旋转式货架对各种自助游的旅游资料进行摆放，五颜六色的资料的摆放本身就拥有一种美感，会吸引旅游者驻足，选择，翻看。

(四) 利用生动的音像资料进行展示

对于要进行自助游的广州旅游者而言，还可以通过一定的音像资料的展示，让旅游者了解到更多的有关景区、景点、交通、餐饮和住宿等方面的相关信息，音像材料是日常进行接待旅游者最佳的一种介绍方式。广州的旅游者通过光盘的介绍，了解到三亚的诸多景点，于是当场决定第二天去三亚进行为期5天的自助游。

【实训提示】

1. 实地调查访谈：教师可以利用当地的酒店、景区或旅行社，带领学生进行实习演练，深入地了解旅游者的服务审美心理，并据此为其提供相应的服务。

2. 仿真模拟训练：如果没有相应的旅游服务机构的配合，可以在实训室中进行仿真模拟训练。

【实训要点】

1. 教师首先要取得企业的帮助，带领学生进行为期 1 天的实地接待服务体验，

2. 要求学生根据旅游企业的现状，进入不同的部门进行体验和服务。

3. 要求学生细心地揣摩旅游者服务审美心理，并及时予以满足。

4. 1 天的实训结束后，要求学生书写接待心得。

本章小结

本章重点概念是：旅游接待服务种类。原理的阐述主要涉及接待服务的基本美学原则。本章讲述的主要内容是：在对接待服务种类研究的基础上，提出接待服务的制约因素，然后，又阐述了接待服务的基本美学原则和技巧。

检　测

一、复习思考题

1. 在旅游接待服务中，有哪些因素影响和制约着接待人员的接待服务效果？

2. 高先生来自北京，是一个民营企业的老板，来到上海旅游，入住上海光大会展中心，请问，如果你是该酒店的接待人员应该如何为其提供个性和富有美感的服务？

二、实训题

针对不同个性审美需求的旅游者的接待模拟训练。

项目八 餐饮服务的审美

学习目标

◎ 了解 餐饮服务的种类
◎ 理解 餐饮服务的审美制约
◎ 掌握 餐饮服务的基本美学原则
◎ 应用 餐饮服务的基本美学技巧

本章导读

本章讲述的是餐饮服务的审美。第一节讲述了餐饮服务的种类;第二节在研究审美要素的基础上,讲述了在餐饮服务中,如何更好地控制不同类型的旅游者的审美心理;第三节是在第二节的基础上阐释了餐饮服务中的基本美学原则;而第四节则是在基本美学原则指导下的餐饮服务技巧的阐述。

模块一 餐饮服务的种类

引导案例

周小姐的母亲今年70岁了,家人决定为其举行一个隆重的70大寿宴会。周小姐选中了所在城市的一家高星级酒店,预定了雅间。周小姐母亲生日的当天,全家出动到达了该酒店。进入到雅间后,周小姐发现该酒店为其提供的雅间不够大方和气派,于是要求更换雅间,酒店餐饮部的人员抱歉地告诉周小姐:酒店生意非常好,所以没有多余的雅间可以更换,周小姐一家只得在该雅间用餐。用餐期间,酒店餐饮部的管理者得知此事后,及时地赠送生日小礼品和免费菜肴,缓解了之前的矛盾。周小姐一家用餐过程还算满意。临走时对餐饮服务员说:你们的菜肴很可口,服务也很好,但是就餐环境下次最好为我们留出专门的房间。这个案例说明了旅游者的餐饮审美需求不同,其餐饮服务的种类就不同,如果在餐饮服务前不能清楚地了解旅游者所需的餐饮服务种类,就会影响到旅游者的满意程度。

餐饮在旅游中成为六大要素中重要的方面。久有饮食王国之称的中国,餐饮早已脱离原始形态下单纯满足生理需求的状态,成为日常交往、交际和交流的一种重要的方式。被誉为“美国饭店大王”的斯坦特早就说过,饭店业就是凭借饭店来出售服务的行业。而对于旅游者的就餐而言,就更加注重服务方面的精神享受,因此旅游中的餐饮是组成旅游者旅游活动中完美感觉的一个重要因素。在餐饮服务与审美中,对于餐饮的分类,有助于理解不同种类的餐饮服务审美服务,有利于创造适应和控制旅游者审美心理的技巧。无论哪一种类型的餐饮服务,旅游者都存在一定的共性要求:①员工要有足够的信息传递给顾客,对菜肴特色、酒水知识、个性服务都应了如指掌,这既是促销又是情感的交流;②员工要学会随机应变,餐饮服务中要把规范化和个性化、客套性的礼仪与情感的沟通融为一体。这不仅是当前饭店服务模式进一步发展、完善和提高的方向,更是体现美感、达到服务之美的重要途径。

一、大众餐饮的服务

大众餐饮类型服务指的是菜品适合大多数人的口味,服务对象一般为经济型的旅游者,服务环境大多要求干净、整洁,服务质量要求热情、随和,有如家般的温馨之感,品尝菜品、满足生理上的需求占据主导地位。大众化的餐饮并不意味着简单化的演绎。在为大众服务过程中,服务员与顾客之间的信息与情感的交流也是十分突出和重要的。刻板、拘谨是一切餐饮服务的屏障,尤其是大众餐饮更需要营造出轻松、随和的就餐环境,展示出热情、平易近人和轻松到位的服务形象。这种如家的大众餐饮服务有时要求服务人员要拿出更多的热情来,甚至可以与顾客进行恰如其分的调侃或幽默,反而会收到意想不到的效果。美国康奈尔大学的餐饮权威杂志更是用实证数据提出了"Reach out touch your customer's shoulder(伸出手去拍拍顾客的肩膀)"给饭店带来的回头客和效益。

二、豪华餐饮的服务

豪华餐饮类型服务一般产生在消费水平较高的人群中,在菜品上既重视生理感受,又看中心理感觉,无论是服务环境,还是餐饮器皿和服务人员的形象都要求高档次、豪华、气派,以显示用餐者的高贵,以达到谈判、交易等方面的需求。因此,在餐饮服务中,旅游者期待的服务美感是高标准、高要求的。在餐饮服务中的美感展示要以职业化、专门化、文化性的服务水平为基础。

三、特色餐饮的服务

随着经济的发展,人类的物质生活水平的不断提高,越来越多的人把就餐当成一种享受。"情景消费"在当今社会逐渐走红,现代人在追求高品质物质生活的同时,已经越来越注重文化的提升,餐饮业也不例外。人们正从以前只看重菜肴的口味和质量,逐渐发展到开始讲究特色服务和用餐环境。如何把服务和环境打造得别具一格,具有自己的特色,并使之成为一道招牌,是各类大众餐馆经营者必须考虑的生存之本。这种餐饮较之于豪华餐饮而言,更加强调精神享受,一般忽略菜品的口味、餐具的豪华档次等等。这类旅游者看中的是就餐环境是否符合自己的情景要求,就餐的餐具和摆放是否符合心境的需求,服务的语言是否符合意境的构造,服务人员的装束是否成为构成意境的一个和谐的组成部分。总之,进行特色进餐的旅游者更重视与餐饮有关的意境和氛围,以达到交友、交际或享受特殊意境氛围等的餐饮目的。

【小讨论】

大众餐饮、豪华餐饮和特色餐饮服务的区别,怎样针对旅游者的心理提供适合的服务?

模块二　餐饮服务的审美制约

引导案例

福建林小姐在朋友的推荐下，参加了5天4晚的成都豪华旅游。随团到达了成都一五星级酒店入住。该酒店中餐厅环境幽雅，服务人员服务到位，林小姐早就垂涎四川美食，本想饱餐一顿，但是用餐期间林小姐感到所有菜肴几乎都是她平常在福建所见，除了每道菜都有些辣味外，没有一点特色，于是很是失望。这个案例告诉我们旅游者在接受餐饮服务时，除了要为旅游者提供洁净舒适幽雅的环境、体贴到位的用餐服务外，菜肴的特色是最重要的审美制约因素。如果忽略了菜肴的特色，酒店的环境再好、服务再到位，也无法满足旅游者的审美需求。

一、环境：洁净、舒适、幽雅

“洁净舒适、环境幽雅”越来越成为餐饮服务中审美基础制约因素。现代旅游者更加注重饮食中的文化因素，而整体就餐环境的和谐优雅看似与餐饮本身没有太大联系，但它却是餐饮服务的一个必不可少的内容，它虽然不是旅游者最核心的审美追求，却是形成旅游者核心审美追求的一个最重要的基础。没有这个基础的铺垫，佳肴再美味、服务再周到也无法改变旅游者心中的对环境感觉不美的第一印象。

二、接待：体贴、热情、周到

“体贴到位、热情周到”是餐饮审美制约因素中的核心制约因素。现代人们的生活越来越好，在家中可以享受自己烹饪的美味，在餐饮店可以尽享服务人员提供的美味，生理上需求的满足不再是人们最重要最核心的追求了。随着人们生活水平的提高，人们对于餐饮已上升到了精神需求的满足，所以，餐饮业的竞争除了菜品的特色，最主要关注的是服务质量和美感，而“体贴到位、热情周到”便成为餐饮服务审美的核心制约因素。

三、菜肴：特色鲜明、美味可口

虽然旅游者更看重服务和环境的餐饮审美因素，餐饮的主要内容还是不可脱离开“吃”和“饮”的。所以，“特色鲜明、美味可口”仍然是餐饮服务审美中必不可少的重要制约因素。餐饮中对菜品的第一个要求就是干净，其次是特色。没有干净的菜品、餐具和就餐环境，再有特色的菜品也都是乏味的；没有鲜明的特色，即使美味佳肴也会平淡无奇。现代人对饮食健康的需求越来越大，不仅要吃出味道，还要吃出营养，吃出健康，对于旅游者来讲，更要吃出文化。

四、服务：个性要求，特殊关照

现代的旅游者越来越重视个性化的服务，餐饮服务也不例外。旅游者的个性不同、兴趣不同、信仰不同、风俗习惯不同、口味差别等等都需要在餐饮服务上得到相应的个性化服务，并期待餐饮服务人员给予更加细心、更加有特色和更加人性化的关照。“个性要求，特殊照顾”是餐饮服务中的特殊制约因素。例如，一个旅行团进入某酒店就餐，其间有一位是传统的回族旅游者，当服务人员通过导游得知了旅游者的这一信息后，立刻将此团队的编号和就餐桌号交予后厨，并告知餐厅经理给予特殊关照，无论从菜品锅具的选择、烹饪菜品材料和佐料上都细心考虑，为其特别烹饪菜品，体贴入微。这样的服务使得旅游者的特殊需求得到了满足，尽管特别烹饪的菜品种类不如团餐种类丰富，但这足以令旅游者感动不已了，那么，这样的餐饮服务何愁得不到旅游者的赞美呢？

模块三　餐饮服务的基本美学原则

引导案例

两个旅游者到一家餐饮店用餐，该餐饮店的服务人员得知了二人的情侣关系后，将其特别安排在一个温馨的雅间中，舒缓的背景音乐、一枝特意放在餐桌中央的玫瑰，为两位旅游者烘托出了异地的浪漫温馨的情调。点菜时，细心推荐的特色情侣主题的菜品，虽然菜品味道不够特色，但仍然得到旅游者的青睐。就餐中，服务人员尤其注意为其营造了一个良好的二人空间，二人就餐结束后，服务人员又赠送了餐饮店的情侣优惠卡。二人非常满意，特意要求拿来餐饮店的意见书，对该餐饮店的服务大加赞扬。通过以上案例，我们会发现：此两位旅游者在餐饮服务中更加强调意境和情趣，他们属于现代旅游者中特色的就餐者。该餐饮店把握了特色就餐者的心理需求，给予及时地满足，因此得到好评。其实，不管是特色的就餐者还是大众就餐者，抑或是豪华型的就餐者，按照餐饮服务审美的特征、原则进行服务，都必然会得到旅游者的好评。

一、用“洁净特色的菜品”吸引旅游者

尽管现代人重视餐饮背后的服务，而轻视菜品的物质享受，但这是相对而言的，实质上，“洁净特色的菜品”仍然是餐饮服务中的基本美学原则。没有干净卫生的菜品，没有特色的极富吸引力的菜品的餐饮店是没有竞争力的。餐饮的菜品是内容，服务是形式，如果抛开了内容而去一味地追逐形式，则形式也是空的。“皮之不存，毛将焉附”说的正是这个道理。一个餐饮店的生命力在于特色的菜品，如果没有了生命力，还谈什么服务美呢？这样看来，用“洁净特色的菜品”吸引旅游者是餐饮服务基本美学原则中的首要原则。

二、用“幽雅的就餐环境”奠定基础

“幽雅的就餐环境”是餐饮服务的基本美学原则。旅游者就餐环境的幽雅应该是全方位的，它包括视觉效果、听觉效果、嗅觉效果和触觉效果等多方面的因素都是美的，并形成统一和谐的幽雅的就餐环境之美。

三、用“舒适利落的仪态”深化影响

餐饮服务的工作要求很细致，工作程序很多，要想让旅游者产生服务美感，“舒适利落的仪态”也是很重要的一个方面。餐饮服务人员不像接待服务人员那样，运用较多的服务语言来深化美感，更多的是用行动来展示服务之美。上菜、撤碟、斟酒、分菜、换菜、撤桌等等，每一个服务环节都是以行动来完成的。所以，就要求餐饮服务人员的服务动作不可拖泥带水，更不可随便放任，要在繁琐的工作中体现出从容稳健的步态美、平静自然的站态美、舒适利落的手势美、亲切和善的微笑美。

四、用“适时到位的关照”强化美感

在餐饮服务中，习惯上讲究“眼勤、手勤、腿勤、嘴勤”。为了强化美感，过于频繁的走动、手势和语言会令就餐者厌烦，所以，以展示美感为出发点的服务美学要求餐饮服务人员学会捕捉就餐者的信息，从而机灵适时地为其提供周到地细致的帮助和服务。

五、用“适度专业的语言”辅助就餐

在餐饮服务中，对语言的要求虽然不要过多，但专业的、生动的语言还是必需的。用以介绍菜品、提示或帮助就餐者、沟通与就餐者的感情等等。采用生动适度的语言对菜品的名称、来历进行介绍会增加就餐者的食欲；适时地用语言提示和帮助就餐者撤换餐具，会满足旅游者的需要尊重和被无微不至关怀的需求；另外，适度的沟通情感的语言也是形成美感的一个重要因素。因此，这个原则要求餐饮服务人员的语言不要过多，要在恰当的时候说恰当的话，在语言上要训练有素、专业化。

六、用“始终如一的热情”感染情绪

餐饮服务工作是一项较繁琐劳累的工作，餐饮服务人员往往在工作之初，在一天的餐饮服务的开始，或是在每次的餐饮服务之初都能够做到热情周到的服务。但由于疲劳，有时会出现只能“善始”而不能“善终”的现象，这样的餐饮接待服务就不是完美的，再光鲜的开始也不能弥补不能善终的服务的缺憾。所以，餐饮服务人员要以良好的职业素养和优秀的职业道德将“热情”进行到底。“热情如初的态度”说到底就是根源于餐饮服务人员以善为核心的“心灵美”。如果没有这样的心灵美作为基础，那么，餐饮人员很有可能会陷入不良情绪的困扰：凭什么他们坐着，我站着？凭什么他们吃着，我看着？如果这样，感染旅游者情绪的只有“不满”和“怠慢”，绝谈不上什么美感了。

模块四　餐饮服务的基本美学技巧

引导案例

一位韩国旅游者第二次到海南三亚旅游，用餐地点选择了他第一次来海南时用餐的酒

店，与上次来海南旅游不同的是，这次他不是一个人前来，而是携家人同来。到达了该酒店，该旅游者在点菜时询问服务员阿华经理是否还在，服务员立刻将阿华经理请来，阿华经理一下认出是几个月前曾经在此用餐的韩国客人金先生。金先生没有想到阿华经理还能记得他，非常开心，当下点了很多特色菜肴，并邀请阿华一起用餐。阿华经理委婉地向金先生说明工作期间与客人同桌用餐是不符合管理规定的，请其原谅，但仍有礼貌地向金先生及其家人敬酒。韩国金先生在随后几天的三亚之旅中，只要回到三亚市区，就一定到该酒店用餐。这个案例告诉我们：在餐饮服务中，旅游者情感需求的满足很重要，有时可以起到主导作用。因此，在餐饮服务的过程中，餐饮服务人员应该特别关注用餐者的情感倾向和状况，选择恰当的技巧来满足其需求。当然，其他餐饮服务技巧也是必不可少的。恰如其分的、个性化的餐饮服务技巧会给旅游者带来无尽的美感享受。

工作任务一　用环境创造印象

1. 展示良好的视觉效果

餐饮环境的第一个美学原则就是：要求映入旅游者眼帘的一切都是美的。餐饮环境美的塑造技巧的总体要求是：根据旅游者的信息，创造出干净、整洁、舒适和适于就餐的氛围。环境中颜色的选择应该是影响食欲的令大多数就餐者满意的色调，环境设施也要服务于总体的美感；餐饮服务人员形象的视觉效果要美观，与就餐环境相协调，给人以舒适的感觉。

2. 塑造温馨的听觉效果

现代旅游者都追求一个优雅安静的就餐环境，倘若人声鼎沸、嘈嘈杂杂，虽然好像不直接影响味觉，但却影响心理感觉。餐厅为了满足旅游者的听觉美，可以设置就餐背景音乐，也可以聘请演奏者和歌者来助兴。喜庆的气氛选择热情洋溢的音乐背景，肃穆沉闷的气氛选择庄严低沉的音乐背景，轻松优雅的气氛选择轻柔舒缓的音乐背景，休闲愉悦的气氛选择欢快明朗的音乐背景，但无论怎样选择，要求音乐背景一定要符合旅游者的就餐主题。

3. 创造怡人的嗅觉效果

就餐环境中的嗅觉美很重要，如果旅游者进入一个温馨优雅的餐饮店就餐，但却传来刺鼻难闻的气味，那么旅游者别说去评价服务的美感了，一定会掉头就走。所以选择适合就餐者的嗅觉器官的味道也是每一个餐饮服务人员值得思考的问题。芳草清新的气息让人舒适，淡淡的天然花香令人神往，新鲜水果的芳香使人陶醉，美味佳肴的气味让人心动……在餐饮环境气味的选择上要注意的是利用天然植物形成良好的嗅觉美感是既经济又生态的做法。

工作任务二　用体贴营造氛围

旅游者对餐饮服务的情感需求是：要求餐饮服务有如家般的温馨，体贴入微，适时到位，这就要求餐饮服务人员学会及时地捕捉旅游者的信息需求，并及时地提供个性化服务。

1. 体会旅游者的表情，捕捉信息，并及时帮助

餐饮服务人员在等待和接受服务时，除了采用专业的站姿以展示美感外，切不可“身在曹营心在汉”，虽然身在餐桌旁，可心不知飞向了何方。餐饮服务人员要专心致志，并善于利用服务的空白，细心地观察旅游者的表情变化，捕捉到旅游者的恰当的需求信息，并适时地去询问旅游者是否需要帮助，以示关怀。例如，在观察中，及时地发现某位旅游者尝了一

口菜品，似乎感到菜品有问题，眉头紧锁，然后一直闷闷不乐，于是，就可以悄悄地走到其身旁，俯下身轻声询问“请问您有什么需要帮助的吗？”这样，餐饮服务人员就可以及时地缓解旅游者的不快心情，及时地撤换菜品或提供其他的服务以令旅游者愉悦。

2. 观察旅游者的动作，捕捉信息，并及时帮助

旅游者有时会发出手势语言或身体语言的信息以要求餐饮服务人员给予帮助，因此，这就要求旅游者要善于观察，及时捕捉信息，给予帮助。要做到：旅游者的手势语刚落，身体语刚刚结束，餐饮服务人员即到，及时地缓解旅游者的不满情绪或需要帮助的急迫的心理。例如，就餐过程中，一旅游者放下餐巾，准备起身，这时餐饮服务人员以轻盈的步态及时赶到，旅游者刚刚站起身来，餐饮人员轻声俯身问道：“请问您有什么需要我帮忙的吗？”旅游者问道：“洗手间在哪里？”餐饮服务人员用最简单明了的语言配合优美的手势轻声回答，如果路途较远，也可以引领旅游者前去，及时回到餐桌旁等待帮助其他的旅游者。

3. 聆听旅游者的语言，捕捉信息，并及时帮助

餐饮服务人员除了要捕捉旅游者无声的语言：表情和动作外，还要认真聆听旅游者的有声语言，善于捕捉信息，给予及时帮助。这就要求餐饮服务人员的站位不可离旅游者太远，过远就会听不清楚旅游者的发问，但又不可太近，太近影响了旅游者就餐中谈话的私密性。

4. 分析旅游者的特征，捕捉信息，并及时帮助

根据旅游者的年龄和身体状况，及时捕捉到最恰当的信息，并给予及时的帮助。例如，发现旅游者中有年龄大的，观察到其需要帮助时，及时地搀扶其到餐位，并用柔缓而清晰的声音和他交谈，并帮助其挑选适合老年人胃口的菜品。但如果是个性好强的不服老的老人，则这种帮助就是多余的，反而令老人反感。

工作任务三　用文化提升品位

现代旅游者对于餐饮服务的需求更重视文化性，所以，除了环境的文化性、穿着的文化性外，更主要的是菜品的文化性。大众型餐饮店往往不太重视菜品的介绍，豪华和特色的餐饮店一般做得比较好。其实，无论哪个类型的餐饮店都应该重视旅游者的文化需求，在菜品的介绍上多下工夫。餐饮服务人员在介绍菜品时应该做到：

1. 研究菜品，虚心请教

餐饮服务人员要想将菜品介绍得熟练，把菜品的相关文化介绍得生动，就必须认真研究菜品，并虚心向厨师请教。然后，可以运用请教的结果和自己的理解，将菜品的介绍书写在纸上，或是储存于电脑中，再进行仔细研究，也可以与同行进行“模拟介绍”，一起探讨如何介绍菜品，更能满足旅游者的文化需求。而作为餐饮店，也可以根据这个方法，将日常的菜品的介绍整理成册，作为对普通餐饮服务员进行培训的一个要求。

2. 声音适度，嗓音甜美

由于餐饮服务是面对多人的服务，这就增添了介绍菜品的难度，餐饮人员的声音过小，旅游者会听不到，而得不到文化美感；声音过大，会引起旅游者反感，也会影响其他的就餐人员。所以，在餐饮培训中，训练餐饮服务人员适度的音量是介绍菜品的一个重要环节。另外，除了能够清晰地听到介绍菜品的声音外，还要求介绍者的嗓音甜美圆润，语速适中。如果是用沙哑的、尖涩的、沉闷的嗓音介绍，再好的文化，也都不会带来美的感觉。

3. 内容精练,通俗易懂

介绍菜品不是演讲和朗诵,不可喧宾夺主,餐饮人员不可只顾自己的表演,而忘记了主人的存在;不可长篇大论,也不可轻描淡写;不可满嘴书面语或方言,要尽量采用普通话和口语。例如"佛跳墙"的介绍:这是闽菜之首——佛跳墙,请各位品尝!据说呢,这道菜源于清末,一个叫周莲的官员,到另一官员家中做客,这个官员的夫人亲自下厨,精心煨制一道菜肴,周莲尝后非常满意;而后,周莲带着他的衙厨前去学习,并做给一些秀才品尝,秀才们更是连连称道,并作诗来赞美菜的味道:"坛启荤香飘四邻,佛闻弃禅跳墙来","佛跳墙"就因此而得名了。

4. 重点突出,适当重复

在介绍菜品时,不可囫囵吞枣,要清晰明了,让旅游者最好可以记住,因此,在表达时要做到重点突出,对特别重要的部分可以适当地重复。例如"佛跳墙"这个菜品的介绍,当介绍到秀才的诗"坛启荤香飘四邻,佛闻弃禅跳墙来"时,就可以重复一遍,因为诗听起来拗口,而这首诗又是菜品名称介绍的重点,所以,适当的重复是必要的。

工作任务四　用服务表现质量

1. 塑造专业的服务仪容

餐饮服务人员的仪容美也很重要。餐饮服务人员的仪容要求,相对而言,不像接待服务那样,过于强调自我形象,更重视自身形象与就餐环境相协调,因为,餐饮服务讲究服务程序中体现的美感,因此,就更强调其服务仪容的洁净、清新和专业化,否则因自身的形象过于突出,反而会影响旅游者的就餐,服务就会变得不美了。

2. 提供舒适的服务节奏

在餐饮服务中无论是上菜的速度、走路的节奏、手势的变化、语言的表达等都要求具备餐饮服务人员特有的服务节奏美感,要形成一个舒适适度的节奏美,就要把餐饮服务当成一门实用的艺术来研究。在日常的餐饮服务和管理中,最恰当的服务节奏美感,如一首清新的乐曲一样宜人,这样的服务才是最美的。试想,在服务程序上,将迎客、上菜、撤碟、斟酒、分菜、换菜、送客等程序当成乐曲中的段落来处理,不仅可以消除服务人员因繁琐工作带来的疲劳,而且会让每一个餐饮服务人员产生对自己本职工作的浓厚的兴趣,乐于向旅游者展示服务的节奏美感,更重要的是这样的服务美感会令现代旅游者赏心悦目,充分满足其审美需求。

3. 展现利落的服务风范

塑造餐饮服务人员的风度技巧要符合舒适利落的美学原则,它包括餐饮服务人员的表情塑造技巧、站态塑造技巧、步态塑造技巧和手势展示技巧等。

(1) 表情　展现出谦和友善的表情。面带微笑,眼神要始终善意地关注用餐的旅游者,表现出期待为其服务的目光,切不可左顾右盼。

(2) 站态　展现出舒适稳重的站态。以正规且自然的站态,站在合适的位置,不可晃来晃去,也不可像个木头桩子一样立在原地不动,可以适当地变换下站位和站姿,以适合自己身体的姿势进行站立,但需要注意的是变换时要自然,同样给人以舒适的美感。

(3) 步态　展现出轻盈自然的步态。在餐饮服务中,因为服务空间的限制,步伐要求不可过大,走路要轻,不可打扰到旅游者,走到旅游者旁边进行服务时要先以礼貌的语言问询,不可吓到旅游者。

(4) 手势　展现出利落成熟的手势。在餐桌前进行服务的餐饮服务人员表现最多的就是手势,动作要舒缓,不可大起大落,要轻拿轻放,及时准确地帮助就餐者解决问题。

实训:对“特色餐饮”旅游者的一次服务经历

【实训资料】

一位男子打电话到某酒店预订雅间,准备明天到该酒店就餐,于当日下午交了订金,并告知该酒店,就餐的主题是他与爱人相恋两年的纪念,要求酒店为其提供温馨浪漫的环境,他希望与爱人地久天长,希望就餐环境可以带给爱人快乐,博得其好感,增进感情。酒店的经理得知后,及时地布置安排,得到了客人的赞许。

【实训内容】

(一) 围绕浪漫温馨的爱情主题设计迎送宾词

针对这样重视这次餐饮的客人,可以在雅间的门口放置一个温馨的接待指示牌,既用来提示客人,也表示酒店的诚意和欢迎,同时也借以向别的客人进行宣传,告知该酒店的特色情景服务。送别时也要注意语言设计的美感。

(二) 围绕浪漫温馨的爱情主题布置雅间陈设

在客人到酒店进行用餐之前,要将雅间根据爱情的主题布置得美观,并要征求预订客人的意见。例如,张贴简单的“丘比特之箭”的装饰画,或是玫瑰花的装饰画,房间陈设的色调为粉红色,因为粉红色是最浪漫的色彩,形成一个良好的就餐环境,可以满足客人的情感释放。

(三) 围绕浪漫温馨的爱情主题选择背景音乐

可以根据就餐客人的偏好、审美品位选择雅间之中的背景音乐,亦可选择艺术工作者进行音乐服务。乐曲或歌曲的选择最好与客人商定,以示重视,可以为其提供高雅和通俗的几种乐曲或歌曲。在调音时注意音量不可过大,最好选择低音的音量。

(四) 围绕浪漫温馨的爱情主题设计餐桌陈设

要注意餐具的选择,色彩要温馨、雅致,与就餐总体环境保持和谐,餐桌的摆放可以创新,一改传统的放置。例如酒店可以提供心形的餐巾,心形的餐具。

(五) 围绕浪漫温馨的爱情主题推出情侣菜品

根据主题推出新菜,或由服务员推荐主题菜品,无论从名称上,还是菜品的造型上,甚至菜品的配料上都要注意围绕爱情主题。

(六) 围绕浪漫温馨的爱情主题提供相关服务

如果情侣客人还有特殊要求,请提前告知,予以提供,例如要求在就餐期间,送上带有特殊含义的糕点,奉送鲜艳的玫瑰花,奉送祝福贺卡,等等。

【实训提示】

1. 实地模拟体验:教师可以利用当地的餐饮店,带领学生进行实习演练,深入地实践和了解该餐饮店的餐饮服务状况,并根据所学原理,为旅游者提供完美的特色餐饮服务。

2. 仿真模拟体验:如果没有相应的旅游服务机构的配合,可以在实训室中进行仿真模拟训练。

【实训要点】

1. 教师首先要取得企业的帮助，带领学生进行为期 1 天的实地餐饮服务体验。

2. 要求学生根据不同类型旅游者的服务审美期待提供特色服务。

3. 进行仿真模拟体验时，首先要由教师确定特色旅游者的不同情景需求，将学生分成几个小组，根据不同的情景需求进行讨论，书写审美服务方案，并进行模拟服务实训，实训后，请作为客人的学生畅谈该特色餐饮服务的体会，提出不足和建议。

本章小结

本章重点概念是餐饮服务种类。原理的阐述主要涉及餐饮服务的基本美学原则。本章讲述的主要内容是：在对餐饮服务种类研究的基础上，提出餐饮服务的制约因素，然后，对餐饮服务的基本美学原则和技巧进行阐释。

检　　测

一、复习思考题

1. 根据旅游者的餐饮消费层次，可以把旅游者分为几种类型？这几种类型的区别和联系是什么？

2. 在进行餐饮服务的过程中，作为餐饮服务人员应该怎样做才能更好地满足旅游者的审美需求呢？

二、实训题

选择当地一家餐饮店，带领学生进行实地餐饮参观见习。

项目九 导游服务的审美

学习目标

◎ 了解 导游服务的基本环节
◎ 理解 导游服务的审美制约
◎ 掌握 导游服务的基本美学原则
◎ 应用 导游服务的基本美学技巧

本章导读

本章讲述的是导游服务与审美。第一节讲述了导游服务的基本环节和审美制约；第二节在第一节的基础上讲述了在导游服务中应该遵循的基本美学原则；第三节则是在第二节基本美学原则的指导下，对导游服务技巧的研究。

模块一 导游服务的基本环节及审美制约

引导案例

河北孙先生到云南丽江旅游，在旅游期间，无论是迎宾接待、景点的解说，还是旅游生活的组织安排都令孙先生非常满意。但是在孙先生完成云南丽江之旅后准备回程时，导游称有事，请其同事代劳送其登机，而该同事也只是将孙先生送到机场，然后就离开了。虽然丽江美景无限，但孙先生觉得很失落。此案例告诉我们：导游服务的环节环环相扣，缺少了哪一个环节的服务之美，都有可能令旅游者不满意，从而影响了导游服务质量。

一、“迎宾”中的审美制约

1. 旅途疲惫，需要及时缓解的旅游需求是否满足

在导游服务的迎宾中，首先遇到的就是旅游者旅途疲惫、情绪不稳定的问题。旅游者的旅途疲惫，及时缓解的旅游需求是否得到满足是制约导游服务美感的首要因素。这就要求导游在接待旅游者之初不要急于去进行日程的介绍和行程的安排等等。对于长途跋涉的旅游者，导游要先以简单明快的欢迎词，将旅游者顺利地安排到大巴车上，让旅游者稍作休息，或在旅游者休息中，再进行正式的“迎宾”，这样不仅可以缓解旅游者的疲劳，还可以使旅游者不会因情绪不好而忽略了导游第一印象的良好展示；对于短途的旅游者，导游则可以直接进入“迎宾”的状态。

2. 倍感新奇，寻求解惑的旅游需求是否满足

刚刚到达目的地，对于异地异国的景象倍感新奇，疲劳感消除后的旅游者就会积极活

跃起来，不断发问，有时可能会影响了导游已经准备好了的迎宾词。所以，导游在进行了简短、独特和富有魅力的自我介绍和司机介绍后，可以适当地留给旅游者一些时间，让其发问，或让所有旅游者进行自我介绍，互相认识，以满足旅游者好奇、有表现欲的心理。导游要耐心地面对旅游者的发问；学会以主持人的身份主持自我介绍的活动，使其生动富有情趣，让旅游者满意。

二、“景点解说”中的审美制约

1. 介绍景物，生动有趣的旅游需求是否满足

旅游者在进行旅游观赏的过程中，无论是求知型、体验型、抒情型还是休闲型的旅游者都会有一种期待，就是希望导游是个既活跃又稳重、既博学又多才的专家，希望导游在讲解中，能选择最好的观景路线，引导旅游者观赏到最美的景观，并通过优美的声音、动听的言辞、富有文化底蕴的内涵，把景物真正的美讲解出来。“介绍景物，生动有趣的旅游需求是否满足”是旅游者的导游服务审美中最关键的制约因素。

2. 购买商品，物美价廉的旅游需求是否满足

在旅游赏景中，也会伴有旅游纪念品和旅游商品的购物问题，旅游者出外旅游，大多数都想带着美好的回忆、带着倾心的纪念品回到居住地。购买旅游纪念品是旅游活动中的一个重要的环节。但是，由于种种原因，一些消费者开始排斥旅游购物，唯恐被欺诈，厌烦导游从中赚取高额的回扣，因此“购买商品，物美价廉的旅游需求”常常得不到满足。现代旅游活动中，购物已成为旅游者关注的一个焦点，这一环节把握的好坏，直接影响到导游服务的质量，甚至影响到整个旅游活动。导游要想充分地满足旅游者的这种需求，必须拥有良好的职业道德、高尚的人品，才能真正“急游客之所急，想游客之所想”，为旅游者提供真正物美价廉的旅游纪念品。

3. 旅游服务，真诚关怀的旅游需求是否满足

在旅游赏景的过程中，旅游者经常会遇到诸多的与旅游活动相关的问题，身在异国他乡，导游是旅游者最信任、最值得依赖的人，遇到困难，会向导游求助，期待得到热情真诚、无微不至的关怀。例如，询问购买旅游活动中急需用品、出现身体不适请求帮助甚至需要照顾、情绪不佳需要发泄倾诉等等。这些都需要导游人员细致耐心、诚心真心地去体谅、关怀和帮助旅游者，及时地解决其所遇困难，以满足其心理需求。

4. 游览疲惫，寻求调节的旅游需求是否满足

现代中国的旅游方式仍然以“全包价”为主，大多数的旅游者享受的旅游活动常表现为“东奔西跑”式的旅游节奏、“走马观花”式的旅游赏景。而自助游、休闲度假游的旅游者在这方面的疲惫虽然不太强烈，但也会或多或少有些疲劳的感觉。所以，旅途的疲惫是现代旅游者必然遇到的问题，作为导游而言，虽然不可以擅自更改既成事实的“旅游行程安排”，但是，优秀的导游员却可以利用自己的导游语言缓解旅游者的疲劳，利用自己的导游经验抓住时机，适当缓解旅游者的疲劳。例如，有些导游员见到大多数旅游者疲惫不堪的样子，吟唱幽默动听的歌曲，或讲述生动有趣的笑话，或是及时安排旅游者上车或入住酒店休息等等。

三、“旅游生活组织安排”中的审美制约

在旅游活动中，除了观景、赏景外，旅游者的暂时生活也是在旅途中进行的，因此，旅游

者的心理就存在着期待导游员将自己的生活安排得合理舒适、异地如家的需求。

1. 卫生特色,及时餐饮的旅游需求是否满足

由于旅途劳顿,运动量增加,旅游者的食欲大增,较之往常的就餐时间或多或少的有所提前。所以,导游要及时捕捉到旅游者的要求及时餐饮的生理需求和特色卫生的审美心理的需求,并进行及时地满足。否则,最基本的"吃"的生理问题不能及时得到解决,随之而来的便是心理的强烈不满,那么,旅游者哪里还会有什么美感可言?

2. 洁净舒适,住宿休憩的旅游需求是否满足

无论哪种类型的旅游者对于旅游住宿的要求都有一个共同之处,就是期待得到干净、整洁、卫生、安全的住宿休憩的空间。旅游者不能够得到很好的休憩,就无法顺利地进行第二天的旅游活动,疲惫不堪,无心赏景。所以,在安排旅游活动之初,旅行社就要充分地考虑到这一点,而导游员也要在日常生活安排上,尽可能地走访每个房间,询问每个旅游者的状况,及时发现问题,在力所能及的情况下给予帮助,满足旅游者的心理需求。

3. 沟通交流,适当交际的旅游需求是否满足

有些旅游者把导游当成朋友,在赏景之余,期待与导游进行沟通交流,甚至提出与导游共进夜宵等邀请,希望与其交际。优秀的导游是旅游者的良师益友。但如何更好地满足旅游者交友的需求,又不至于令其他旅游者不满、嫉妒,又不失一个导游的尊严,是一个较难把握的问题,所以,要求导游尽量不要接受个别旅游者的邀请,以委婉的最恰当的理由回绝旅游者是最明智的选择。

四、"送客"中的审美制约

完美体验,善始善终的旅游需求是否满足。一次美好的旅游应该是一种完美的体验,旅游者在潜意识当中期待导游能够善始善终,在旅游者旅游活动的结尾画上一个完美的句号。真诚的送别语、希望再来的期待语、面露真诚不舍的表情等等,这一切都会感染旅游者,使其得到美感体验。

模块二　导游服务的基本美学原则

引导案例

一个三口之家到海南进行自助游,包了一辆出租车,聘请了一位导游开始了三天的海南之游。这三位旅游者热情高涨,对海南的旅游景观充满了兴趣。三天下来,导游殷勤讲解,尽心尽力,可是,旅游者却还是希望而来,失望而归。"希望而来,失望而归"其实是现代很多旅游者大多会遇到的一个问题,也可以说是旅游者普遍存在的一种心理变化。值得导游关注的是:所有的旅游者都存在着强烈的旅游需求,对异地景观再三憧憬,当然容易过于理想化,而真正进行观赏时,旅游者往往会因旅途的疲惫、服务的不到位、引导欠缺等因素大失所望。因此,作为导游而言,深入地了解旅游者的这种心理过程,认真对其审美心理活动的规律进行适当的控制和把握是非常重要的。如果导游不对景点过分夸耀,适时地采用

恰当的方法缓解旅游者的疲劳，不断控制旅游者的审美低潮，正确引导旅游者不断产生审美高潮的话，那么，旅游者的心理在导游的帮助和控制下就可以得到最佳的美感，而对于导游服务而言，导游也自然会得到最好的服务审美评价。

导游服务是与旅游者接触最多、暂时相处最久的一种服务，接触越多就越容易放松对自我形象的塑造，越容易被旅游者发现缺点。所以，导游服务的基本美学原则的核心就是：塑造始终完美的导游形象。

一、用“清新的第一印象”导入影响

导游迎接旅游者最初的美学原则是：要表现出热情的状态，又不可过于热情，要学会用清新、自然和随和的第一印象影响旅游者的心理。不可操之过急，第一印象太过完美，在以后的重要的服务中，便很难提升自身的服务美感，所以从这个意义上讲，导游员的服务应该是一个柔和的曲线，有起笔、上升、高峰、消亡，它像一首余音袅袅的乐曲，有序曲、开端、高潮、尾声。“清新的第一印象”就是乐曲的序曲部分，曲调要轻，缓缓向开端过度。着装上选择得体的休闲装和运动装，语言上随和专业，表情上和善自然等等都是形成“清新的第一印象”的基础。

二、用“自然和谐的风度”深化影响

用“自然和谐的风度”深化影响是导游服务的开端，导游的风度应该时刻注意自然、休闲与和谐。潇洒自如的举手投足、热情投入的日常表情、专业生动的景观概况解说、清晰明了的日程安排介绍等等对旅游者的审美心理都会产生更进一步的影响。

三、用“善良真诚的心灵”感染情绪

用“善良真诚的心灵”感染情绪是贯穿始终的一个原则，也是帮助导游服务上升的一个重要的阶段。心灵美是一切美感的核心，而“塑造始终完美的导游形象”这一核心的核心就是导游心灵美的塑造。没有以善为主的、真诚的心灵美，是不会有任何美的导游服务仪容、风度的出现的。导游的心灵之美会在潜移默化中感染旅游者的情绪，是影响旅游者审美情感的最重要的因素。

四、用“生动专业的讲解”形成高潮

导游服务的高潮是“生动专业的讲解”。如果导游的服务不能够形成这个高潮，那么，导游的服务就是平庸的，甚至是不完整的，根本就谈不上美感。景点讲解是导游服务工作的核心，也是旅游者产生美感的主要因素。导游讲解要专业，导游是研究当地自然、社会和艺术景观的专家；导游讲解要生动，没有趣味的枯燥的讲解，再专业也不能引起旅游者的兴趣，产生不了美感，形成不了高潮。旅游者对于导游服务的高潮阶段的体会是极其活跃、极其积极、极其兴奋的。当然，在几天的旅游活动中，整个导游服务最好在导游的控制下形成几个高潮，高潮越多，旅游者就越满意，美感享受就越充分。

五、用“善始善终的迎送”完整美感

塑造始终完美的导游形象还要做到用“善始善终的迎送”来使整个导游服务形成一个

整体，尤其值得注意的是导游员的送别，是将导游乐曲演奏完美的最后一个环节。一般的导游服务就到此为止了，而优秀的导游服务则把这个结尾当成新的乐曲的开始，通过自身形象的再创造，甚至是通过各种联系方式继续与旅游者沟通，从而达到美感的一直延续。

模块三　导游服务的基本美学技巧

引导案例

海南高先生一家早就想到首都北京一游，2011 年 8 月份正值儿子暑假，全家自行到北京旅游。到达北京入住后，吴先生选择了北京一家旅行社的导游张导，请其为吴先生一家服务。张导出生于北京，对北京的一切了如指掌。在导游服务过程中，张导时而扮演宫廷中的太监，引导吴先生一家在故宫中徜徉，时而以低沉而肃穆的声音讲述圆明园的屈辱历史，时而以老北京的身份引领吴先生一家购物于大栅栏……几天下来，在张导热情周到的服务下，吴先生一家对北京有了很深的了解，非常满意。

通过该案例，我们了解到作为一个导游员要善于运用多种导游技巧对旅游者实施服务。角色转变是导游服务中的一种重要的技巧，运用得当会令旅游者满意，提高导游服务质量。

“台上三分钟，台下十年功”的道理同样适用于导游工作，导游员要想给旅游者一个最完美的形象，旅游活动之外下的工夫是非常重要的。否则，只是技巧上的变化，而没有真功夫，没有底蕴，那么，其旅游服务也是失败的。首先，要在基本功上下工夫，口才训练、形体训练、礼仪培训、日常导游活动中的事件处理等等都应该是过硬的；其次，是经验上的积累、技巧的展示。

工作任务一　巧用服饰

利用适当变化的服装装饰，展示给旅游者始终鲜活的导游仪表。服饰是一种重要的心理暗示，恰当和富于变化的服饰能够渲染轻松的旅游氛围，而单调的服装款式、发型看起来虽然专业，但会令旅游者产生一定的审美疲劳，旅游者在旅游过程中，对自身服饰的选择是有所考虑的，而作为旅游审美中的一个部分——导游员的审美形象而言，旅游者也是非常关注、再三审视的。如果导游根据天气、景观等因素而适当地更换一下自己的服装颜色、款式，适当地修饰一下发型等都可以给旅游者带来一种鲜活的感觉，引起旅游者的关注，更好地集中精力聆听和接受引导和安排。但切忌不可过于打扮，反而会过多地吸引旅游者的注意力，分散旅游者集中聆听导游词，或是更有甚者引起旅游者的反感。这些都是不恰当的服务行为。

工作任务二　进入角色

导游员在旅游者面前的角色，时而是主持人，时而是老师，时而是朋友，时而是专家……因此，要求导游员掌握好自己的角色扮演，根据旅游者的实际情况，依据旅游活动的进展情况，适时地进行角色转变，留给旅游者一个知识丰富、口才优秀、组织能力强、热情周到、随和善良的印象。

工作任务三　引导审美

导游员最重要的角色扮演是一个“演员”的角色，较之于一般演员而言，导游这个演员角色是更强调情感的真实性的。在景点讲解中，导游首先自己要充分理解、喜欢和欣赏所观赏的旅游景点，产生不同的情绪，用以感染旅游者，从而达到帮助旅游者产生美感的目的。

1. 导游自然景观时，学会帮助旅游者构筑“意境美”

在对自然景观讲解时，生发出轻松、自然的情绪，用以帮助旅游者构筑“意境美”。

2. 导游社会景观时，学会帮助旅游者形成“情境美”

在对社会景观讲解时，根据不同社会内容的景观，生发出或沉郁，或愤慨，或悲凉，或喜悦，或伤感的情绪，用以帮助旅游者形成“情境美”。

3. 导游艺术景观时，学会引导旅游者创造“艺术美”

在对艺术景观讲解时，生发出专业、喜悦的艺术情感，感染旅游者，并帮助、引导旅游者进行艺术美的再创造。

工作任务四　善解疑惑

旅游者在旅游活动中向导游请教、请求帮助是信任和依赖导游的一种表现，更是表现导游服务美的一个良好的机会。把握机会，可以充分显露导游的心灵美；失去机会，就会有损导游服务形象。旅游者的疑难问题包括观赏提问、生活求助、旅游购物等等问题。其解答的核心技巧就是热情的态度、和善的表情、专业的素质、随和的语言、真诚的行动。例如有关旅游购物的问题，它是现代旅游者最敏感的焦点，因此导游必须重视旅游者的购物心理，在其要求帮助时，认真面对。在导游讲解过程中，要想形成完美印象，不至于引起旅游者怀疑或反感，导游员最好不要在旅游购物上作过多讲解，到达购物点以礼貌的语言请旅游者自行选择购物，导游要时刻保持一种旁观者和向导的身份。在旅游者购买时或之后需要导游提出建议时，最好以委婉的方式让旅游者自己决定，切不可替旅游者决断，以免旅游者误会。

工作任务五　控制心情

导游员要善于了解旅游者在旅游活动中情绪变化的规律，从而控制把握其情绪，更好地引导旅游者不断进入审美的高潮境界。旅游者一天中的情绪变化，大概有两个阶段，是以导游讲解赏景为核心变化的，第一，晨起，兴奋喜悦—赏景高潮—疲惫—饥饿—休息；第二，午休后，再次喜悦—赏景高潮—疲惫—饥饿—休息。这样看来，根据这一规律，导游要在不同的环节把握好旅游者的情绪，兴奋阶段适当控制其过于激动的情绪，以免希望值过高，赏景时专业讲解、生动引导以形成高潮；疲惫时是尤其要注意的阶段，是旅游者情绪烦躁、产生不满的阶段，导游可以采用新鲜生动的导游技巧，或适当安排休息，以重新激发旅游者的兴趣，缓解旅游者的疲劳；由于旅游景点安排较多、运动量加大，旅游者常常会提前产生饥饿感，这就要求导游根据日程的安排及时地满足旅游者的生理需求。

工作任务六　真诚送别

旅游活动的送别也是非常重要的，导游要学会营造依依惜别的送别气氛，用自己的情绪去感染旅游者，用自己崭新的送别形象完善旅游服务的印象。

1. 利用有声的语言营造送别气氛

导游利用“依依不舍送别语”帮助旅游者塑造离别的气氛。例如，导游适时说道：时间过得太快了，三天就这么结束了，真有点舍不得。

2. 利用无声的语言渲染离别氛围

导游展示“恋恋不舍离别情”带动旅游者渲染离别的情绪。

工作任务七　善于沟通

现代导游为了延续旅游服务的美感，可以利用手机短信、电子邮件等方式发送离别赠语、生日贺卡或节日问候等等。延续旅游服务的美感是进行个人宣传和旅游企业宣传的一个极好的途径，因此，一次旅游活动的结束应该是另一次旅游活动的开始。

实训：一次导游服务的审美经历

【实训资料】

苏州导游小王接待了一个来自东北的观光旅游团，为期三天，小王认真研究其审美心理，为其提供了一次难忘的旅游经历，得到好评。

【实训内容】

（一）接团前认真研究旅游者

在接到出团单后，导游员小王虚心请教东北导游有关东北人的兴趣爱好和审美趣味、审美品位等知识，并认真学习了几句东北方言。了解到东北人的性格豪爽、好面子、粗犷、喜好交际等等。

（二）到机场迎接该团旅游者

小王下午洗了个澡，换了身干净整洁的休闲装，收拾妥当，提前半个小时到机场迎接旅游团的到来，一手举着旅行社的社旗，一手拿着“某某旅行社东北客人”的指示牌，看到一群身材高大的人走过来，疑似该团客人，热情地打招呼到“请问是某某旅行社的吗”，终于迎来旅途疲惫的客人，“大家一路上辛苦了，飞机上的行李拿好没有？如果想方便，请往那边走，洗手间在那边”，手指着洗手间的方向。

（三）旅游大巴车上的欢迎词

“大家请上车，大行李，请放在车外，我给大家放到下面”，“大家请找到座位坐好，一定累了吧？我们一会马上就到酒店用餐休息了”，“休息之前，我先给大家做个简单的介绍啊，您到这就是到了咱家了，咱这疙瘩亭亭的（亭亭当当的，一切都安排好了的意思）”，不太地道的东北话霎时引来笑声。“大家笑我讲的不地道，没关系，你们这几天可要教会我啊。好了，首先，介绍一下我们的司机师傅——杨师傅，他有着10年的驾驶经验，这几天咱们得辛苦他了，对了，还没介绍俺自个呢！我姓王，大家叫我小王好了。”（之后又介绍了此次旅行的行程和城市全貌)"好了酒店到了,请大家带好自己的所有物品下车"。

(四)送至酒店安排入住休息

"大家稍等片刻,我先去办理入住手续"(入住手续办完),"好了,马上发牌,之前我要再强调一下,明天早晨7点钟叫早,7点半用餐,8点出发,餐厅在二楼,大家一定要休好睡好,明天才能游好玩好!我的房间在909,有事请找我,好了可以领房间牌了。"

(五)第一天的导游服务

清晨二楼餐厅遇见客人,微笑道早安,并问候大家睡眠情况如何。及时安排客人用餐,然后进入大巴车开始了第一天的旅行。导游小王身着一件淡绿色体恤,显得格外精神。首先小王简单介绍了第一天的行程,开始用朗朗上口的语言介绍沿途风光,当发现旅游者大多数面带倦色,于是让大家休息片刻,然后,请大家进行别开生面的自我介绍,或请有表现欲的旅游者表演节目。活跃了气氛,兴奋的旅游者见到了第一个景点,兴奋自然在延续,导游讲解出色。中午旅游者进餐结束,小王发现旅游者面露困意,把本来准备好的小故事放在肚中,让大家在大巴车上进行午休。午休后,为了缓解午休的慵懒,激发大家的兴趣,小王把小故事讲出逗得大家哈哈大笑,到了景点,旅游者依然带着兴奋,看到什么都是美的。景点游览结束晚上用餐入住,旅游者还意犹未尽,小王提醒大家注意及时休息,迎接明天的好景致。小王能够抓住旅游者的心理变化规律,及时缓解旅游者的疲劳,保证了一天中重要景点观赏的旅游高潮,使旅游者非常满意。

(六)第二天的导游服务

第二天的导游服务中,小王依然善于根据旅游者的心理变化,通过调节其心理状态,引起其兴趣,从而使旅游者获得更多的美感,对导游服务的评价自然是非常好的。

(七)导游结束机场送别

三天的旅游活动结束,小王将游客送至机场,依依惜别时还不忘帮助旅游者办理登机牌,目送其通过安检,结束全部导游。回来路上,小王给每个有手机号码的旅游者都发了送别短信,游客甚是感动,很多人都回信告别,候机时游客们都赞扬小王是个好导游,这次旅游有小王做导游真是不虚此行。

【实训提示】

1. 实地模拟体验:教师可以利用当地的旅行社,聘请优秀导游组织学生进行实地的旅游感受和导游工作体验。

2. 仿真模拟体验:教师也可以根据当地的景点,组织学生在实训室中进行情景训练,设计旅游者的身份,分小组进行实训,

【实训要点】

1. 教师选取旅行社和优秀导游。

2. 带领学生实地旅游体验,并与该导游进行交谈,学生要有备而来,准备好若干关于本章的问题,咨询导游,并记录。

3. 在实训室中,要注意结合实际的旅游线路、交通、住宿、餐饮和景点进行模拟导游,传统的模拟实训只是进行景点讲解的模拟,但这里要求从迎宾到安排住宿,再从景点讲解到送别,每一个导游环节都要设计,要求同学根据本章的理论认真思考。

本章小结

本章重点概念是：导游服务的基本环节。原理的阐述主要涉及导游服务的基本美学原则。本章讲述的主要内容是：在对导游服务种类研究的基础上，提出导游服务的制约因素，然后，对导游服务的基本美学原则和技巧展开阐释。

检　　测

一、复习思考题

1. 在导游服务的过程中，有哪些因素影响导游服务的美感？

2. 在提供导游服务的过程中，作为导游人员应该怎样做才能更好地满足旅游者的审美需求呢？

二、实训题

利用实训室中的光盘资料，让学生们针对资料中的导游讲解进行评论。

阶段性综合实训3：一次旅游服务实习的锻炼和审美体验

【实训目的】

通过本阶段的综合实训，让学生们熟练地掌握酒店、景区和旅行社服务中基本的美学原则和方法，并能够较好地对这些原则和方法进行掌握和运用。实训的过程中，教师要逐步引导学生在实际企业的实习过程中，进行服务的审美创新。

【实训程序】

1. 教师选择一个适宜的旅游酒店、旅游景区或旅行社，组织学生进行一次为期一周的企业实习活动。

2. 教师要求学生根据本阶段所讲授的旅游酒店、旅游景区和旅行社的服务审美技巧和方法，在实际的实习过程中，进行恰当适时的运用。

3. 教师要求学生在实施的过程中，善于观察企业老员工的服务审美中优秀的服务技巧和方法，善于发现企业老员工服务中的不美的因素，并为企业提出整改建议。

4. 在学生实习的过程中，学生要善于思考，为企业提出综合性的提升企业服务质量的审美方案。

【实训提示】

在教师组织学生进行为期1周的实习时，必须做好充分的准备，否则就不会得到良好的实训效果：

1. 组织准备

(1) 教师将学生分成若干小组，选出负责任的、有感召力的同学作为生活组长，实施对实训小组同学生活上的组织和管理，并配合小组长的实训组织和训练工作。

(2) 教师或所在院系要和旅游企业进行商谈安排学生进行实习，最好将学生分成三个大组，分别安排在三种企业进行实习，即旅游酒店一个实训大组，旅游景区一个实训大组，旅行社一个实训大组。但如果条件不允许，也可以就在一个企业中进行实训。

2. 知识准备

将学生分成小组，进行对本阶段知识的回忆、复习。教师抽查每个小组中的一个学生对于本阶段知识的把握情况，做到心中有数，不合格的要求其继续对知识进行复习，教师要做到耐心指导，甚至再次讲述本阶段的知识。

3. 心理准备

要求学生做好角色转换的心理准备，到了旅游景点、旅游酒店或旅行社中，学生一方面是企业的员工，一方面是一个研究者，切不可把自己当做学生来降低对自己的要求，反而要更加严格地要求自己，以一个合格甚至优秀员工的标准来约束自己，不仅给企业留下良好的印象，而且还能够为今后学生的就业打下一定的基础。

4. 技能准备

教师要教授学生基本的酒店、景区和旅行社的服务技能；同时，教师还必须要教授学生基本的与人交往交际的技能，使学生们懂得怎样与企业的领导沟通，学会服从领导，学会与员工相处等各个方面的技能。

5. 物品准备

(1) 学生每人要携带好进行实训所需的教材、笔记本和笔。

(2) 学生每人要携带好旅游时必备的生活必需品，例如一些常见疾病的药品等，因为要进行为期一周的实习，所以教师除了要很好地把握学生校外授课的环节，也要注意学生的生活细节的安排。

6. 协调准备

教师要做好与企业人事部门和学生实习所在的部门管理者的沟通，要与企业协调好学生的吃、住等方面的生活安排，同时要协调好学生的实习工作安排。在保证企业和学生双赢的前提下，争取为学生创造更加适合其进行实训的工作环境。

【实训要点】

1. 复习本阶段知识和原理要做到全部掌握，运用自如。
2. 在企业实习时要认真负责。
3. 对待企业员工要虚心请教，善于与其交往，明辨老员工身上的优缺点。
4. 对待企业各级管理者都要学会服从和尊重。
5. 在实习的过程中要善于从审美的角度去进行思考。

【实训考核】

教师要在学生的实训过程中，实施对各小组学生的考核：

(1) 抽查每个小组中的一名学生对本阶段知识和原理掌握情况，作为该组知识考核的一项成绩，进行打分，占 5 分。

(2) 检查每个小组学生对心理和技能的准备情况，进行打分，占 10 分。

(3) 教师检查各小组的组织准备情况，了解生活小组长和学习小组长的配合与能力情况，并结合实际旅游活动中学生的组织纪律情况，进行综合打分，共占 5 分。

(4) 教师在旅游活动中实施总体的检查和监督职能，对各小组学生的实习情况进行跟踪监督，对学生的企业服务技能进行考核打分，占 40 分。

(5) 实习结束，要求每个学生上交一份实习服务质量提高的审美报告，并要求每个学生以答辩的方式，由教师对每个学生的审美报告进行研读，现场给每个学生提出相应的问题，并要求其给予满意的答案，同时学生也要对自己的报告进行总体的陈述，时间不少于 10 分钟，占 40 分。

项目十 旅游产品策划、规划的审美

学习目标

◎ 了解　旅游市场的基本审美心理
◎ 理解　旅游资源的审美要素发掘
◎ 掌握　旅游策划、规划的审美原则
◎ 应用　旅游策划、规划的基本美学技巧

本章导读

本章讲述的是旅游产品策划、规划与审美的关系，是在旅游主体审美心理探索的基础上，对旅游策划、规划的美学探讨。第一节探讨旅游市场审美心理的发掘；第二节探讨旅游资源的审美发掘；第三节探讨旅游策划、规划的审美原则；第四节探讨旅游策划、规划的基本美学技巧。

旅游策划和规划是旅游产品形成的前期工作，其观念是以旅游者为核心的，其目的就是为了满足旅游者各不相同的旅游需求，其设计方案必须是围绕旅游者的心理需求展开。旅游产品提供给旅游者的是一种旅游服务，而这种旅游服务则主要是一种心理和精神的服务。它是无形的，与一般的有形商品不同。旅游产品必须在旅游者的直接参与下才能够被生产出来。因此，对于旅游产品形成的前期工作——旅游策划和规划而言，抓住旅游者的心理特征、需求和变化是至关重要的。而在旅游者的众多心理因素中，审美心理无疑是旅游策划和规划的核心。因为旅游活动的本质是审美活动，所以无论是旅游产品的本身还是帮助创造旅游产品的旅游策划和规划，都必须符合审美活动的规律。旅游产品策划、规划主要是把握市场审美心理，然后根据市场审美心理发现、发掘旅游资源的美，并按照审美规律指导旅游产品的形成。

模块一　旅游市场审美心理发掘

引导案例

《虎跳峡修公路：外国旅游者大哭，中国旅游者欢呼》的文章探讨了一件有趣的事，早在上个世纪，虎跳峡的名气就大过了云南，它一直是徒步者的天堂。现在虎跳峡修了公路，而且还修建了水电站。修了公路的虎跳峡却让徒步者丧气和身体虚脱。已经没有走下去的信心了。“来这里干什么，住标准间，吃麦当劳?”“不过是在一个风景壮丽的地方走动走动，没有什么可以炫耀的。”“在公路上走一阵，就感到双腿乏力，前面是什么？公路，还是公路”。一些外国人看着修了公路的虎跳峡、听了建电站的事儿，竟放声大哭。“我们下次再来，不知道还能不能见到现在的虎跳峡。”但是，公路却让国内很多游客兴高采烈。国内旅游者也要观赏享誉中外的旅游名胜虎跳峡，但是他们中大多数选择的是组团包车，舒舒服服地到此一游，轻轻松松地随车来，随车去，小心翼翼地沿着安置了扶手的弯弯山径，曲折有致地下到江边，然后在凉亭中，或在看台上，观景、摄影、录像，发几声感叹，乃至惊叫。虎跳峡这一旅游资源被策划、规划成旅游产品后，对于国外的旅游市场而言，不能接受公路的修建，因为在这一旅游市场中，旅游审美是倾向于原始、古朴的旅游资源，对旅游方式则倾向于探险和参与的旅游活动，追求生命的价值和意义。对于中国的旅游市场而言，由于中国历史文化的积淀，使得中国人历来做事都是要求四平八稳，追求中庸和谐的，往往更加珍视生命的客观存在，所以，过于激烈的、冒险的活动对中国大多数的旅游市场而言是不太受欢迎的。因此尽管对于探险性的旅游资源，中国旅游市场依然倾向于舒适的公路交通、安全的包价旅游，而排斥崎岖的山路、冒险的自助旅游。因此，旅游策划和规划之初必须考虑到旅游市场历史积淀、文化定势、心理素质、审美追求等方面，根据不同的市场定位，才能策划、规划出适合旅游市场的产品。

旅游产品是指满足旅游者旅游需求的所有产品和服务的总和。旅游产品总是针对特定的旅游市场的。能满足这些特定市场的需求，产品才能实现自己的价值。而特定市场的审美需求是其中最重要的需求之一，因此，发掘特定市场审美心理是策划、规划旅游产品的重要的基础工作。只有充分对旅游市场的审美心理进行挖掘，旅游产品策划、规划才能真正具有吸引力，才是最具可行性的策划和规划。对于旅游市场审美心理的发掘，我们可以从旅游市场的审美期待阶段和审美实现阶段两个方面进行阐释。

一、审美期待阶段的心理挖掘

1. 审美经验的发掘

旅游市场的审美期待阶段实质上是处于“临美心理”状态的。这一阶段实质是一种可变化的心理状态，它显示了三个重要特性：经验性、动机需求性和可变化性。首先应该掌握的就是经验性，审美经验的心理因素，会使旅游者自觉或不自觉地遵循着一定的审美方向，为某一确定的审美对象做准备，因为根据审美经验，他期望着旅游审美实现阶段或者符合其经验，于是去验证其经验；或者不符合其经验，但可以丰富其经验，获得新经验。影响旅游市场审美经验的因素有很多，但地域、文化和生活特征是形成共同的旅游市场审美经验的重要因素。例如，聚集在我国江浙一带的旅游市场，因为历史原因，其文化底蕴深厚，其旅游市场内部本身就拥有很丰富的文化景点，从古至今，生于斯，长于斯，成于斯的人们对身边的景观耳濡目染，积累了丰富的旅游审美经验。而集中于大型重工业的城市之中的旅游市场的审美经验就相对缺乏一些。

审美经验的发掘是进行旅游产品概念形成和创意产生的心理基础中的重点，不能够通过对未来旅游市场的审美经验的调查、研究和把握，就不可能发掘出受旅游市场欢迎的旅游资源的美来，更创新不出能够激发旅游市场审美兴趣的产品。例如，要在海南策划一个以休闲度假为主题的景区，在创意之初进行了初步的市场调研工作，针对北京这个未来旅游市场的审美心理进行了研究：北京可以进行休闲度假消费的旅游市场一般拥有了一定的日常审美经验和旅游审美经验，日常审美经验是北京这个文化中心、历史古都造就的，而旅游审美经验则是环京地区，北京周围的区、市和县的众多的农业、自然风景等休闲度假村或景区造就的，因此，要想吸引北京旅游市场的目光必须对其进行审美经验的了解。

2. 审美品位的发掘

审美品位也是审美期待中的一个重要的审美心理要素。影响旅游市场审美品位的因素很多，主要是以地域文化特征为主的审美经验的影响。审美经验丰富，有利于提高审美品位；审美经验缺乏，则不利于提高审美品位。像我国文化底蕴相当厚重的地域，其文化水平较高，则审美经验就相对丰富，其审美品位也就相对而言较高一些；而对于文化底蕴并不丰富的旅游市场而言，其审美经验相对较少，审美品位也就相应低一点。旅游者审美品位的表现比较隐蔽，因为只有在真正的旅游审美实践的过程中，才会真正体现出来，但在审美期待阶段旅游者已经拥有了潜在的审美品位。如果旅游创意、策划和规划人员不善于把握、思考这种潜在的审美品位，就无法真正发掘出有品位的旅游资源。这就需要旅游策划和规划人员通过旅游市场初步的调查分析，能够前瞻性地准确地预测出未来旅游市场的审美品位。审美期待阶段的审美品位的把握，会帮助旅游策划规划者根据旅游市场进行旅游资源的审美风格的定位，并从创意和概念上给旅游产品一个准确的审美品位，以期符合旅游市场的潜在的审美品位。

3. 审美理想的发掘

审美理想产生于社会实践当中。人的全部社会活动，从一定意义上说，就是不断地认识现实、产生理想，并实现理想的过程。人的审美理想就产生于这个过程中。作为审美经验的结晶与升华，审美理想与一般的社会理想、观念有所不同，而且有着经验性的形象特征。艺术作品对现实的反映是一种以审美理想为媒介的认识，因此，它比现实美更高，更集中，更典型。艺术家的审美理想大体上决定了艺术作品的倾向、艺术方法、作品的内容与形式。审美理想是相对的，具有可变性。它是在一定历史条件下，在社会实践的基础上形成的，并随着社会的发展而变化。

针对旅游市场的审美理想，策划和规划者创造出的旅游产品如果能够准确地满足旅游市场的审美理想则该旅游产品就能经久不衰。作为审美的引导者、美的产品的思想给予者的策划规划人员，必须能够善于从旅游市场的众多经验中去发掘其审美理想，才能够创造出既有品位又能够满足大众需求的旅游产品。

二、审美实践阶段的心理挖掘

进入旅游审美的实践阶段时，我们要抓住旅游市场的审美感知、审美情感、审美意志，即从“知”、“情”和“意”的三个方面对旅游市场的心理特征进行分析，把握其心理状态。

1. 审美感知的发掘

在审美过程中，审美感知是旅游审美实践活动的先导，这在很大程度上是由审美对象的感性形象所决定的。在审美心理学中把审美感觉和审美知觉合在一起，统称为审美感知。这是审美感受的基本心理形式，在这里为了方便我们进行旅游审美心理与旅游创意的研究，我们将审美感觉和审美知觉分开来谈。

（1）审美感觉　是对事物个别特性的反映，如对事物的色彩、线条、声音、质地的感官印象。心理学研究表明，不同色彩的刺激引起人的生理反应是不同的。这种感觉作为生理反应，包括随之而来的快感，还不是审美感觉。在长期的实践过程中，各种社会生活内容和情感模式由于与某些生理感觉在结构上相似，就自觉不自觉地或无意识地逐渐渗入、积淀于我们的感觉之中，与之契合和渗透，使它具有某种特定的社会意义和理性含义，从而与动物的感觉完全区别开来。它是通过感官与对象的直接接触而获得的。人的耳、眼、鼻、舌、四肢和大脑神经系统专门组成了听、视、嗅、味、触的感官分析器官，接受和传达外界各种信息。当我们感到某种色彩、声音、线条、质地而产生愉悦时，这种愉悦就源于感觉。这些愉悦的感觉虽然是生理上的，但却是美感经验的基础和出发点。一切较高级复杂的心理现象，如知觉、想象、情感、理解等，都是在感觉的基础上产生的。王朝闻曾指出"只有诉诸感觉的东西，才能引起强烈的感动"。外界的客观对象，只有经过感觉，才有可能引起美感。

在旅游产品的创意过程中，要立足旅游者审美感觉的特征和表现，努力创造出能够强烈地冲击和刺激旅游者审美感官的单个的旅游产品的审美属性。这样才会为实现旅游者的整个审美实践活动打下最初的基础。

（2）审美知觉　是对事物个别特性组成的完整形象的整体性把握，包含着对这一完整形象所具有的种种含义和情感表现的把握。审美知觉不是知识的判断，不是科学的归类，而是感性层次的把握。当人们看到一条条潺潺流淌的小溪时，立即感到它的欢快和生机；看到黑云压城的景象时，感到威胁和压抑；看到滔滔东去的大江时，感到岁月的流逝和历史的无情……这些才是审美的知觉。审美知觉在表面上是迅速地和直觉地完成的，但在它的后面却隐藏着主体的全部生活经验，包括它的信仰、偏见、记忆、爱好等，从而不可避免地有着想象、情感和理解的参与。作为审美活动的出发点和归宿，审美知觉与其他心理因素是相互联系、相互作用的。

审美知觉是在感觉的基础上发展起来的，又是在社会条件的直接作用下形成的，而作为审美主体的生活经验、文化修养及不同条件下的心境都直接影响着知觉的内容。主体只有将已有的经验、情绪、兴趣、意志的目的指向性融入对当下对象的知觉当中，才能将一般感性印象升华为审美意象。审美知觉不同于一般的感性知觉，它排除对审美对象的功利性考虑，特别注意选择对象的形象特征，使对象的全部感性丰富性被感官所充分接受。客观事物是丰富多彩的。审美主体总要选择格外清晰的客观事物作为审美对象。这种心理现象在儿童画中表现最为明显。在儿童风景画中，太阳总是画得又红又大，高高地挂在天空。他们最感兴趣的景物，在画面中总是占据着醒目、突出的位置。审美知觉与普通知觉的明显区别是它具有鲜明的感情色彩，并伴随着强烈的感情活动。因此，审美知觉往往是在对象的各种属性的选择、对比之中进行的，并以情感体验为中心，按照情感发展的逻辑进行的，因而它是一种积极主动的心理活动，体现了知觉主体的能动作用。它既涉及着外在形式与心理结构的契合，也包含着一定的理解和解释。而审美知觉的最终目标就是创造一个丰富浩瀚的外部世界与曲折深邃的内部世界，并将其融为一体成为一个独立的审美世界。

审美知觉是旅游者进行实践审美活动的先导，是形成旅游产品"第一印象"的最重要的心理要素，因此，旅游产品的创意、策划和规划首先就要认真地了解、分析和研究旅游者的审美知觉，创造出一眼就让旅游者喜欢的旅游产品来，只有针对旅游市场的审美知觉特征进行旅游产品外在形象的创意，才能够创造出真正吸引未来旅游市场目光的产品，真正做到通过创造出来的旅游产品的知觉刺激留住旅游者的心。

2. 审美情感的发掘

情感是人对客观现实的一种特殊的心理反应。是审美主体对客观审美对象一定的主观态度及体验。审美情感是以日常生活的情感为基础的。两者有密切的联系,但又有显著的区别。审美情感不同于日常生活情感,它是经过理解与想象共同对日常生活情感的形式化、秩序化、组织化。也就是说,审美情感是经过多种心理功能的处理,渗透着理解和想象的情感。审美情感又是从审美感知过渡到审美想象的必要环节。感知获得的表象由于情感的融入而获得新鲜的生命,表象开始活跃地重新组合,进入“浮想联翩”“神思飞扬”的特定的审美状态,构成审美意象。这种情感向感知和想象的表象的融入,造成主客融合,物我同一,即通常所说的“移情”。凡·高创作多用强烈的色彩和笔触,所以能表现他那火一样的热情;八大山人的画利用枯枝、昏鸦、秃鹰等发泄他那满腔悲愤;南唐李后主悲吟“故国不堪回首月明中”,表达他那亡国忧愁。这都是因为物我同一,主客同构对应,才使主体的情感得到充分的表现。审美情感渗入想象、理解,不但成为它们协调活动的推动力,而且成为意象构成的中介力。在审美活动中,表象与表象之间的有机联系的中介是情感。在马致远的《天净沙》中,枯藤、老树、昏鸦,小桥、流水、人家,古道、西风、瘦马,断肠人、天涯的所有这些表象,如果没有情感作中介,简直不可能连接成一组蒙太奇。正是情感推动想象和理解,对表象加工制作才组成新的意象和意境,而这新的意象又将情感形式化、组织化,这就是审美创造中的“情感逻辑”。

因此,活跃旅游市场的知觉虽然重要,但只强调审美知觉还是不够的,必须懂得把握连接知觉表象的审美情感的状态,才可以准确地了解旅游市场的审美想象的方向、审美理解的深度,为创意旅游产品提供更深入的旅游市场的审美心理要素。

3. 审美趣向的发掘

审美趣向是指审美趣味和审美倾向性。是人对审美对象的一种带有倾向性和富有情感的直接评价,表现为特定的喜欢不喜欢。这种审美评价的特点往往表现为非道德性和非功利性,不能简单用好坏评价审美趣味的质量。在评价过程中,审美情感因素往往渗透在理性中。审美经验积累增多,除了可以提高旅游市场的审美品位外,也有利于培养和产生审美趣向。康德在《判断力批判》中指出:“对美的事物的判断需要趣味。”爱默生《论美》中认为:“对美的爱就是‘趣味’。”没有一定的审美经验,就不懂得什么是美,不懂得什么是美,又怎么选择美和判断美?审美趣味是审美主体追求美、向往美、积极地理解美和评价美的认识倾向,它不是对审美对象的理论的判断,往往是带有感情色彩的直接评价,在日常生活中常常表现为喜欢、不喜欢、比较喜欢、非常喜欢等形式。比如说吃饭,南方人爱吃米饭,北方人大多喜欢面食,江浙一带的人爱吃甜,而四川、湖南、湖北的人却爱辣,这种饮食习惯上的差别是在长期的历史过程中逐渐形成的,这是人们对饮食的审美趣味。

审美趣味的把握是形成旅游产品概念和创意的关键性审美心理要素。审美趣味也会因旅游市场的地域、文化和生活不同而有所不同。文化水平较高的地域的旅游市场往往陶醉于文物古迹,也能发现诸如村野等一般景色的美,而文化水平较低的地域的旅游市场,则只对美感强烈的事物才感兴趣。例如,对于上海等地的旅游市场而言,就较少喜欢到深圳、广州,而往往会醉心于椰树海滩、农家风光或民族风情。现在的年轻人多喜欢探险旅游,偏爱罗布泊、青藏高原、驾车自助游等等。老年人则喜欢传统的观光游,向往北京故宫、避暑山庄、华东五市游等等。这里面实质上隐含的就是审美趣味的问题。一般说来，强烈的审美趣味才可能产生良好的审美实践。

模块二　旅游资源的审美发掘

引导案例

海南天涯海角风景区位于三亚市区西南约23公里的天涯镇下马岭山脚下，前海后山，风景独特。步入游览区，沙滩上那一对拔地而起的高10多米、长60多米的青灰色巨石赫然入目。两石分别刻有“天涯”和“海角”字样，意为天之边缘，海之尽头。“天涯海角”就是由此得名。奇石“天涯海角”和“南天一柱”各都流传着一个动人的故事。这里融碧水、蓝天于一色，烟波浩瀚，帆影点点。椰林婆娑，奇石林立，如诗如画。那刻有“天涯”、“海角”、“南天一柱”、“海判南天”的巨石雄峙南海之滨，为海南一绝。

几年前，海南天涯海角景区在早期的经营中，经常听到游客的抱怨：不到天涯海角终生遗憾，到了天涯海角遗憾终生。为什么会出现这样的情况呢？有些人说，“天涯”“海角”不过是海边的两块刻着字的石头而已，没什么看的。难怪游客埋怨！其实，中华民族有着浓厚的天涯情结，天涯文化是一种深层次的民族文化资源。正是这种天涯情结的驱动，才使来到海南的游客一定要去天涯海角一抒情怀。但是，如果景区的开发不能把握这种文化情结，就不能发掘出旅游资源深藏的美，就无法震撼旅游者的心。

如今，海南天涯海角景区根据原有总规，进行全面整改和调整，将中国人心中的天涯情结不断深化，并逐渐物化到景区中的一草、一木、一山、一水中，游客满意度越来越高。随着三亚市天涯婚礼节等节事活动的不断推进，海南天涯海角景区成为备受国内外游客瞩目、抒发人们美好情怀的一个温馨去处。

在旅游策划、规划和生产的过程中，能否依据旅游市场的审美需求，将旅游资源所蕴含的美充分地表现出来，能否发现美、创造美，是衡量旅游资源开发和旅游业经营成败的关键。这就要求旅游策划、规划者对旅游审美心理不是浅层地了解，也不是对某一部分人审美趣味的简单地迎合，更不是没有对旅游市场进行思考和研究而进行的模仿和复制，而是要做到深层、全面和系统地分析。所以，真正的旅游策划、规划必定是昭示未来，能够实现旅游产品的长远的经济效益和社会效益的。任何急功近利的作品都不是真正意义上的旅游策划、规划，要想使旅游策划、规划体现出真正的价值，创造出不朽的旅游产品来，除了要充分把握未来旅游市场的旅游审美心理外，对旅游资源的审美因素发掘也是非常重要的。如果说研究旅游市场的审美心理是创意旅游产品的前提，那么，对旅游资源进行审美要素的发掘就是基础。只有根据旅游资源的本质，对旅游资源进行充分了解研究后，才可以结合旅游市场的审美心理因素，对旅游资源进行合理的评估和选择，然后，对选择出的旅游资源再进行细致的审美要素的发掘，最后，才可形成策划、规划方案。

根据上述旅游市场审美心理要素的分析，可以从以下几个方面入手对旅游资源的审美要素进行发掘。

工作任务一　发掘能够复苏审美经验的审美要素

在旅游资源的审美发掘中，如果能够发掘出复苏旅游者审美经验的要素，就会引起、影响旅游者的情感变化，并在审美联想的作用下，使旅游者的审美体验达到较高的层次，就会受到旅游市场的欢迎。在日常的审美中，旅游者总是有这样的体会，当看到旅游活动中的一个美的事物时，旅游者直觉感到似曾相识，并浮想联翩，于是产生感情的波动。这就是旅游资源中蕴含的美感要素引起了旅游者的审美记忆，产生审美联想、审美情感。在旅游资源审美要素的发掘过程中，我们要注意以下几个问题：

首先，要注意旅游资源审美要素与旅游市场之间的"文化距离"。这个距离也是一种心理距离，我们通常所说的心理距离指的是旅游者暂时脱离实际生活的约束，到异地他乡进行观赏的适当"距离"。挖掘旅游资源的美感要素首先就是要使旅游资源能够使旅游者不再有现实生活的感觉，但又不能完全脱离其现实生活。例如云南泸沽湖摩梭人的旅游资源，对于泸沽湖摩梭人本身而言，这一资源就是日常的生活，而对于城市的旅游市场和其他旅游市场而言则是远离其日常生活的。在"心理距离"的要求下，我们在进行旅游资源的发掘时就要考虑到"文化距离"，它是建立在旅游者心理距离之上的。例如国外有人把棺材作为旅游资源进行策划的，并形成旅游产品。如果我们不考虑中国旅游市场与之的"文化距离"的话，那策划的棺材再美，体验再丰富，也还是会遭到中国老百姓的厌恶，是不会取得成功的。这个距离过远不行，过近也不行。远了就会出现反感或不理解；近了就没有了任何吸引力。我们来做个假设：假设针对深圳这个旅游市场，某个旅游城市根据自己类似深圳的旅游资源特色，策划"小深圳"的旅游项目，那么这即将开发出来的旅游产品，对于深圳旅游市场而言，是不会有几个人前往观光的。但是如果形成"小深圳"的旅游资源的发掘，是针对离此资源较近而距离深圳又较远的市场的话，也许会有一定的前景。但目前交通如此发达，无论是多么偏僻遥远的地方都仿佛近在咫尺，因此这样看来发掘这一旅游资源意义并不大。

其次，要考虑该旅游资源要能够引起旅游者更多的审美联想才具吸引力，才会使旅游者得到更多、更高的审美体验。我们还是拿泸沽湖摩梭人的旅游资源来谈，对于旅游资源审美要素的挖掘来说，泸沽湖摩梭人的社会旅游资源，最具吸引力的是母系氏族社会的生产、生活状态，尤其让人浮想联翩的是"走婚"的男女恋爱和婚配习俗。所以，泸沽湖摩梭人的旅游资源根据旅游市场的心理需求挖掘出了碧绿的泸沽湖水、摩梭人村庄原始古朴森林、摩梭人的特色饮食、摩梭人的婚恋等资源。旅游者见到在这样创意下的旅游产品就会有一种回到原始和从前的感觉，完全进入到另一个境界，并试图自我扮演该社会中的角色进行体验，收到良好的效果。在这样的旅游资源的基础上，开发出的旅游产品，事实证明是能够更好地吸引旅游市场的眼球的。这样美的资源，不仅受中国旅游市场欢迎，也受外国的旅游市场欢迎。

另外，在关注复苏旅游市场审美经验中，还要考虑的因素就是审美情感。没有一定的审美情感，旅游市场就不可能产生丰富的审美联想，所以发掘出能够满足旅游市场特定情感的审美要素也是非常重要的。例如海南冼夫人这一旅游资源的发掘，针对海南本土的旅游市场和东南亚市场而言，要引起他们情感的波澜，须对海南的巾帼英雄和对纪念冼夫人而生成的军坡文化等的审美要素进行发掘，而这最能够引起其旅游市场产生兴奋、愉悦甚至悲壮的审美情感。而对于其他旅游市场而言，彰显和挖掘海南民族女英雄的审美要素则可以放在相对较弱的位置。因为各地的民族英雄太多，不足以成为旅游市场的卖点。

工作任务二 发掘能够体现审美品位的审美要素

由于旅游者所在地的历史文化积淀不同，其文化水平就有所不同，而审美经验也就各有差异，所以旅游市场的审美修养、审美品位就有所不同。作为旅游策划规划人员必须要清楚地了解旅游市场的审美品位，分清雅俗，并据此来挖掘旅游资源的审美要素。只有旅游策划人员自己懂得雅俗，才可能开发出引起旅游市场共鸣的旅游产品。中国文化源远流长，几千年的发展历程使它具有独特的性质，使它拥有了一种典型的大陆性、农业性文化。大陆性农业文化的中国，由于长期以来不同的审美趣味，形成了中国式的雅文化与俗文化的区分。雅与俗是两种不同的文化形态，体现了不同的价值取向，但又是共存于民族文化中的两个对立统一体。无俗即无所谓雅，无雅也就无所谓俗，二者互相依从，彼此制约，并在一定条件下互相转化。因此，对雅、俗的概念不能作静止的、僵化的理解。《诗经》中的《国风》，先秦时属俗文化，到了汉代属于雅文化；四大古典名著，当时是以俗文化方式出现的，今天却是相当雅。《国风》是由俗到雅的经典，《红楼梦》是俗的升华，都说明了时代不同，雅俗文化内涵不同，时间是由俗到雅的传送带。对于旅游策划、规划者而言，必须能够了解旅游资源的历史雅俗，又能够明晓现代社会中旅游市场的雅俗，同时还要能够辨别俗文化的真伪，懂得通俗不等于庸俗的道理，为昭示未来的雅俗挖掘资源，开发旅游产品。

1. 辨明旅游资源的历史雅俗

在以农耕为主要生产方式的古代中国，人们整日与森林、野兽和农作物等打交道，终日与锄头、镐头和镰刀为伴，因此，那个时代的自然资源，对于古人来讲根本就没有美感，因为这些资源每日都和古人见面，即使起初看起来有点雅，时间久了也就变得俗了。就像当今的现代化都市建筑，这在很多大都市人眼里是再平常不过的东西了，是司空见惯的，而司空见惯就必然转化为大众化，大众化就会趋向于俗文化。而这些是不可能成为引起现代旅游者喜欢的高雅的旅游资源。相反，如果高楼大厦突然出现于古人生活的那个时代，则古人就把其当成雅的文化进行追求，或是将其纳入旅游资源的范畴。当然，历史的发展证明这种追求一旦成为了人们的日常生活，则就是大众的了，就慢慢失去了它的美感，人们转而又开始追求自然的风光、原始的风情。例如，中国古代人将画有男女恋爱场景的荷包视为俗物，而今在旅游景点旅游者却去争相观赏中国古人曾经不齿的东西，而这种旅游资源却是被今天的旅游市场所喜欢的。当然也并不是所有历史的东西经过时间的洗礼都会带上雅的翅膀，历史旅游资源中包含的内在文化和思想的特质如果不符合现代旅游者的道德、思想和文化也是没有生命力的，依然是俗不可耐的。所以，作为旅游策划、规划人员，必须懂得历史雅俗观，懂得历史辩证的观点，辨明旅游资源的历史雅俗，再结合现代旅游市场的雅俗观，才可以挖掘出真正受到旅游市场喜欢的旅游资源的美来。

2. 明晓现代社会中雅俗观

(1)“雅” 既是现代人对于文化的一种审美状态，又是一种审美理想。其内涵是博大、崇高、深刻与先进，想象的丰富与美丽、境界的高洁与灵动、技巧的独特与高超、语言的优美与纯洁等等。在内容和形式的统一上追求内容和形式的完美结合。现代社会如果没有雅文化和对高雅文化的追求，那么，这个时代文化精神乃至民族精神都将萎缩。当然，在当今社会，居于雅文化的人们较之于居于俗文化的人仍然较少。

（2）“俗” 一般来讲指的是通俗，是现代人对文化的一种世俗化取向。它不追求什么深邃的思想内涵，不热衷于精神开掘和“灵魂拷问”，总是以浅近的、为多数人容易接受的方式，力求满足、同时也塑造着大众普泛的文化口味。它虽有时难免粗鄙芜杂，却常常激荡起普通人情感的浪花，展示出文化迷人的色彩。因为老百姓喜爱和需要它们，所以具有不可取代的重要价值。现代人的“俗文化”往往与“大众文化”是相连的，而“大众文化”往往又是以快餐形式出现。可是我们细细想来，快餐文化有时可以以闲适消解奋斗之“累”，以消遣舒缓跋涉之“苦”，以放纵释放精神之“闷”，以调侃转换处事之“烦”，其作用确实不可否认。因此快餐的大众文化亦有其存在的必然性和一定的价值，尤其是对现代社会而言，还是起到一定的调节作用的。我们也应该看到的是，随着时间的推移，快餐文化的一部分必将走向成熟，而另一部分不合时宜的则必然走向消亡。

3. 发掘旅游资源的真正雅俗

现代旅游是一种大众旅游，但并不是庸俗旅游。发掘旅游资源的真正雅俗，就要明确通俗与庸俗的本质区别。旅游策划规划者，如果一味地迎合所谓大众口味进行旅游资源的发掘，无限度地强化大众文化消费中的感官刺激功能、游戏功能和娱乐功能，以满足人们“及时行乐”、“游戏人生”、“潇洒走一回”的欲望和需求。其结果就是旅游产品越来越“媚俗”，旅游产品越来越令人担忧，而这样生产出来的产品只是寻求短期效益，必将以失败而告终。旅游业的目的虽然是满足旅游市场的吃、住、行、游、购、娱六大要素的产业，但并不意味着这个产业就是庸俗产业，虽然这六大要素听来通俗，但“审美”却是旅游的本质，而今天的旅游者出游主要就是为了寻美，绝不是去寻丑。他们吃要吃出品位，他们玩要玩出文化。现代旅游市场的倾向于观光、休闲和度假都是与“娱乐”不可分割的。马克思主义的文艺美学观认为：娱乐的实质在于“按美的规律造型”，塑造一种切合人们的好奇心理和游戏心态乃至生理需要、能引起人美感的艺术形象，从而使人们产生心理生理的快适与精神的愉悦，这就是娱乐。这说明，娱乐价值是审美价值的基础，也是旅游文化与人产生直接亲和力的重要基础。失去娱乐性，就等于抽空了人类向审美和道德的澄明之境攀升的阶梯，所谓旅游享受就会成为“虚幻”的空中楼阁。

以前在文化方面，我们往往只强调它的政治道德教化功能，而忽视娱乐功能，甚至把休闲娱乐性的文化消费当成一种不健康的倾向，这无疑是片面的。但我们更不能从一个极端走向另一个极端，只强调文化的娱乐功能，而把娱乐仅仅看成感官的刺激和享受，反对和排斥任何认识作用和道德净化作用，这同样是一种片面性。所以，旅游策划、规划人员必须学会客观地、辩证地认识文化，分析文化，只有这样才可以真正发掘出旅游资源中真正的美来。

【小测试】

教师选择一旅游产品或一艺术作品，请学生进行审美评价，分析学生自身的雅俗观。

工作任务三　发掘能够满足审美趣向的审美要素

从旅游市场的审美趣向来看，我们可以根据其特点归纳成几个方向：①寻根寻亲的情感趣向；②休闲轻松的情感趣向；③娱乐玩耍的情感趣向；④运动健身的情感趣向等等。旅游市场的审美情感丰富，审美趣向也多种多样，因此，在旅游资源的发掘上要能够尽可能多地去满足旅游市场的审美情感和指向，从而达到活跃其审美情感的目的。例如就海南的旅游海外市场——东南亚华侨市场而言，要想吸引东南亚旅游市场的眼球，就要充分地考虑到该旅游市场的审美情感、兴趣和指向。从历史的角度而言，海南和东南亚有着一定的历史渊源，海南的黎族据考证有着古代东南亚的遗风。同时，由于海上交通的缘故和海域相连的原因，东南亚华侨也与海南有着一定的联系。所以这些东南亚华侨的旅游审美趣向就含有思乡之感、寻根之情。因此，旅游策划、规划者在发掘旅游资源的审美要素时就要考虑到旅游市场的这一审美趣向。发掘黎族文化中与东南亚历史文化相近的旅游资源的审美要素，发掘其崇拜信仰的冼夫人旅游资源中的审美要素等等。而对于广州、深圳、珠海等较近的旅游市场而言，旅游策划者则要根据该旅游市场的寻求娱乐、休闲和度假的审美倾向进行旅游资源的审美要素的发掘。

工作任务四 发掘能够实现审美理想的审美要素

对于旅游市场而言，无论审美品位高低，无论雅俗，都具有相应的审美理想。因为旅游市场的审美理想也是相对而言的。不同的旅游市场对旅游审美理想的追求不同。如果创意出来的旅游产品可以实现大多数旅游市场中旅游者的审美理想的话，那么，这样的旅游产品则是具有旺盛的生命力的。而要想做到这一点，须充分把握旅游市场的文化水平、审美经验、审美情感等，才能够预测出旅游市场的审美理想。例如中国信奉佛教的旅游市场，其审美理想就是到最正宗的佛国寺庙进行顶礼膜拜，由于传统的中国文化的影响，尤其是四大名著《西游记》的佛道融合的影响，故对某些信奉佛教的中国旅游市场而言，南海观音、西方极乐是其追求审美理想的一个实体。针对旅游市场的这一审美理想，南山佛教文化苑对“南海”和“观音”这一文化旅游资源进行深刻发掘，创造出海上三面 108 米的巨型观音塑像，吸引了众多的旅游市场。又如东北这个旅游市场，东北是中国的重工业聚集的地区，长期遭受重工业污染的影响(当然，现在有所改观)，加之较快的现代化城市进程，使得东北旅游市场的审美理想追求的是生态的旅游资源，所以海南、云南等地的生态旅游资源成为东北旅游市场选择的理想去处，尤其是海南不仅成为东北人休闲和观光的去处，同时，也成为东北人购房度假的首选旅游目的地。

模块三 旅游产品策划、规划的审美原则

引导案例

某旅游景区按照一位权威规划师的意见，全面引入了“三角文化”。什么是三角文化？就是无论景区的建筑还是各种图形设计，均以“三角形”为主。景区开业后，游客对“三角文化”并没有特别感兴趣。为什么“三角文化”的引入不成功呢？其实，该景区是火山文化旅游区，游客关注与火山相关的各种信息。而“三角文化”与火山并没有直接的联系，很难成为游客最关注的对象。如果策划、规划脱离了市场的特定审美角度，即使是策划者以为最

美的构思，也不会得到旅游者的赏识。

对旅游资源进行策划和规划，除了要符合旅游资源本身的审美特征外，要想使旅游资源转化成为具有卖点的旅游产品，还要关注旅游资源与旅游产品的对接，还要在研究旅游消费市场的基础上，根据旅游消费市场的审美倾向来选取审美角度，然后再进行创意、策划和规划。而旅游消费市场的最大的审美要求则是旅游产品创意、策划、规划的最高审美原则。

一、从消费市场的立场选取审美角度的原则

旅游创意、策划和规划既是一种文化活动，又是一种经济活动。对于经济活动而言，就要追求经济效益，所以存在选择消费市场的问题，在旅游创意、策划和规划的步骤中，对旅游消费市场的调查和分析是一个重要的方面。而研究旅游消费市场的审美角度是进行旅游创意、策划和规划的核心的美学原则。

1. 旅游消费市场“审美情感求似”的审美倾向

在旅游市场审美情感的满足上，往往追求类似、相近，指的是旅游市场在审美期待阶段中的审美经验的积累，在审美实践时得到印证和恢复。这样的旅游产品才会引起旅游市场的“共鸣”。中国的旅游市场可以从地理的角度来进行划分。从大的区域范围分析，我们可以了解到：北方，高亢的秦腔、嘹亮的藏歌、酸辣的臊子、浓香的奶酒、黄河奔涌、“骏马西风冀北”，形成了雄壮、浑厚的审美经验和审美追求；南方，小桥流水人家的古迹、源远流长的诗词曲赋，形成了以阴柔、秀美为主的审美追求和审美经验。在选择旅游产品时，旅游市场由于审美经验的影响，会自觉不自觉地按照自己本身具有的审美倾向性进行选择。

2. 旅游消费市场“审美对象求异”的审美倾向

在审美对象的选择上，旅游市场往往出现“求异”的审美倾向。长期生活于一种社会环境之下，希望远离自己的现实生活和工作，在审美追求上就出现了“求异”的倾向。久居山中的旅游市场，在旅游产品的审美上，就不会选择名山，而会选择大川、大海、大江或大河；久居大海之滨的旅游市场，在旅游产品的审美上，就不会选择再去大海、大川，而会选择名山、名峰；久居现代化大都市的旅游市场，喜欢安静；久居山村海滨的旅游市场，喜欢热闹。

3. 旅游消费市场“审美品位求高”的审美倾向

无论是教育水平、文化底蕴较高的旅游市场，还是教育水平、文化底蕴较低的旅游市场，对于审美品位的追求存在“求高”的倾向。因为，旅游活动本身是一种审美活动，而不是审丑活动。旅游市场既然产生了旅游需求，出现了旅游动机，就必然期待在旅游实践活动中得到美的体验，希望看到的旅游产品是非功利的、非现实的，只有这样，旅游者才会获得轻松和愉快。同时，适当的高度的审美品位的熏陶，对旅游市场本身也是一次良好的审美教育。当然，“审美品位求高”一定是相对而言的，是相对于旅游市场本身的日常的审美品位、曾经的审美体验而言较高。任何不根据旅游市场的现实无原则地抬高或降低旅游产品审美品位的行为都是错误的，创意、策划和规划出来的产品也就失去了生命力。

4. 旅游消费市场“审美感知求奇”的审美倾向

在创意、策划和规划中，还应该遵循的审美原则就是“审美感知求奇”。如果旅游市场在接受旅游产品的信息时了解到审美对象的“异”、审美经验的“似”、审美品位的“高”，就会

选择该旅游产品，但当接触到旅游产品时，却激不起旅游者心中的波澜，感觉平平，于是，就会产生大失所望甚至被欺骗的感觉。所以，在旅游产品的创意、策划和规划时还必须要注意的就是要遵循"审美感知求奇"的审美原则。有了新奇的感觉、知觉，才会产生丰富的联想、情感和良好的审美体验，所以，"审美感知求奇"是至关重要的。

二、以市场的最大审美需求为最高审美原则

旅游创意、策划和规划的最高的审美原则就是旅游市场的最大的审美要求。所以作为旅游策划和规划人员，要有对旅游市场的审美要求的一定的预见性。只有不断满足旅游市场的审美要求的策划和规划才是具有卖点的。旅游市场的审美要求会随着文化知识水平的提高、日常审美经验积累的增多、旅游审美经验的丰富，而不断推陈出新的。人的心理是最富于变化的，而审美心理也是如此。所以，旅游策划人员要研究旅游市场的日常审美经验的状况，来预测其审美要求，还要对其曾经有过的审美经历进行了解，来预测出更能满足旅游市场需求的旅游产品。生活在江南水乡的旅游市场一定比生活在北方山乡的旅游市场的审美要求高；生活在欧洲的外国旅游市场一定比生活在东南亚一带的旅游市场的审美要求高；曾经到过美国黄石公园进行游览的中国人，一定对中国的火山遗址和遗迹的旅游产品的审美要求过高；曾经去过大连海滨休闲度假的旅游市场，一定对海南的海域风光的审美要求过高；曾经去过云南泸沽湖与摩梭人共同娱乐过的旅游者，一定对民族性的旅游产品审美要求过高。只有明确了旅游市场的区域，对其进行深入细致的调查、研究、思考和分析，才有可能了解到旅游市场的最大的审美要求。

旅游市场的审美经验与审美需求是成正比的。这正像中国人对春节联欢晚会的审美，最初的春节联欢晚会无论资金、技术和演员等各个方面都不可能与现在的春节联欢晚会相比，但是，观众却越来越认为现在的春节联欢晚会大不如前，原因就是审美经验积累多了，审美品位就高了，审美要求就多了。所以旅游经验越丰富的旅游者，其审美要求越难以满足。快速发展中的国内外旅游市场，日益呈现出旅游市场审美经验普遍增多的现象，所以旅游市场的口味越来越"刁"了。这也为旅游策划和规划工作带来了一定的难度，但是每个策划和规划工作者都清楚"大浪淘沙，适者生存"的简单道理，唯有遵循市场的原则，唯有充分了解到旅游市场不断上升的审美要求，并及时捕捉，予以满足的策划和规划才是精品，才不会被历史所淘汰。

旅游市场的审美要求包括：对旅游景区的审美要求、对旅游服务的审美要求、对旅游购物的审美要求、对旅游交通工具等的审美要求，这些审美要求都将不断扩大和不断提高，而这些方面的最高的审美要求也必将纳入到旅游策划和规划者的思路之中，只有最大限度地满足了旅游市场的这些审美要求，才可以发掘出完美的旅游产品。

模块四 旅游产品策划、规划的基本美学技巧

引导案例

东郊椰林是海南著名景区之一，为了使这个景区能更上一层楼，曾有人做过这样一个

策划方案:在东郊椰林沙滩上建"世界第一大乌龟"雕塑,海岸边修出"海南第一大马路",椰林里盖一个"雄冠椰岛万年塔"。策划者认为这个策划非常有震撼力,但是,在评审会上却被专家们否定掉了。细想想,这几个创意使用了极点的美学方法,但是,这些极点并不是资源本身的奇点,只要有空间,这些"有震撼力"的建筑都是可以建设的。他们不仅没有反映出东郊椰林最有价值的内容,而且还破坏了东郊椰林的滨海生态环境。

工作任务一 寻买点和卖点

寻"买点"就是找寻旅游市场的最大需求点。旅游策划规划人员要善于根据旅游市场的表象行为,发现其审美心理的最大需求,然后,根据审美心理的最大需求去研究已有旅游市场,预测未来的旅游市场,发现"卖点"。"卖点"就是旅游资源对旅游市场的最大吸引力。根据对卖点的分析研究,去发现旅游资源中最能够满足市场需求的要素,挖掘资源的吸引力,发现看点、美点。寻求卖点最重要的就是要以人为本,即以旅游者为本,设计出互动体验、亲和吸引、情境感悟、个性娱乐的旅游产品,才会吸引众多旅游市场的目光,有了吸引点、看点和美点,才会拥有卖点,才会创意出卓越的、具备强大市场竞争力的旅游产品。

工作任务二 找异点和奇点

在旅游产品的创意、策划和规划中,最重要的技巧就是找异点和奇点。"异点"是产品与其他产品的差异点,如果一个产品的策划没有找到与其他产品的差异点,那么这个策划将变得几乎没有价值。"奇点"产品独有能产生某种震撼力的特点,如果一个产品的策划能找到"奇点",那么这个策划将变得极有价值。"出奇"才更容易"制胜",人类的审美心理上都有着追求不同、寻求奇异的特点,越是奇异的就越是吸引人的,越是吸引人的就越有可能是美的。现代旅游者越来越多地关注旅游产品的独特奇异,而策划、规划者独特奇异的创意就显得尤为重要。从本质上看,异点和奇点不是创造出来的,而是被发现的。异点和奇点存在于资源的本身和资源之间的联系中,当然,如果没有发现的眼光,也是无法找到它们的。采用差异化的思维去创新旅游产品,以卓越的智慧推动辨析力和想象力,就会培养出更敏锐的眼光,做出令人惊叹的策划、规划。

工作任务三 探端点和极点

在旅游者的审美心理中,往往受到震撼最大的是那些"穷尽"意义的因素,端点和极点是其中最主要的种类。"端点"指事物在空间或时间上处于两端的特性,如"最高最低"、"最旧最新"等;"极点"特指事物在比较中表现出的端点特性,如"世界最高世界最低""世界最旧世界最新"等。端点和极点往往成为审美的关注点,吉尼斯世界纪录中,不管是"最大"还是"最小",都会成为有价值的"看点"。针对这种审美的特殊规律,在策划规划工作中要特别注意寻找具有端点和极点意义的要素,并且妥善地利用这些要素,使之成为旅游审美活动中的吸引物。

工作任务四 求要点和亮点

在旅游策划中,除了找寻买点和卖点、奇点和异点、端点和极点外,还要学会在普通平凡的资源中,找到要点和亮点。这里的"要点"指普通旅游资源中最有关注价值的关键特性，这些特性的发现可以使资源的整体价值得到提升。把握好“要点”可以产生“点石成金”的效果。比如，某乡村小镇做旅游发展规划，虽然田园风光尚好，但是总没有非常出色之处，后来在策划中发现了该区域是富硒地区，由于硒对人体养生有特殊价值，该区域的粮食蔬菜水果农畜饮水等等，都变成了富硒产品，一下子身价百倍，乡村小镇也变成了开发田园养生产品的优质资源，引起了投资商们的广泛关注。“亮点”指资源本身虽然不具有，但是如果附加到资源之上，就会产生天衣无缝、珠联璧合之效的特性。把握好“亮点”可以产生“画龙点睛”的效果。比如，海南的南山景区关于南海观音的创意，使一片普通的滨海资源迅速增值，变成中国首批五A景区。对于大多数旅游资源来讲，往往不是先天就光彩耀眼，只有在旅游悟性和超前意识引导下，从平淡的旅游资源中发现“要点”，才能化腐朽为神奇；只有运用创新的思维去捕捉“亮点”，才能变平淡为非凡。

实训：峨眉山温泉会馆审美设计

【实训资料】

此实训是根据杨哲昆教授于1999年对峨眉山温泉旅游进行策划的方案——《峨眉山温泉会馆策划方案》，为峨眉山温泉会馆提出的一模拟性的审美设计。

1. 原方案从项目背景及意义上，阐述了峨眉山旅游观光有余、休闲度假不足，看山有余、玩水不足，走马观花多、品味文化内涵少，参观景点多、商品购物少，等等。峨眉山温泉度假区就是面向旅游发展的需要，针对这些不足而投入开发建设的。峨眉山风景区目前每年约有200万游客，由于我国旅游业发展迅速，游客量也必将急速增加。

2. 从项目理念和原则上提出了强化生态完整性的理念和原则、突出文化品位的理念和原则、注重项目特色的理念和原则、注意超前化的理念和原则。

3. 在项目位置及条件上提出了峨眉山温泉度假区位于四川省峨眉山市与峨眉山风景区之间，南与成昆铁路相邻，西北隔成渝公路与峨眉山相连，地处峨眉山风景区要冲，总面积2 000余亩。

根据以上的分析，推出峨眉山温泉会馆审美设计如下：

【实训内容】

（一）温泉会馆总体的美学风格

因为峨眉山风景名胜区是道教文化圣地，其风光秀丽，修建温泉会馆的美学风格要以道家的“自然”作为其主要的美学风格：

1. 在色彩的选择上，总体建筑群的风格要融入峨眉山的绿色。建筑群体内部，需植入大量鲜花以增强自然之美。因为，峨眉山是“秀”的代表，所以总体风格必须保持“绿”的色调，但峨眉山本身的绿，在审美上，有时难免产生审美疲劳，所以，可以采用鲜花植入来突出温泉会馆的美学特色，同时也为整个峨眉山的色彩美带来生机和亮点。

2. 在建筑风格的选择上，采用师法自然的塑造手法，其建筑的总体形象美为中式传统的道家风格的建筑，以保持和整个峨眉山道教建筑风格相一致。

（二）温泉会馆“生活区”美学设计

根据确定的目标市场设置住宿、风味餐饮、会议等功能的建筑。建筑为清新淡雅的道家别院风格，尽显道家的自然风范，为生活区的旅游者提供娴静、舒适的氛围。这里不需要安排娱乐的设施，以保持生活的自然状态，营造出一种如家的温馨之美。另外，会馆的每户住宅中，要准备“自炊”用具，旅游者亦可以自己烹饪可口菜肴。

（三）温泉会馆“娱乐区”美学设计

1. 露天温泉池，采用莲花或其他形状，宜小不宜大，可以建设多个形状不一的温泉池。

2. 健身馆，设立一间健身房和四个网球场，其建筑的风格可以选择稍带亮丽的色彩进行装饰，例如黄色、乳白色，或少量的红色，以衬托出娱乐区的激情和特色，但刺激性的颜色不可过多，以免影响了整体会馆的审美风格。

3. 会馆楼，会馆的主迎宾台也设置在这里，也是选择中式布置，尽显古典风格，但要大气、堂皇一些，以便形成旅游者良好的审美“第一印象”。

4. 茶座楼，以休闲的品茶雅间为主，风格为中式，色彩选择为古朴、深沉的色彩，配以整体的背景音乐，播放清新、悠扬的中国古典名曲，音量要小，茶楼的服务亦选择传统的中式服务。

（四）温泉会馆“康疗区”美学设计

1. 露天泉池——玄武池。泉池取仿自然状态的“山涧式”，就地取材，以峨眉山玄武石为主材料。通过对山石巧妙地错落安排，使泉池自然分成多种功能区。温泉出口设计成涌泉式，以山石的巧妙构造控制热气的升腾，造成气氛。从整体设计上看，要以峨眉山为背景，以建筑树木为过渡，使泉池与这些要素在视觉上连为一体，使沐浴者有在山涧中泡温泉的感觉。周围设置各种类型的疗养屋，配置人工保健功能。该区的品牌功能是营造气氛，使用功能是怡神保健。

2. 特色浴馆——茶浴馆。以现有的小茶山为背景形成的一个分区，以峨眉山特产茶“峨蕊”“竹叶青”“云雾茶”为主要内容。茶馆建筑的设计要有地方特色，突出峨眉山地区风格。该功能区以调节神经为主要内容，并有洗喝带全套功能。

3. 风湿浴馆——神农馆。以风湿疗养为主要内容的分区，以峨眉山特效风湿草药老鹳草为主，兼用杜仲黄檗等特产草药为辅形成药浴系统，建筑的外部仿造简朴的农家草房，体现古朴的风格。

4. 美容浴馆——峨眉馆。以皮肤保养为内容的分区，形成分散式浴池，引入泥、奶、泡沫、咖啡、可可、杜鹃花、橘皮、酒醋等内容的洗浴。建筑按照梅兰竹菊等植物特性设计，表现小巧柔媚的风格。

5. 健肤浴馆——东瀛馆。以皮肤病疗养为主要内容的分区，以朱砂莲等矿植物为内容，建筑风格及模式借鉴日式温泉风格。

（五）温泉会馆“休闲区”美学设计

休闲区主要是供旅游者娱乐休憩，或不喜欢剧烈运动的旅游者修身养性的地方，以已有的两棵千年榕树为核心，进行生态化的恢复和建设，成为整个会馆生态环境的基点和标识。该区是会馆功能区的分流点，是温泉会馆生态环境视点的核心，又是给人第一印象的关键点。因此，要特别注意道路的设计不能平铺直叙，要给人以曲径通幽的感觉。分流人群是它的使用价值，营造生态气氛则是它重要的内涵价值。

【实训提示】

1. 实地模拟实训：教师可以利用当地的现有景观，带领学生进行实地考察，为其进行旅游产品的审美设计。

2. 仿真模拟实训：教师可以利用相关或相近的影像资料，在实训室中，让同学们根据各种资料，进行创意设计。

【实训要点】

1. 教师提供有代表性的旅游资源，或是开发出的失败的旅游产品的相关资料，包括资源特征资料、历史上有关该资源的策划方案，既要有文字资料，又要有图片和音像资料。

2. 教师要求学生去查阅策划和规划基本原理的理论书籍，以小组为单位，进行讨论，教师抽查每一个小组的一个同学进行阐释，然后，教师对策划和规划的原理进行概括性的、原则性的讲述。

3. 学习文字资料，感受音像资料。

4. 书写创意，提出审美策划方案。

本章小结

本章通过旅游策划和规划与审美的分析，从旅游产品的创意和思考上了解如何发掘旅游资源中的审美要素，并从审美的角度分析旅游产品策划和规划的美学原则和技巧。

旅游市场审美心理的发掘，应从旅游市场的审美期待和审美实现两个方面入手。

旅游资源的审美要素发掘分为：①发掘能够复苏审美经验的旅游资源的审美要素；②发掘能够体现审美品位的旅游资源的审美要素；③发掘能够满足审美趣向的旅游资源的审美要素。

旅游产品策划、规划的审美规则是：①从消费市场的立场选取审美角度的原则；②以市场的最大审美需求为最高审美原则。

旅游产品策划、规划的基本美学技巧有：①寻买点和卖点；②找异点和奇点；③探端点和极点；④求要点和亮点。

检　测

一、复习思考题

1. 选择一处旅游资源，从审美的角度对其审美要素进行分析。

2. 一位规划师说，我认为这样规划才美，所以，必须这样设计。请问这句话有什么问题？

二、实训题

选择一个旅游策划方案，从寻找异点和奇点的角度，评价该方案的策划水平。

项目十一 旅游产品开发的审美

学习目标

◎ 了解　旅游产品开发的种类和主要环节

◎ 理解　产品审美要素的发掘、旅游市场审美心理解析对产品开发的价值

◎ 掌握　产品审美要素的发掘、旅游市场审美心理解析的要点

◎ 应用　从旅游审美的角度开发旅游产品

本章导读

本章讲述的是旅游产品开发与审美的关系，是在对旅游策划、规划的美学探讨的基础上，对旅游产品开发进行的美学探讨。第一节探讨旅游产品开发的主要种类和主要环节，第二节探讨审美要素的发掘与产品开发，第三节探讨审美心理的解析与旅游产品开发。

模块一　旅游产品开发主要种类和环节的认知

引导案例

四川阆中拥有丰富的历史文化，汉武帝时期，阆中县人落下闳（前140—前87）创立《太初历》，被汉武帝采用，进行全国推广。《太初历》首次确定了以孟春正月作为一年的开始，并沿用至今。基于此，将落下闳尊为"春节老人"，在四川阆中策划出"春节老人"的民俗文化产品。然而，此产品一推出却受冷遇。根据此案例，我们清楚地认识到：一个拥有丰厚的历史文化底蕴的民俗产品理应拥有良好的发展前景，但是，由于创意策划方面存在一定问题外，更重要的是在旅游产品开发的过程中，没有能够根据旅游市场的审美心理，进行切合实际的开发，所以遭到冷遇。旅游产品的开发是将旅游策划规划转化为旅游产品、推向市场的过程，如果把握不好，产品非常容易流产。本例中，产品开发的第一个阶段"概念感受阶段"就没有做好，那么，又何谈其他阶段呢？

旅游产品指的是为了满足旅游者审美愉悦的需求而被生产或开发出来的用以销售的物象和劳务的总和，由景观（吸引物）、设施和服务三类要素所构成。旅游产品开发指的是根据旅游创意、策划和规划对现实的旅游资源以及相关要素进行改造、整合和包装。从美学的角度来看，旅游产品的开发必须充分遵循美学规律，充分体察旅游审美的指向和变动性，然后才能开发出优秀的旅游产品。

一、旅游产品开发的主要种类

在对旅游市场的需求进行把握的基础上，可以把旅游产品分为三个类型：观光旅游产品、休闲旅游产品和度假旅游产品。

1. 观光旅游产品

观光旅游产品是以自然景观、社会景观和艺术景观为依托而形成的一种可供旅游市场进行观看、审视和赏析的旅游产品形式。构成观光旅游资源的自然、社会和艺术因素，必须在一定历史阶段对一定的旅游者具有特定的吸引力。这种吸引力通过旅游策划和规划的创意，或形成一种氛围，或形成一个情境。观光旅游产品虽然是传统型的旅游产品，是一种浅层次的体验活动，但对于旅游市场而言，这种层次的活动将是永恒的。因此，无论随着旅游市场的审美需求怎样变换，观光旅游产品也还将作为一类旅游产品获得一席之地。

2. 休闲旅游产品

休闲旅游产品是以自然景观、社会景观和艺术景观为依托而形成的一种可供旅游市场进行参与、娱乐和放松的旅游产品形式。休闲旅游与一般旅游的差别在于它具有明显的参与性特征。休闲旅游与观光旅游的不同是：它加大了体验的深度，超出了“看一看”、“听一听”和“尝一尝”的浅层次体验，而是直接参与到对象中获得更深一层次的体验。无论是自然风景还是社会风景，作为休闲产品来说，都要以满足旅游市场的参与性活动，使旅游者获得放松、身心愉悦为基本特征。如塞尔维亚政府根据旅游资源特征、旅游市场的审美需求，开发出一系列的休闲旅游产品：渔猎游、民俗游、城市游、温泉游、节庆游、登山游，极大地丰富了国内外的旅游市场。

3. 度假旅游产品

度假旅游产品是以各类景观和环境为背景，以各类住宿设施为主体，辅之以必要娱乐项目，可供旅游市场进行身心调养的旅游产品形式。近几年，中国以度假为主要消费的旅游市场不断兴起、成长，而国外度假旅游市场已经比较成熟。对比观光旅游和休闲旅游，度假旅游是一种深层次的体验活动，它往往依托于一种住宿设施，对硬环境和软环境进行立体性的体验。随着现代社会的现代化进程的加快、带薪假期的增加，越来越多的人选择度假这种旅游形式，远离固定居所，在新的环境中调养身心。出现了“健康度假游”、“修学度假游”、“亲子度假游”、“民俗度假游”、“浪漫度假游”等度假旅游形式。对中国的旅游市场来讲，虽然度假旅游产品是新兴产品，但却是未来旅游产品发展的必然趋势。

【小讨论】

观光旅游产品、休闲旅游产品、度假旅游产品有什么区别和联系？

二、旅游产品开发的主要环节

1. 概念感受阶段

概念感受阶段是旅游产品开发的基础阶段。这个阶段是旅游开发者通过一定的途径，将旅游产品的概念发布给特定的旅游市场，获取反响的阶段。旅游策划规划者根据对旅游市场的预测和调查，对待发掘旅游资源中的审美要素进行深入细致的研究后，进行创意、策划和规划，并书写出策划方案，形成旅游产品的概念。而这个“旅游产品”还并不是真正意义上的旅游产品，只是初步形成的一个“理想蓝图”。接下来，就是将旅游产品的这一概念通过旅游市场信息调查、旅游市场访谈、旅游宣传等方式，使该旅游市场对这个旅游产品的概念有所了解，并通过恰当方式使旅游市场能结合自身的审美需求等心理因素，对该旅游产品的概念进行初步评价，并产生反馈。

2. 调整开发阶段

调整开发阶段是将思想变成现实的第二个阶段。通过旅游市场对旅游产品的概念感受，旅游开发者根据旅游市场的反馈，择其符合旅游市场的方面而从之，择其不符合旅游市场的方面而改之，将策划、规划方案进行切实的调整，形成更符合实际的执行方案，然后，依据这个执行方案，对旅游开发工作进行整合，全面实施开发。

3. 试业感受阶段

试业感受阶段是旅游产品开发的第三阶段，具有模拟试验性的特点。调整开发后的旅游产品也并不是最终的旅游产品，虽然各种软硬件因素的组合已经初步完成，但还不能放手将其投入市场，必须通过“试业感受阶段”，进行试业观察和体验，进一步修整。在试业过程中，旅游产品的开发者可以通过一些优惠方式，邀请有代表性的旅游者和旅游经营商、批发商、零售商进行感受，也可以通过营销手段吸引少部分、有代表性的旅游市场进行感受。在此期间，旅游产品的开发者可以进一步地获取试业中旅游市场和旅游业界对旅游产品的初步反响，并根据这些反响进一步发现问题、预测旅游产品未来的各种效益，为旅游产品正式投入市场奠定良好的基础。试业阶段是由产品的概念向真实的旅游产品过渡的必经阶段。在这个阶段，旅游产品的开发者要特别注意深入细致地感受、体验、体会旅游者对旅游产品的初步的审美反响，得到旅游市场的确切信息。

4. 调整开业阶段

调整开业阶段是实现旅游产品开发的最终阶段。根据试业感受阶段的反响和反馈，进一步完善旅游产品的硬件设施和软件服务，并全面投放市场。由于经历了概念感受、调整开发、试业感受三个阶段，这个阶段的调整大多是“微调”，一般情况下指的是对产品的软件因素进行调整。配合调整，要大力地进行旅游产品的营销宣传，以便将旅游产品的信息最大限度地传递给旅游市场，形成良好的社会效益和经济效益。

模块二　旅游产品开发审美要素发掘

引导案例

某地为了开发旅游，先后砍掉了500亩腰果林。结果引发了“盖楼还是种腰果林”的争论。某些地方官员认为，老百姓的生活提高第一，发展旅游可以改善贫困落后的现状，因此砍林发展旅游是正确的。一些学者则认为，腰果林林态特异，腰果很像《西游记》中描写的“人参娃娃”，挂果时层层叠叠，美不胜收，是开发旅游的重要资源，不应该砍掉。两方争论实质并没有根本的矛盾，他们都主张开发旅游，矛盾在腰果林是不是有价值的旅游资源。其实腰果树是一种热带植物，很有地方特色，与其砍林盖酒店，还不如修建一个风味别具的“腰果林度假村”。

对于产品开发而言，无论是观光旅游产品、休闲旅游产品，还是度假旅游产品都必须首先进行旅游资源的深入分析，并从对旅游资源的研究中，发掘出旅游市场期待的审美要素，然后，对这些审美要素进行开发和利用，策划和规划出旅游产品来。

工作任务一　观光旅游产品审美要素的发掘和产品开发

从观光产品中的"观光"来看，指的就是"观赏风光"，相对而言，更强调和重视旅游资源中的外在形式美的要素，审视旅游产品时需充分调动审美器官的视觉、听觉、嗅觉、味觉、触觉等多方面的感觉，然后通过审美联想、审美理解，产生审美情感，形成审美层次。在观光旅游产品的审美中讲究"静默观赏、潜心品味"，如果说观光旅游产品倾向于"静态"审美要素的话，那么，休闲旅游产品则倾向于"动态"审美要素，而度假旅游产品则介乎其中，亦动亦静、亦庄亦谐。

在对观光型旅游资源的审美要素进行研究时，要善于从旅游资源的诸多特征中，发掘出适合观光旅游市场需求的审美要素来，然后才能够进行产品的开发。

1. 开发旅游资源中利于高效率观赏的审美要素

观光旅游产品的开发，首先就要考虑旅游市场的审美方式，选择观光旅游产品的旅游者，大多喜欢走马观花式的观赏，通过感受眼前的美景，运用头脑思考和理解、运用心灵品味和体会，所以不喜欢过多的参与性活动；在审美文化特质上，他们一般倾向于寻求"一看即得"之美，不选择深入体验，因为他们需要在定量时间内获得更多的审美体验。在开发观光性旅游产品时要特别注意与旅游产品的物理距离不可太远，在旅游市场进行游览时，创造良好的游览交通工具，营造安静和谐的氛围是非常重要的。例如九寨沟观光旅游产品的开发，就是抓住了喜欢静态感受"童话世界"原始自然风光的旅游者的审美心理，其观光用的游览电瓶车不仅利于环保，也利于旅游者高速而又雅静地观赏和品味，不至于旅途劳顿，美感全无。至今，九寨沟的观光产品依然吸引着众多旅游者。

2. 开发旅游资源中能活跃审美感知的审美要素

对于观光旅游产品而言，旅游市场一般停留的时间不会过长，要想让旅游者在有限的时间内得到最美的形象，就要在发掘旅游资源中能够活跃审美感知的产品开发上下工夫。旅游者高效率观赏旅游产品时，不管是旅游景区、旅游酒店还是旅游交通都是观光旅游市场观赏的审美对象，所以，开发观光旅游产品要关注观光旅游活动中涉及的每一个环节。例如，旅游包机的设施和服务要美、旅游大巴的布置外观要美、导游司机要美、旅游酒店要美、旅游景区更要美。要特别注意色彩的搭配、形态的设计、音乐的选择、氛围的营造、休息设施的质地的选择、意境的构建等等，这些都要利于旅游市场进行审美感知。当然，我们要清楚的是，虽然观光型旅游产品事无巨细，要求所有都是美的，也只是强调表面的形象之美，可以不用在深度上下太大工夫，因为，观光型的旅游者无暇去深入分析，更强调表象之美。

3. 开发旅游资源中能形成某种意境的审美要素

中国的旅游者虽然各不相同，但必然都受到传统的文化的影响。从国际范围来看，中国旅游者崇尚的意境美是一种独特的审美心理。这个意境的形成，必须凭借一定的审美经验，通过审美联想，然后产生一种特定的审美情感。尽管观光型旅游者追求审美对象并不深入，但并不代表其忽略审美联想、情感和理解，更不是忽略传统的中国式的审美经验。无论哪个层次的旅游产品，都要在一定程度上能够满足中国人的传统的审美方式和特征。所以开发观光旅游产品也要特别注意选择能够构筑意境的审美要素。旅游市场不同，审美经验、审美情感就有所不同，因此意境的审美期待就会有所不同。一般来讲，可以有以下几种意境：宗教意境、民族意境、道德意境、生态意境等等。例如，以道家美学风格为主的观光旅游产品，就要选择青山、绿水、微风等自然资源，再配上闲云野鹤的氛围营造，就别有一番味道。在道观的构建上也要符合道法自然的审美原则，另外，旅游交通工具、旅游游览交通工具、旅游住宿设施、导游员的形象等等都要遵循道家的审美风格，这样才可以吸引旅游市场，感受到道家之美。

4. 开发旅游资源中能满足某种情感的审美要素

开发观光旅游产品还要注意一点，就是要发掘旅游资源中能够满足旅游市场某种情感的旅游资源，然后对其进行产品的开发。这些审美情感有故地重游的情感、思乡寻根的情感、恋爱私密的情感、品味异地的情感、寻求解脱的情感等等。开发观光旅游产品必须依据旅游市场的情感需求，才能够发掘出旅游资源中的利于情感体验的审美要素，才可以开发出能够满足情感表达和释放的观光旅游产品来。观光旅游市场的审美情感往往要求体验不深，只是知觉情感体验，因此，在进行旅游产品开发时要特别关注这一点。例如在满足异地观光体验的旅游者的审美情感时，就要抓住该旅游目的地与旅游市场所在地域、文化等方面的差异性，然后在这些差异性中发掘出美感要素来，利用短暂的时间展现出旅游目的地的丰富多彩、特色的地方风光来。比如开发南国观光旅游产品，就要针对该旅游产品的旅游市场的特征进行研究，从吃、住、行、游、购和娱六个方面展示出与北方差异性较大的南国风光来，这样北方旅游者才会有一种不虚此行的感觉。

【小资料】

河北省开发特色观光农业旅游产品的策略

1. 对河北省的农业资源进行分析，发掘其审美要素

(1) 地理区位优越

河北地理位置十分优越：紧邻首都北京，东与天津毗邻，周边与内蒙古、辽宁、山东、河南、山西五省接壤；是东北地区入关的必经之路；京广、京九铁路、107国道、京津高速公路纵横省区，交通十分便利，具有发展观光农业的区位优势。

(2) 农业资源富饶

小麦、玉米仍是河北种植面积最大的粮食作物，但蔬菜、药材等特色种植成线连片，枣、桃、苹果、葡萄、梨、柿等各色果树围山绕路，成为花海果山，尤其坝上的坡状高原，让多彩的作物装扮得犹如一条条彩带飞舞。河北省林业资源丰富、分布面广，在承德、张家口、唐山、秦皇岛等市尤成规模。动物养殖品种多、饲养量大、分布区域差异明显，其中养猪主要集中在平原地区，养羊主要集中在承德、张家口市。另外，石家庄的无极、藁城，廊坊的三河、大厂，唐山滦南已成为国家级养牛示范县(市)。张北坝上地区则以盛产"张北马"著名。渔业由海洋渔业和淡水渔业两部分构成，海洋渔业主要分布在东南沿海地带，特别是唐山、沧州。淡水渔业全省各地均有分布，尤以唐山、保定最多。

2. 根据旅游市场的审美需求进行产品开发

随着城市旅游者的需求日益多样化，只有不断地推陈出新，以新、奇、异、特的旅游项目来吸引旅游者，才能使农业观光旅游产品在市场上保持长久的生命力和竞争力，才能满足

旅游者不断变化的需要。例如，针对城市三口之家可推出“欢乐家庭农家度假旅游”；针对城市青少年可推出“农村知识修学游”；针对曾经插过队、下过乡现已回城生活的当年知青，可推出“忆峥嵘岁月游”等。

（资料来源：杨蕾，张义珍，张博．河北观光农业的发展思路与营销策略．http://www.ectime.com.cn/cgi-bin/db2www.cgi/info.d2w/report? nbr=4659）

工作任务二　休闲旅游产品审美要素的发掘和产品开发

休闲旅游产品指的是以参与、娱乐为主的旅游产品。旅游策划规划者要善于将旅游资源中符合休闲类旅游者的审美要素发掘出来。休闲类的旅游者不再静默观赏，他们需要运动、需要参与、需要娱乐，所以，要发掘旅游资源中能够活跃旅游者的身体运动的要素，要开发出能够吸引旅游者进入特殊情境的要素，要创造出使其参与、玩乐的要素。

1．开发对比强烈富于变化的旅游产品的审美要素

休闲旅游产品是以动态为主的旅游产品，这就要求旅游策划和规划者要善于开发出旅游产品中富于动态变化的、对比强烈的要素，使开发出来的产品能够给旅游者带来心理的强烈变化，产生愉悦的审美感受。如果说观光旅游产品需要侧重发掘旅游资源中优美的审美要素的话，那么，休闲旅游产品则需要侧重发掘旅游资源中崇高的审美要素。创意休闲旅游产品时往往选择色彩鲜艳、对比强烈的动感强的旅游资源。

2．开发有利于参与和娱乐的审美要素

参与性和娱乐性是休闲旅游的核心，因此，休闲旅游产品要善于挖掘参与性和娱乐性的审美要素。白雪皑皑雄伟壮观的雪山适于极限的登山休闲活动；万里肃杀空旷惨烈的沙漠适于汽车越野长途跋涉的休闲活动；快马扬鞭辽阔激情的草原适于参与性赛马等休闲活动；温度适宜的温泉适于保健疗养的休闲活动等等。休闲旅游产品的娱乐性审美要素的开发，不仅体现在景区的娱乐参与性上，而且要贯穿到休闲活动的所有环节。①娱乐行路：在观光型旅游产品的交通的开发上，只需交通工具舒适、服务到位即可，而休闲型旅游产品的开发则要更有深度，要注意开发交通工具的独特性、交通工具之上的娱乐活动的特色性，甚至交通工具中的声响设备、休闲设备都要具备美的要素。②娱乐住宿：观光型旅游产品只需住宿条件的舒适、装饰的大众化和服务的到位即可，而休闲旅游产品的住宿则强调娱乐性，其酒店不一定全是大型的豪华宾馆，可以是乡间安全洁净的木屋，可以是海上的船屋等；其设施不一定豪华，但要有特色，可以是树木制成的一切设施，也可以是令人产生幻想的各种奇特的建筑；在服务上，尽可以根据创意中的主题，装扮服务人员的形象、语言等。例如进行森林休闲游，就可以建筑森林中的小木屋，服务人员是童话故事《白雪公主》中的七个小矮人的装扮，也可以是白雪公主的装扮。③娱乐餐饮：休闲旅游产品的饮食也是绝不同于观光旅游产品中的包餐、团餐，可能是自己烹饪的野外佳肴，可能是农家小院中的特色食品，可能是口味奇特令人难忘的美食，也可能是要经过艰辛的采摘、捕猎等方式获取的食物。④娱乐购物：观光旅游产品的购物点的设立一般是程式化的、超市化的，但对于休闲旅游产品而言，则可以采用不同的方式、灵活地进行旅游纪念品和商品的售卖。例如，在进行森林休闲旅游活动时，就可以用钢筋水泥做内，生态树皮作表的树屋中进行售卖，售卖的产品是旅游者自己进入人工模拟森林生态园区中采摘的蘑菇、松子、鲜花、瓜果等等。

3. 开发拥有某种特定主题的旅游产品的审美要素

休闲旅游产品的开发必须强调主题的鲜明和独特性。没有主题的休闲旅游就是没有灵魂的旅游，虽然观光旅游也强调主题性，但相对于休闲旅游而言，其主题又是决然不同的。为了更利于动态的参与，休闲旅游产品的主题应该更深入更鲜明。观光旅游产品的主题可以只有一个，而休闲旅游产品的主题却可以有多个，因为时间充裕，为了充分地满足旅游者的审美心理，往往在大的主题的背景下又会有很多小的主题的出现，即审美情境。另外，休闲旅游产品更加强调主题的创造性，在旅游产品的审美要素的开发上，特别注意发掘能够创造某种主题、情境的审美要素，这个情境也许是历史中的某个场景、某段生活的再现，也许是某个民族某种生活方式的再现，也许是某种艺术作品创作的体验。美国的迪斯尼乐园的主题是童话世界，实际上，就是根据人类的天真、贪玩的心理特征，从而发掘出以动画片为主的文化旅游资源中的审美要素。这样的休闲产品不仅是美国的也是全人类的。其总的主题是以动漫为主的童话主题，其间的每一个景观又是一个分主题，即是一种情境。休闲旅游产品的主题开发，开发者要从旅游产品的每一个环节进行塑造和生产，只有所有的环节都符合休闲主题的产品才是有生命力的休闲旅游产品。无论是交通、住宿、餐饮还是购物等所有的环节都要贯穿特定的主题。

【小资料】

腾格里达来月亮湖沙漠生态探险旅游区，是距国内中心城市半径最短、设施最全、规模最大、旅游内容最为丰富的沙漠生态旅游区。景区位于内蒙古自治区阿拉善左旗腾格里沙漠腹地，是全球最具影响力的沙漠深度旅游体验地之一，核心区范围达150平方千米。在旅游产品开发上，一些专业人士对生态沙漠进行了一系列的审美要素的发掘：①开发一部分风情游，结合少数民族的民居以及生活习惯，开发专题旅游。让游客住在蒙古包里，领略蒙古包的情调，沙漠人民的生活、风俗。可以自己制作奶豆腐等，自己加工手工产品带回家，做一回真正的蒙古人。②利用有利的地理环境条件，开展空中滑翔、汽车越野、自行车穿越沙漠、极限越野大挑战等娱乐活动。

工作任务三　度假旅游产品审美要素的发掘和产品开发

在审美方式上，是介于观光和休闲之间的旅游产品。度假旅游产品既可以静观，又可以参与娱乐活动、放松身心。是一种最具充足时间、最具观赏条件、最具体验深度的旅游产品。度假旅游产品的审美要素的发掘，除了涉及旅游资源中观赏性的审美要素和参与娱乐性的审美要素外，更重要的是度假旅游产品必须依托一定的度假居所，这样的度假居所可能是度假酒店，也可能是度假别墅、度假村、特色乡居等等。度假旅游产品的核心是满足旅游市场的暂时的舒适的居住条件，然后才是在其周围营造一个和谐的环境，同时，还必须辅以适合旅游市场的审美心理特征的特色休闲活动，例如高尔夫、温泉洗浴、骑马游览、农业观光、餐饮购物等等。通过以上的分析，我们不难发现：随着物质和文化需求的提升，度假旅游必将成为现代人的一种新的生活方式。度假旅游产品从某种意义讲，可以同时具备观光旅游产品和休闲旅游产品的功能，也可以说是一种综合性的旅游产品。这就为发掘旅游资源中的审美要素，开发度假旅游产品增加了一定的难度。要解决这个问题，必须创造出优秀的度假旅游产品，旅游策划规划人员必须找准旅游市场、对旅游市场进行深入细致的透彻分析，并懂得在动态中把握旅游市场度假审美心理变化的因素，才可以开发出适销对路的度假旅游产品来。

1. 开发旅游资源周边利于形成和谐环境的审美要素

度假旅游产品要适于旅游者进行长时间的停留，必然需要提供相应的居所，即度假酒店、度假别墅或度假村等等。而度假居所的开发必定要建立在一定环境氛围之中，所以，在对度假型的旅游资源的审美要素的发掘中，要选择良好的周边环境。这也是形成度假旅游产品的前提，没有优美的环境，旅游者就不可能进行舒适的度假，更不可能得到满意的休闲和观光。因此，度假旅游产品的开发的重点就在于开发幽雅、生态的度假环境。

2. 开发旅游资源中利于形成旅游者居所的审美要素

有些旅游资源的环境很幽雅，但无法开发易于旅游者居留的住宅，是不能形成度假产品的。即使地理条件上可以建筑旅游者的居留住宅，但周围的交通条件不好，也很难进行开发和改造。居住是度假旅游的立足点，是考虑度假旅游资源的基点。一般情况下，应在考虑环境的基础上，重点从度假者居住的身心感受的角度，开掘和发现居所审美要素。

模块三 旅游产品开发审美心理解析

引导案例

开发赛马项目还是开发斗牛项目？由于海南旅游确定了“外向型”发展的战略，为了适应与国际市场对接的需要，有人提出引入赛马项目的想法，但有人提出更应该开发海南本地独有的黎族斗牛项目。经过争议，确定在近期重点开发黎族斗牛项目。开发什么项目，根本上是由市场审美需求决定的。在旅游者的眼里，如果看到的都与家乡一样，旅游也就没有意义了，所以，最吸引人的是本土的特色文化。

工作任务一 观光旅游产品开发的审美心理解析

1. 概念感受阶段的审美心理解析

要想初步形成“观光旅游产品”的概念，就必须以旅游者的审美心理为出发点进行研究，才能预测出旅游者的各种审美心理需求，才可以根据这一点确定市场口味的旅游产品概念。首先就是对旅游者审美对象期待进行了解：观光型的旅游者旅游审美经验相对少、审美情感活跃，加之经济条件和出游时间的限制，故一般都在审美对象的数量上有所期待，期望更多的旅游景观出现在旅游产品中，并且在审美对象的类型上也有着数量的期待，期望更多类型的旅游景观出现在旅游产品中。根据以数量求审美的观光型的旅游者的心理，观光旅游产品的概念上一般不太重视旅游“主题”的生成，因为实际上旅游者要求主题数量和类型丰富，亦即希望拥有多个主题。其次，观光型旅游者的审美感知较为敏感、审美体验较浅，一般追求旅游产品的表象美。这样旅游策划、规划人员在概念形成的时候就可以利用审美对象的形象美来刺激旅游市场，对于概念的确定就可以是粗线条的，大众一些，浅显一些。

通过对观光旅游市场的审美心理的初步分析，我们了解到在观光型旅游产品概念推出阶段,在旅游资源的选择上要注意选择有代表性的、与旅游市场周边旅游资源有着一定差异性的、具有品牌效应的大众化的自然、社会和艺术美;在概念语言的设计上要特别注意选择通俗易懂、易于传诵的言辞。有了这样的观光产品概念,然后,就可以把它通过各种方式传递给潜在的旅游市场,使该旅游市场开始进行对其概念的评价,而后将评价的结果反馈给旅游策划和规划者,再进行修改。

2. 调整开发阶段的审美心理解析

根据观光市场对产品的概念的反馈,旅游策划规划者要对方案进行完善,经过多次的调整分析,方能进入产品的组合、组装阶段。这个阶段仍然要根据市场调查和访谈得来的市场审美心理分析,进行观光旅游产品的组合。

(1) 景区方面　根据旅游者追求数量的审美心理,尽量选择多样和丰富的景区,甚至要考虑到晚上夜景旅游者自行观光或包团观光的景点选择和设计。求多的心理就会不太重视景点的深入了解,因此,在进行景区内部的游览时,注意选择大众的、有代表性的景点。总体上的原则是:选择多个景区,在景区内选择有限的有代表性的经典景点。

(2) 交通方面　根据观光旅游者求速、求近、求安全的心理特征,一般选择较为舒适、宽阔和安全系数高的路段,不宜选择过于盘旋崎岖的路段。由于观光型旅游者对时间较为敏感,所以对车速要求较高。他们往往对旅游目的地的风光审美性较强,不希望把过多的时间浪费在旅途之中,到达旅游目的地的时间越快越好,因此,在沿途风光的选择上不太关注。例如,从四川通过川藏公路到九寨沟去观光,就存在着沿途时间过长,旅游者疲惫不堪,尽管沿途风光非常美妙,但旅游者根本无心赏景,这样的交通的选择,不仅不会给旅游者带来愉悦,反而是痛苦。

(3) 住宿方面　要满足观光旅游者追求景观数量的审美心理,其位置最好距离旅游景观较近,并在位置上适于旅游者在休息时进行自行游览和观光,能增加旅游观光者的审美满意度,因为旅游者期待利用闲暇去赏析一些景观,尤其是夜景。住宿条件上,观光旅游者不追求豪华,只期待旅游服务热情如家,住宿设施干净整洁,住宿周边环境尽量安静,利于充足的睡眠以缓解疲劳,更好地迎接第二天的奔波。

(4) 餐饮方面　要满足观光旅游者追求菜品的数量较多,提供餐饮的时间及时等心理需求,在审美关注上,观光旅游者一般只求菜品卫生、大众、可口,就餐环境大气宽敞、整洁卫生即可。

(5) 购物方面　要充分满足观光旅游者的购物欲望,观光型旅游者一般较之于度假和休闲旅游者来说更重视旅游购物,因为审美经验少,期待留下永久的记忆,另外,亦期待回归常住地后,以较有特色、物美价廉的旅游纪念品馈赠亲朋好友。

3. 试业感受阶段的审美心理解析

试业感受阶段要通过与旅游者面对面地接触、交谈,更好地了解观光旅游者对旅游产品的初步的审美感受、审美情感的满足和审美层次的状况,并请求其提出意见和建议。这一阶段是洞察旅游者实地审美感受的阶段,是对观光旅游者的审美心理是否得到满足的检查阶段。最好通过专门的人员与旅游者进行面对面的交谈。交谈的内容主要涉及观光旅游者对旅游产品硬件设施第一审美印象如何,总体感受如何,对产品的数量、类型是否满意等等。另外,邀请旅游经营商、批发商和零售商进行产品审美体验也是非常重要的,因为,未来产品要想推向市场,这些旅游业的从业人员则是营销该产品的核心,这些人有着丰富的审美经验和营销经验，能够根据产品的实地感受提出意见、建议，并为该产品进行初步的市场预测、判断，从而为旅游产品的正式投入市场奠定了良好的基础。

4. 调整开业阶段的审美心理解析

在调整开业阶段，主要是根据试业阶段的旅游者和旅游业相关企业从业人员的审美感受反馈的意见和建议，结合现实观光旅游市场的审美心理分析，进行全面的调整、完善，然后将产品投入市场。在正式开业期间，由于观光旅游市场多为经济型的旅游者，可以借助企业的开业，推出一系列的促销活动，以更好地刺激旅游市场的购买欲望。

工作任务二　休闲旅游产品开发的审美心理解析

1. 概念感受阶段的审美心理解析

要想初步形成“休闲旅游产品”的概念，也要从旅游者的审美心理出发进行研究，才能预测出休闲旅游者的各种审美心理需求，才可以根据这些需求确定新奇、特别、个性化的旅游产品概念。由于休闲型的旅游者旅游审美经验较多、审美情感丰富，经济条件和出游时间较为充裕，在审美对象的期待上往往追求深度，不求数量，但求质量。休闲旅游一般强调主题性，因为休闲旅游者多为拥有一定旅游经验的旅游者，期望对每一次的休闲活动都能够产生细致深入的认识。其次，是对休闲型旅游者的审美感知独特、审美品位中档、审美情感丰富的审美心理特点的把握，从而可以明确休闲旅游者追求产品的独特美和富有激情的一面，并要求休闲旅游产品具有一定的品位。旅游策划、规划人员在概念形成的时候就可以利用有特色、参与性强、富有激情的特点，选择出新奇的、特色的、与旅游市场周边旅游资源有着明显差异性的资源；在概念语言的设计上要特别注意言辞有激情，特色鲜明，具有较强的鼓动性。有了这样的休闲产品的概念后，就可以把它通过各种方式传递给潜在的旅游市场，对其进行概念的评价，而后反馈给旅游产品开发者，进行修改。

2. 调整开发阶段的审美心理解析

根据休闲市场对产品的概念的反馈，对方案进行完善，要经过多次的调整分析，方能进入产品的组合、组装阶段。这个阶段仍然要根据市场调查和访谈得来的市场审美心理分析，进行休闲旅游产品的组合。

(1) 景区方面　根据旅游者追求一定深度和质量的审美心理，选择一个富有参与性、娱乐性的主题，并在休闲娱乐主题下设计多个情境，让旅游者充分放松、尽情娱乐。

(2) 交通方面　休闲旅游市场在交通上往往有特殊要求，不一定是宽阔的大路，不一定追求较高的交通安全系数，喜欢选择曲径通幽、奇趣盎然的路段，关注旅途中的景观。因此，在旅游产品开发时要充分考虑到休闲旅游者对沿途风光的偏好，尽量将交通路线选择在风景宜人、沿途处处有景、处处生情的路段。所以对车速要求不高，旅游过程的体验性较强。

(3) 住宿方面　休闲旅游市场往往不太重视住宿位置和距离旅游景观的远近，但却十分关注住宿的周边环境是否宜人。较之于观光旅游市场而言，虽然不刻意要求周边景观的数量，但因为休闲旅游时间较为灵活和充足，所以喜欢住宿场所内有特色的参与性活动。

(4) 餐饮方面　不追求菜品的数量，而重视质量，关注菜品是否具有地方特色、是否口味独特、是否具有一定的品位。此外，还要注意创造休闲的就餐环境，既要具有一定品位，档次又不可太高，要求优雅而不奢华，大气而不土气，休闲而不随意，轻松而不轻慢。

(5) 购物方面　休闲旅游市场的审美心理决定它不像观光旅游市场匆忙，比较重视纪念品的地方性和独特性。所以，在购物点的选择和设置上，注意购物点的形象设计的独特性，创造和销售的购物品应具备艺术性、独特性、品位性和参与制作性，不可像观光性旅游产品那样过于强调物美价廉。

(6) 娱乐方面　休闲旅游产品的审美心理的需求满足主要体现在娱乐上，因此在进行调整开发阶段时，要根据旅游市场对产品娱乐部分的需求，特别精细地调整娱乐功能。主要从内容选择的恰当，进程持续的趣味，时间控制的得当等方面入手，对娱乐项目和娱乐设施进行更具体的设计和调整。

3. 试业感受阶段的审美心理解析

试业感受阶段可以通过专门人士，或以旁观者的身份，或以休闲旅游者的身份进行休闲旅游活动项目的实地体会或观察。通过亲身体会，感受项目的参与程度和娱乐效果，策划人员通过观察体验者的表情、语言和态度，感受其审美感受的满足程度，也可以通过与体验者面对面的接触、交谈，更好地了解休闲旅游者对旅游产品的初步的审美感受、审美情感的满足、审美层次的实现情况，并请求其提出意见和建议。这一阶段要充分体察和观察旅游者实地的审美感受。休闲型旅游者审美经验较多，要求相对于观光旅游者来说更高，因此必须要特别关注试业时旅游者的各种心理感受。另外，参与、娱乐性的休闲项目与观光景点不同，一个是动态的，一个是静态的，静态的旅游产品相对而言对硬件上的要求较好满足，动态的旅游产品则就具有一定的难度。参与动态的休闲旅游活动时，几乎旅游者的所有审美器官都参与到旅游审美当中，都处于一种兴奋状态，所以，哪一个器官体验不好，都会影响到旅游者的审美心理感受。邀请旅游经营商、批发商和零售商进行休闲产品的审美体验也是必要的，但就休闲度假产品而言，试业阶段更强调旅游者和模拟旅游者的体验。

4. 调整开业阶段的审美心理解析

在调整开业阶段，主要是根据试业阶段旅游者和模拟旅游者的审美感受反馈、意见和建议，并结合现实休闲旅游市场的审美心理分析，进行全面的调整、完善，然后将产品投入市场，正式开业。

工作任务三　度假旅游产品开发的审美心理解析

1. 概念感受阶段的审美心理解析

初步形成"度假旅游产品"的概念，要根据旅游者的审美心理特点进行研究，预测出度假旅游者的审美心理需求，确定个性化、细致化的服务，提供配套化的生活设施为主的度假旅游产品的概念。度假型的旅游者的旅游审美经验最多、审美情感细腻、审美品位最高、审美理解力较强，所以在概念感受上不同于观光和休闲产品的开发，重视产品概念的深度、文化性、知识性、高雅性，喜欢概念推出方式具备一定的深度，如果言辞浅显通俗，流于大众化，就不会引起该市场的兴趣，感受概念的印象不好，就不会激起旅游市场的更大的兴趣，影响未来度假旅游产品的营销。在概念推出时，还要重视塑造度假旅游产品的生态美，因为，度假旅游活动是一种时间较长的异地生活，所以一般要求度假地位于生态环境较好的地域，这也是度假旅游者比较重视的方面，因此，要在概念上突出生态性的审美感观刺激。旅游策划、规划人员在概念形成的时候就可以利用旅游者的这些心理需求，对旅游资源进行选择;在概念语言的设计上要注意言辞高雅,耐人品味,富有深度。度假产品的概念一经形成,就可以把它通过各种方式传递给潜在的旅游市场,然后得到该市场对概念的评价,而后反馈给旅游策划和规划者进行修改。

2. 调整开发阶段的审美心理解析

根据度假市场对产品的概念的反馈,对方案进行完善,要经过多次的调整分析,方能进入产品的组合、组装阶段。这个阶段仍然要根据市场调查和访谈得来的市场审美心理分析,进行度假旅游产品的组合。

(1) 度假区的选择　根据旅游者追求产品的品位较高、情感细腻等审美心理,总体上的原则是:选择一个周边环境幽雅、生活服务设施配套、服务娱乐设施齐全、度假区服务设施完备的地域。还要配有主题性的娱乐活动,也要在休闲娱乐主题下设计多个情境,让旅游者充分放松、尽情娱乐。

(2) 住宿方面　住宿条件的环境设施是度假旅游市场接触最多的要素,因为要长期居住,所以根据旅游者的审美心理,将度假酒店、度假村或度假别墅开发得如家般温馨、舒适。而度假住宿设施的建构必须坐落于风景秀丽、环境宜人的区域之中,注意塑造和谐、宁静、幽雅的氛围。

(3) 餐饮方面　根据度假旅游市场的需求,既要提供安全、环保、卫生和美观的厨房用具,以方便度假旅游者自己烹饪可口的饭菜;也要提供酒店的餐饮服务,旅游者若不喜欢自己烹饪时,即可随叫随到。如果是购买现成的菜品,则重视个性化、意境化和高雅化;如果是自己烹饪菜肴,则注重购买菜品材料的市场的远近和菜品材料的生态卫生。

(4) 配套生活设施　要尽量为度假旅游者提供最齐备的服务,凡是日常生活中需要的设施,作为产品的开发者,都要考虑进去,这样,才会为形成度假旅游产品的开发奠定一个良好的基础。

(5) 娱乐方面　设置有针对性的、高档次、高雅的、轻松的或轻微运动型为主的配套性娱乐设施。

3. 试业感受阶段的审美心理解析

对于度假旅游产品的试业感受阶段来说,不需要邀请旅游业的相关人员,也不需要企业管理人员模拟体会,必须招徕或邀请潜在度假旅游者或现实度假旅游者进行实地感受和体会。因为度假旅游市场的人群相对于观光市场和休闲市场而言较少,这些特定的人群的特定的审美心理,势必要通过拥有真正的度假审美动机的旅游者进行体会,才能够真正得到对初步形成的旅游产品的最真实的感受,并提出宝贵意见,以利于下一步的整改和开业。

4. 调整开业阶段的审美心理解析

在调整开业阶段,根据试业阶段旅游者审美感受反馈、意见和建议,并结合现实度假旅游市场的审美心理分析,进行全面的调整、完善,然后将产品投入市场,正式开业。

实训:“海南黎族民艺苑”开发的审美体验

本实训根据杨哲昆教授2004年策划方案《海南黎族民艺苑》的创意,对该旅游产品进行一系列的开发设想。

【实训内容】

（一）“海南黎族民艺苑”产品开发的概念感受阶段

根据本项目的特点，针对目标市场的两个层次，推出“海南黎族民艺苑”的产品概念：

1. 针对第一层次——以黎族为主体，以岛内常居人口的文化性休闲消费市场为补充的“参与性”市场。这个市场不仅有相当的数量，可以对本项目产生基本的支撑，更重要的是，它是本项目产生社会效益的关键。利用“海南黎族民艺苑”解决当地黎族人的部分就业问题，吸引黎族人的注意力。然后，通过对这些已经进入员工系列的黎族人进行培训，将“海南黎族民艺苑”的总体美学风格以概念的形式，深入黎族人的头脑，并使之成为焦点和羡慕点。另外，还可以通过黎族地区政府机关，推动当地黎族人积极参加，不仅使黎族民俗文化得到有效的发展；同时也吸引了岛内众多的非黎族人的目光。

2. 针对第二层次——综合性的外来旅游和外部文化市场为主的“消费性”市场。对于这个市场则可以通过对旅游零售商实施合作和共同营销的方式，以设计特色的产品形象对外来旅游者和外部文化消费市场实施概念感受。也可以通过商业广告传播进行概念推进。

（二）“海南黎族民艺苑”产品开发的调整开发阶段

开发“海南黎族民艺苑”的民俗产品的总体美学风格是原始与生态之美。根据旅游市场对概念的感受和意见，根据创意进行调整开发。

1. 生态之美——停车场：根据策划方案，在东北部沿公路设停车场，约 15 亩地，总体上要大气，停车场的总体的空间布局是以特殊的海南植物辅之以三角梅的围墙，生态化路面和植物遮阴网，自然天成，车位标示明确。

2. 植物大门：在北部偏东设大门和民俗广场，约 30 亩地，因为大门是旅游者感受的“第一印象”，所以要在开发时特别关注。以巨榕构门，大门 30 米开口。门两侧各种双排十米高大王棕，构成树墙，形成第一视觉震撼感。门岗的设置要体现黎族风格，要体现黎锦的印染的色彩特色。

3. 原始之美——大广场：生态广场，按直径 100 米设计。容纳 8 000 人列队，其间建造巨型图腾柱，用大理石材料，五棱 36 米高，浮雕黎族民间典故，体现古朴、神秘的美学风格，观礼台可容纳 1 600 人座位，以椰棕和椰树的表皮作为观礼台的装饰，尽显自然生态风格，广场两侧设置高能多向聚光灯，聚光灯放置于生态化设计的柱体上，主要光线聚焦在图腾柱。

4. 朴拙之美——茫野区：沿迎宾大道种植 6 米宽的槟榔树林，造成景区掩映在槟榔林中亦隐亦现的效果；紧邻槟榔林设宽 35 米的茫野带，临茫野带建宽 2 米的漫步长廊。通过槟榔树林的种植塑造一种生态美感，通过茫野带的构建，创造一种原始的苍茫感，烘托出黎族曾经拥有的历史的厚重，辅之以小的图腾景观，就使得茫野带不至于板滞或缺乏生气，同时又增加了一定的文化之美。

5. 动态之美——黎锦园：民俗广场东南侧设黎锦园，约 30 亩，将成为海南最大的黎锦手工编织作坊。

6. 历史之美——史画廊：入口处为黎族史画长廊 99 幅，占地约 1 亩。

7. 民舞之美——卡咯园：出黎锦园向西设卡咯园，是海南黎族民族舞蹈卡咯舞（又称竹竿舞）的竞赛场所，每月每季每年举办各类卡咯舞比赛。

8. 声响之美——叮咚园：卡咯园向西为叮咚歌园，主要举办各类黎族民族乐器和民歌大赛。

9. 野性之美——竞技园：再向西为竞技园，举办黎族传统的斗牛赛事、各类民间竞技等活动。

10. 饮食之美——风味园：黎族风味园设在景区正北中部，汇集黎族民间小吃、传统菜肴，并举办烹饪、酿酒等各类黎族民间赛事。

（三）“海南黎族民艺苑”产品开发的试业感受阶段

通过调整开发，“海南黎族民艺苑”的旅游产品的硬件基本成熟，辅以相应的软件，邀请业内的即将合作的旅行社的老总及营销人员、酒店业的高层管理人员进园进行免费体验；同时，也利用初步的市场营销手段，吸引来部分海南黎族人进园进行免费体验；吸引海南当地“海南黎族民艺苑”周边的旅游市场进行实地消费；协调地方政府试办各种黎族民间比赛，并通过观察、访谈和问卷调查的方式，得到试业阶段旅游者的评价和意见。对于休闲旅游者需要深入审美的方面，例如修整叮咚园，不仅可以让旅游者练歌，而且可以赏歌，增设当地黎族歌手，表演情歌对唱的情景剧；增设黎族传统乐器演奏等等。为了促进其参与性，仿制传统乐器邀请旅游者一起演奏，并配有老师，既可让其进行实地演奏，又可进行商业操作。

（四）“海南黎族民艺苑”产品开发的调整开业阶段

通过试业感受，对原方案进行调整，将景区进一步多元化，使经营、生产、竞赛、表演共存，从而更全面地、原汁原味地展现黎族民间艺术和技艺。将“海南黎族民艺苑”以黎族赛事活动中心、黎族工艺品生产中心、社会生态化的黎族景点等多种身份正式推向市场。

【实训提示】

1. 实地模拟体会：教师选定一正在进行旅游产品开发的企业，或是已经开发营业的企业，带领学生到该景区进行实地参观考察，并与企业有关管理人员召开座谈会，请其为学生讲述旅游产品开发的体会。

2. 实地调查分析：教师根据第一节学生的旅游产品创意，在实训室中指导学生进行旅游产品的开发，每个小组推出产品开发方案后，都要经过集体讨论，并研究其可行性。教师点评指出优势、缺陷，并提出建议。

【实训要点】

1. 学生要认真学习旅游产品的开发的理论知识。

2. 对企业管理者所讲的体会进行分析，并提问。

3. 对于模拟实验室中的旅游产品开发方案，请企业有关人员对优秀的学生作品进行评价。

本章小结

本章通过对不同类型的旅游产品的开发和环节的把握，讲述了不同类型旅游产品的审美要素的发掘和旅游审美心理的解析。

旅游产品分为三个类型：观光旅游产品、休闲旅游产品和度假旅游产品。旅游产品开发的主要环节分为概念感受阶段、调整开发阶段、试业感受阶段、调整开业阶段。

观光旅游产品倾向于“静态”审美要素，休闲旅游产品倾向于“动态”审美要素，度假旅游产品介乎其中，亦动亦静、亦庄亦谐。

应从概念感受阶段、调整开发阶段、试业感受阶段、调整开业阶段分别对观光旅游产品、休闲旅游产品、度假旅游产品的开发和旅游审美心理进行解析。

检　测

一、复习思考题

1. 结合一个具体的度假旅游产品，指出其亦动亦静、亦庄亦谐的特点。

2. 简述休闲旅游产品在调整开发阶段的审美心理解析。

二、实训题

选择一种类型的旅游产品，结合实际，试谈怎样对其进行具体实际的开发，并主要阐述在开发过程中怎样发掘其审美要素。

项目十二　旅游市场开发的审美

学习目标

◎ 了解　旅游产品市场开发的主要种类和主要环节

◎ 理解　旅游产品审美要素的发掘与旅游市场开发的内在联系

◎ 掌握　旅游产品市场审美心理的解析与旅游市场开发的内在制约

◎ 应用　从市场开发的角度发掘产品审美要素和解析审美心理

本章导读

本章讲述的是旅游产品市场开发与审美的关系,是在旅游产品开发审美心理探索的基础上,对旅游产品市场开发的美学探讨。第一节探讨旅游产品市场开发的主要种类和主要环节;第二节探讨产品审美要素的发掘与旅游市场开发;第三节探讨市场审美心理的解析与旅游市场开发。

模块一　旅游市场开发的主要种类和主要环节

引导案例

马航 MH370 失联事件牵动着全世界人民的心,继而又传来韩国"岁月"号客轮沉没事件,接连的灾难让人对出行交通工具的选择多了一分无奈。无论是马航事件还是韩国事件都极大地影响了中国人出境游的热情和信任。据统计,马航 MH370 事件以来,中国共有 3 万个旅行团被取消。据专家预测,2014 年中国赴马来西亚的游客减少 40 万—80 万人,马来西亚政府将减少至少 40 亿—80 亿人民币的旅游收入。为此,中国的旅行社近几年在开发中马旅游新产品上都将会慎之又慎,没有哪一家旅行社敢逆旅游者的意愿行事,在进行旅游产品市场开发时,必须立足国内、国际形势,进行深入分析和预测,否则花了大力气也不会收到好的效果。

一、旅游产品市场开发的主要种类

1. 观光类型旅游市场

观光旅游市场是以观光作为主要出游目的的市场群体,多集中在中小城市,多为工薪阶层、学生、农民,其年龄段多为年轻人、收入水平中等的中年人。

2. 休闲类型旅游市场

休闲旅游市场是以休闲作为主要出游目的的市场群体，多集中在大中城市，多为高收入的白领阶层或其他较高收入的人群，其年龄段多为中、老年人。

3. 度假类型旅游市场

度假旅游市场是以度假作为主要出游目的的市场群体，多集中在大中城市，多为高收入、高层管理人群，同时又拥有大量空余时间，其年龄段多为中、老年人。

二、旅游产品市场开发的主要环节

1. 吸引旅游市场注意阶段

(1) 观光旅游市场　观光旅游市场总是追求在最短的时间内欣赏最多、最著名的、最好的景点，其审美心理特征倾向于经典的、时尚的、丰富多样的旅游产品形象。实施开发手段，可以采用鼓动时尚式的宣传、推广经典产品式的宣传、多样化旅游产品展销式的宣传等方式，吸引旅游市场的注意力。时尚流行的、经典品牌化的、丰富多样的旅游产品会极大地满足旅游市场的审美好奇心，旅游结束后对自己来说是不虚此行的，对亲朋好友、同事来说，也是一个令人羡慕的经历。

(2) 休闲旅游市场　休闲旅游市场的审美心理特征是求新、求奇，重参与。在吸引市场注意的开发阶段，可以采用"动态"的、新奇的、独特的旅游产品形象吸引旅游市场的注意力。例如，采用立体的静态或动态的广告、生动极富魅力的宣传语言进行传播，会收到良好的吸引效果。这类旅游市场拥有休息、娱乐和参与的审美需求，使这个市场感受到旅游产品中参与的乐趣，是吸引其注意的关键。

(3) 度假旅游市场　度假旅游市场是一种高端的旅游市场，其审美特征要求，不同于常居环境的现实环境，希望较长时间地居留于一个高品位、高享受、高雅的、生态的环境当中。在吸引市场注意的开发阶段，对度假旅游市场，要采用"动静结合"的手段，通过高雅、优美的度假环境来吸引旅游市场的注意。例如可以采用高雅音乐为背景，动静结合的度假休闲环境为主题的大型、高档的宣传广告在大都市、高端人群中间播放。

2. 激发旅游市场兴趣阶段

(1) 观光旅游市场　观光旅游市场审美感受是一种直观的感受，其审美体验是表层的。对于观光旅游市场而言，激发兴趣阶段的市场营销手段往往通过被其关注的旅游产品的最精华、最闪光的场景、画面展示出来，重视刺激旅游市场的审美感官的外在形象塑造，通过强烈的审美感官刺激，从而激发观光旅游市场的浓厚的审美兴趣。

(2) 休闲旅游市场　休闲旅游市场和观光旅游市场不同，休闲旅游市场更加理性一些，被强烈地吸引后，休闲旅游者不会像某些观光旅游者那样，被表面的现象所迷惑，盲目地采取行动，而是要进行理智的分析。所以，对于休闲旅游市场来说，激发起兴趣后，深入地展现旅游产品的审美要素就显得格外重要。可以将旅游产品中的各种娱乐性、参与性、休闲性的旅游项目较为详尽地展示出来，尤其突出每一项活动的独特的、休闲的、娱乐的功能。虽然吸引休闲旅游市场需要强烈的感官刺激，但要想激发其兴趣，就要细致、深入地进行产品的介绍和展示，才会收到良好的效果，不要急于求成，否则事倍功半。

(3) 度假旅游市场　度假旅游市场是一个审美品位较高，审美经验较为丰富的、高收入的群体，要想激发度假旅游市场的兴趣，就应该在其最感兴趣、最关注的角度进行深入思考，他们往往不在金钱上作过多考虑，而非常重视旅游产品开发者的品牌，关注该企业是否可以为其提供舒适高档的居所，是否拥有和谐休闲的高品位活动项目，旅游产品的档次是否能够体现旅游市场的身份和高层次的审美追求。在进行广告设计和营销宣传时要特别注意突出旅游产品的品牌和高档。

3. 实现旅游市场行动阶段

(1) 观光旅游市场　在实现旅游行动阶段，观光旅游市场往往忽略旅游市场的个性审美特征，重视审美的数量，希望在有限的时间内获得更多的景点的观赏。因此，要在宣传上体现出该旅游市场最为关注的方面：旅游产品的价格较为低廉、数量丰富、旅游时间合乎旅游市场的带薪假期时间。

(2) 休闲旅游市场　休闲旅游市场在实现旅游行动阶段，要在营销宣传上更加突出地渲染旅游产品的审美特色，突出与休闲旅游市场日常生活环境的强烈差异美，为其提供异地的、别样独特的美感体验，同时，强调体验参与和娱乐活动的安全保障，体现轻松愉快的休闲主题。

(3) 度假旅游市场　度假旅游市场对产品的价格有较高的承受心理，但在确认动机、实现旅游行动方面，一般较之前两类旅游市场更加慎重一些，度假旅游产品的安全环境、个性服务、细节美是度假旅游市场关注的重点。因此，更要细致具体地分析旅游市场，在宣传上突出这些高消费人群最为关注的问题，指出旅游产品的安全系数、旅游度假中的私密性，度假中是否可以享受到高品位、个性化、专门化和细致入微的服务等等，才会激发度假旅游市场的兴趣。

模块二　旅游市场开发审美要素发掘

引导案例

在一次国际旅游营销会上，一家企业向参会者介绍了吊罗山原始雨林，谈到了林区无与伦比的空气质量、冬暖夏凉的气候、生态化的野生食物等等，希望国内外旅行社多带团来。虽然宣传引人入胜，但是促销效果并不好。其实，对于团队观光旅游者，介绍中提到的优势，并没有多大的吸引力，因为在短时间的观光中，无法真正享用这些宝贵的资源，真正能消费这些资源的是度假市场。如果不能从资源中找到观光市场最感兴趣的审美要素，就不能真正吸引和启动观光市场。

要想对旅游市场进行深入的开发，就必须在对旅游市场心理进行细致揣摩的基础上，对旅游产品的审美要素进行深入的挖掘。然后为不同类型的市场运作提供更恰当的、有效的市场运作素材。

工作任务一　审美要素的发掘与观光旅游市场开发

观光旅游产品大多是包价旅游产品。因此，在观光旅游市场的开发上，往往要更多地借助旅游零售商的力量完成对观光旅游市场的开发。旅游零售商多指城市中的旅行社，旅游零售商要熟悉掌握多种观光旅游产品的特点、价格和日程安排，通过深入地对观光旅游市场的经济支付水平、生活消费需求和方式等情况的了解，采用各种途径来帮助旅游市场进行对观光旅游产品的恰当的、适合的挑选。旅游零售商可以直接将设计合理的、适宜的观光旅游产品的宣传资料、宣传广告传递给观光旅游市场，这些宣传资料和宣传广告要充分展示出观光旅游产品中的审美要素。做宣传资料和宣传广告时，首先就要在观光旅游产品的名称上下工夫，要突出时间的美感，以强烈地吸引旅游者，然后，在内容上突出线路的美感。

1. 突出时间安排的恰当性

出发返程时间安排得恰当，要特别注意符合旅游市场的周期变化。在每天游览出发时间的安排上，可以早一点，但又不可太早；尽量充分利用每天的游览时间，游览更多的景点。观光时间安排恰当性的美学原则是：紧张而又轻松，张弛有度。

2. 突出线路安排合理性

在观光线路的安排上，要注意恰当的安排高潮景点和平常景点；要合理安排每天行程中的高级景点和普通景点，根据观光旅游心理的变化，抓住旅游市场的心理低潮和高峰的时间来安排观光线路，其安排合理性的美学原则是：有规律而又有变化，富有节奏，进行恰当的调节。

工作任务二　审美要素的发掘与休闲旅游市场开发

休闲旅游产品是半包价或非包价的旅游产品，因此，在休闲旅游市场的开发上，往往要通过旅游代理商（只接受旅游产品生产者或供应者的委托，在一定区域内代理销售其产品的旅游中间商）和旅游零售商完成对休闲旅游市场的开发。旅游代理商和零售商要熟悉掌握休闲旅游产品的主题、特色、项目、价格和日程安排等，通过深入地对休闲旅游市场的经济状况、生活消费需求和方式等情况的了解，采用各种途径来帮助旅游市场对休闲旅游产品进行恰当的、适合的挑选。旅游代理商和零售商在发掘休闲旅游产品的审美要素的基础上，将设计特色的、生动的休闲旅游产品的宣传资料，通过恰当的方式传递到休闲旅游市场。这些宣传资料要充分展示出休闲旅游产品中的审美要素。

1. 旅游主题独特突出

休闲旅游产品相对于观光旅游产品而言，在时间的要求上呈现弱势，而强调旅游主题的独特突出。休闲旅游产品的第一个审美要素就是主题鲜明，富有特色，求新求奇。只有将这些休闲市场最关注的审美要素展现出去，才会最大限度地引来旅游市场的关注，才有可能会产生旅游行动。

2. 旅游项目细致深入

休闲旅游市场在旅游观光项目上不像观光旅游市场那样求多，而是求细。同样的旅游目的地，观光旅游市场只需了解，而休闲旅游市场则要求深入细致地了解，所以在宣传上要凸现休闲项目的深入性，才能满足休闲旅游市场的审美需求。

3. 旅游场景生动有趣

休闲旅游市场还追求每个旅游场景的生动和参与性，因为是要深入地去休闲娱乐，所以在旅游市场营销宣传中，要把旅游过程中的每一个场景的新鲜、奇特、激情和娱乐性，都充分地传递给旅游市场，以达到用突出的场景活跃旅游市场的审美联想，更好地激发其兴趣的目的，最终实现旅游行动。

4. 旅游体验丰富多彩

从旅游体验角度看，要在休闲旅游的各种要素中突出审美要素，因为，休闲旅游不仅关注游、购、娱，也关注吃、住、行，因此，要将特色、新奇、地方、民俗和参与性的审美要素贯穿到六大要素的展示中。例如，旅游批发商可以利用某一交通工具吸引休闲旅游市场，在对休闲旅游市场的宣传上，可以针对不同休闲市场的审美喜好进行宣传，“越野汽车穿越塔克拉玛干沙漠”、“诺亚方舟漂流长江三峡”等的休闲主题都是引起休闲市场兴趣的一个亮点。除了交通外，其他要素也可以利用文字、图像和情境传递给休闲旅游市场，以期达到最佳的宣传效果。

工作任务三　审美要素的发掘与度假旅游市场开发

度假旅游产品是典型的非包价的旅游产品，因此，在度假旅游市场的开发上，可以通过旅游代理商和零售商完成对度假旅游市场的开发。旅游代理商和零售商要熟悉掌握度假旅游产品的主题、特色、价格等，通过深入的对度假旅游市场的经济状况、生活消费需求和方式等情况的了解，采用各种途径来帮助旅游市场进行对度假旅游产品的恰当的、适合的挑选。旅游代理商和零售商在发掘度假旅游产品的审美要素的基础上，将设计特色的度假旅游产品的宣传资料，通过恰当的方式传递到休闲旅游市场。这些宣传资料要充分展示出度假旅游产品中的审美要素。

1. 度假旅游环境和谐生态化

要充分将度假旅游产品中环境的、生态的审美要素展示出来，易于居住的生态环境是度假旅游市场最直接关注的审美要素，在宣传资料的画面设计上，一般采用开阔的、大色块的和谐的生态场景的展现。

2. 度假旅游服务环节细微化

另外，在向旅游市场进行展示时，要注意将日常度假生活的家居化、服务的细节化、甚至细微化用各种方式描述出来，可以配以日常生活服务的经典的场景。因为，度假旅游活动的时间较长，所以，对审美要素的要求就更多、更细。只有充分将度假旅游市场最关注的软件服务上的审美要素展示出来，才能够更好地从审美上打动旅游市场。

3. 度假旅游生活设施配套化

没有硬件设施的保障，软件的服务只是空中楼阁。虽然软件的度假旅游的服务是最受旅游市场关注的，但硬件设施仍然是旅游市场审美需求的基础，没有对度假旅游生活配套设施的宣传，光有服务宣传也还是不行的。因此，要注重从度假产品配套化的角度，对产品的硬件情况进行更详尽的介绍，并特别注重从美学的角度发现其魅力，使实力的展示成为整个市场开发的中心。

模块三 旅游市场开发审美心理解析

引导案例

有这样一则小笑话:一家男主人出门上班后,一个图书直销员敲门售书,女主人不愿接待,但是直销员说:"你先看看!"女主人一看书名:《丈夫夜不归借口300条》,立刻引起兴趣,并毫不犹豫地买下了这本书。为什么短短的时间中女主人发生了180度的大转变?根本原因在于直销员把握了购买者的心理。从美学的角度看,不同的消费市场都有其特有的审美心理,把握了这种特定的心理,才能很好地开发市场。

对于旅游市场的审美心理的解析,不仅有利于旅游市场的定位、目标市场的细分,而且也有利于旅游市场的营销宣传。在对旅游市场的审美心理解析中,我们可以通过对旅游市场的审美经验、审美感知、审美品位和审美情感以及审美理解等角度进行分析,然后为不同类型度假旅游市场指出恰当的市场运作方式。

工作任务一 观光旅游市场审美心理解析与市场开发

1. 立足观光旅游市场的审美经验非立体化的特点,进行市场开发

观光旅游市场一般不进行深入的审美体验。旅游审美经验较少,但并不意味着日常审美经验较少,有些观光旅游市场日常审美经验却是相当丰富的,例如教师阶层。对于没有参加过旅游活动,拥有丰富的日常审美经验的旅游者而言,旅游活动中的一切都是新鲜的、新奇的,极富吸引力的,只要拥有一定的时间和金钱,一些精品的、传统的观光旅游产品将是这些旅游市场的首选。因此,在市场营销宣传上,首先就要立足这一点,从公关的角度对旅游市场进行适当的旅游审美教育,旅游企业之间可以联合起来进行对公众的审美教育。例如,通过电视等可视媒体对观光旅游市场进行针对性的宣传。旅游企业也可以自己单独进行公关宣传,这样就可以在公关教育的过程中,突出观光产品的个性特色,便于观光旅游市场的选择,排除其他营销宣传的干扰,易于抓住特定旅游市场。

2. 针对观光旅游市场的审美感知敏感的特点,进行市场开发

观光倾向的旅游市场一般都停留在直觉感知审美对象上,由于受到旅游时间的限制,往往要求在较短的时间里,欣赏到更多的旅游景观,但这个"多"亦是相对而言的。虽然观光旅游市场的赏景可以称之为"走马观花"式,但并不希望时间安排得过紧,最好是在有限的时间内,合理地安排景观,尽可能多地进行赏景。在审美过程中,对所观赏到的景观要求有一个总体的了解,不求深入细致地认识和研究,不求透彻地了解审美对象,只需要总体地感受审美对象。因此,在这种心理需求的影响下,就造就了观光旅游市场的审美感知的较强的敏感性。根据这一点,就可以在旅游宣传品上注意突出观光产品的色彩、形态等方面的对比之美,对比越强烈,越容易突出观光旅游产品的特色,越能够激发旅游市场的审美敏感性。除了运用对比的方法外,还可以通过调动观光旅游市场的各个审美器官来激发其兴

趣和敏感力，眼、手、耳、鼻和心等审美生理器官直接关系到旅游市场的审美感知的敏感性。通过旅游市场营销宣传对审美器官进行全面刺激，就会使旅游市场得到整体审美知觉。

3. 根据观光旅游市场的审美要求不高的特点，进行市场开发

观光倾向的旅游市场由于时间不足，精力有限，审美品位也就呈现出不高的特点。但这并不等同于庸俗的审美品位。只是由于旅游方式的限定，使审美无法更加细腻、深入。这个特点决定观光旅游市场的审美大众化的倾向。我们前边涉及了大众审美与高雅审美，大众审美并非是庸俗的审美，而是指审美市场的广泛性。在现代社会中，普通的、大众的审美品位还是占有最大的市场份额的。虽然审美品位不高，旅游消费水平普遍较低，但是，旅游市场的数量却仍然相当可观。面对大众的审美品位，就应该针对这一点采用大众的旅游市场手段进行旅游营销宣传。过于高雅的或过于低俗的旅游营销都会令观光旅游市场产生反感，收不到良好的效果。

4. 依照观光旅游市场的审美情感活跃的特点，进行市场开发

观光旅游市场尽管审美经验少、审美品位不高，但并不意味着审美情感不活跃。观光旅游市场审美情感不仅活跃，而且还相当丰富，只是较之于休闲和度假旅游市场而言，情感的释放和表达不够透彻和深入罢了。观光型的审美情感，因为时间的限制，表现和释放会受到一定的限制。时间紧张，生理就呈现紧张状态，心理也就随之紧张，审美当然就不会尽兴。旅游市场很容易根据旅游产品的表象产生好恶，喜欢不喜欢旅游产品多停留在感性审美层次，极少深入。所以，要针对观光旅游市场的情感激发因素进行营销，就要抓住最能够激起其情感波动的要素。观光旅游市场对价格最敏感，因此其情感往往和物美价廉结合在一起。针对观光旅游市场的这种审美情感，旅游企业可以采用优惠酬宾、类别旅游折扣、赠送免费观光景点、赠送纪念品或赠送保险等等方式，以此来打动旅游市场。

5. 面向观光旅游市场的审美理解较浅的特点，进行市场开发

由于出游时间和消费能力的限制，观光旅游市场没有更多的客观条件对旅游产品进行透彻的赏析、了解。针对这一点，在旅游宣传上切忌将旅游景点的知识性描述得过于详细，只需要对线路中的所有的项目作概括性的精彩描述，然后再突出一些高潮的精品项目即可。否则，描述越详细，介绍越详尽，宣传越细致，收到的效果却越不明显、越不好。

工作任务二　休闲旅游市场审美心理解析与市场开发

1. 立足休闲旅游市场的审美经验较多的特点，进行市场开发

休闲倾向的旅游市场无论是日常的审美经验，还是旅游审美经验大多比较丰富的。从一般情况看，休闲旅游市场的审美趣味较为丰富，侧重于新奇、独特的旅游产品。同时，休闲旅游产品还要做到能够满足旅游市场的轻松、娱乐和休闲的期待。休闲旅游市场审美经验虽然较之于观光旅游市场的审美经验较多，但相对于度假旅游市场的审美经验而言，又显得较少。针对休闲旅游市场的宣传就要采用注重差异化的宣传手段，同时增强宣传品的奇特性，才能更好达到宣传的目的。

2. 针对休闲旅游市场的审美感知独特的要素，进行市场开发

在审美对象的选择上，休闲旅游市场往往不求多，而求“精”，希望未来的旅游产品在旅游项目安排上不要过多，每个旅游项目力求具有一定的参与性，能进行比较深入细致的体验。休闲旅游市场的审美感知虽不如观光旅游市场敏感，但呈现出独特的需求。对于拥有

一定的旅游审美经验的休闲旅游市场而言，一般的旅游体验是不会引起他们的兴趣的，所以要用不同的主题和项目的特色，抓住休闲市场的不同兴趣，对目标市场进行细分，采用恰当的市场营销手段进行营销。在宣传手段、宣传资料上都要强化独特性这一宗旨。例如可以根据审美个性的不同把休闲旅游市场细分为：阳刚型、阴柔型和中间型旅游市场。阳刚型旅游市场多喜欢冒险、探险类的休闲活动；阴柔型的旅游市场多喜欢民俗、参与性的休闲活动；中间型旅游市场则介于二者之间。

3. 根据休闲旅游市场的审美品位适中的特点，进行市场开发

在审美品位上，休闲旅游市场往往介于“阳春白雪”和“下里巴人”之间，呈现出比大众口味高，比高雅口味低的状态。基于这种特点，在宣传上既有和观光旅游市场相同的手段，也有与度假旅游市场相类似的方法。比如通过网络营销的方式，设立专门的休闲旅游市场网站，征集众多休闲旅游爱好者的旅游主题、项目、场景等各个方面的设计，推出适合旅游市场的丰富多彩的休闲旅游产品。在网站设计、宣传品的设计上切记以中档的审美风格出现，可以采用轻松愉快的画面、活泼生动的色彩等形式美来对休闲旅游市场进行吸引和渗透。

4. 依照休闲旅游市场的审美情感丰富的特点，进行市场开发

在审美情感方面，休闲倾向的旅游市场主要的目的就是休闲轻松、娱乐愉悦，其审美情感的释放的要求较为强烈。在对旅游产品的审美评价中，不会轻易根据表象评价，只有满足了其参与、娱乐的审美心理后，情感得到充分释放，这时才会产生好恶。在审美评价中既有感性成分，也有理性的因素。休闲旅游市场的审美情感虽不如观光旅游市场那样活跃，但是相当丰富，要求休闲旅游过程中的每一个项目、每一个环节最好都能够令人感动，处处有情、处处有感，力求整个旅游审美体验多种多样，丰富多彩，留下美好的回忆，当然这些都离不开休闲的主题。所以，在旅游市场的宣传上可以采用每一个休闲产品就是一个生动的传说、一个动人的故事的方法，利用一个鲜明的主题串联起若干个场景和项目，然后以电影场景放录的形式展示出来。例如设计一个对海南海上民俗旅游产品的宣传，可以通过“我是疍家人，我要去海上打鱼”的主题，贯串起吃、住、玩等一系列内容，刺激休闲旅游市场的兴趣。

5. 面向休闲旅游市场的审美理解较强的特点，进行市场开发

因为休闲旅游市场的旅游审美经验较为丰富，在旅游产品上追求细致和深入，其审美理解力相对来说较强一些。所以在市场营销宣传上，要注重内容和形式的细致。

工作任务三　度假旅游市场审美心理解析与市场开发

1. 立足度假旅游市场的旅游审美经验丰富的特点，进行市场开发

度假旅游市场往往拥有充分的经济条件和充足的时间，因此，其日常审美经验和旅游审美经验与其他类型旅游市场相比，是最为丰富的。对于这样的旅游市场，普通的浅层次体验已经不能激发他们的旅游兴趣。度假旅游市场偏好长时间的轻松的休息、长时间的享受，喜欢根据自己的兴趣和爱好选择一切旅游产品。针对这一审美心理，营销时应该格外细致深入地做市场调研，旅游市场的目标市场细分要更为细致，宣传的深度要更大，要更注重旅游产品品牌化的展示。

2. 针对度假旅游市场审美感知全面的特点，进行市场开发

度假旅游市场在审美对象的选择上，首先考虑的是处于居所和居所周边环境的审美要

素，不求精品旅游区，更不求太多的旅游景点，只求在宁静和谐的环境中，对旅游产品的深入细致的体味。由于时间充裕，所以观赏细致，一切求美、一切求深、一切求真。由于度假旅游市场旅游审美经验丰富，旅游活动经历多，审美品位就相应较高。所以一般的旅游审美要素不足以调动该市场的审美感知。不像观光旅游市场那样感知较浅，也不像休闲旅游市场那样感知单一。度假旅游市场对旅游产品的审美感知的要求是全面性，也是与旅游产品接触时间最长的一个市场，所以旅游生活中的一切细节都寻求美，而且要具有“耐看性”，即具有百看不厌的审美特征。市场开发要特别注重这个特点进行深入的设计。

3. 根据度假旅游市场的审美品位高的特点，进行市场开发

由于度假旅游市场的旅游经济和文化水平最高，审美经验丰富，因此，度假倾向的旅游市场的审美品位显然就是三种市场类型中最高的类型。无论是在自然美、社会美还是艺术美的度假产品选择上，都追求高雅的审美品位。在度假环境上强调愉悦身心的高层次的意境美；度假居所上强调服务的细致美、设施的舒适美、环境的安全美；在休闲活动的选择上，追求高品位的娱乐休闲、健身保健等方面的活动。例如温泉休闲项目、高尔夫休闲项目等。因此在市场营销宣传上，不可以采用大众的、普通的宣传手段，而应该采用专项的宣传手段，例如沙龙式的宣传、专门协会式的宣传、贵宾邀请式的宣传等等。

4. 依照度假旅游市场的审美体验细腻的特点，进行市场开发

在审美情感上，度假旅游市场的情感较为细腻，家庭度假型旅游市场喜欢温馨的亲情美感氛围；情侣度假型旅游市场喜欢私密的浪漫美感氛围；同伴度假型旅游市场喜欢轻松的娱乐美感氛围。度假旅游市场有充足的时间释放情感，需要更多的影响情感、满足情感的审美对象的出现。度假旅游市场由于要较长时间地对旅游产品进行审美，所以追求旅游服务细节美，在日常活动和生活中，一切求美，求细。在旅游市场营销上，要把旅游产品中能够满足其细腻的审美情感的部分展现出来，以细小处的美、细微处的神吸引个性化的度假旅游市场。

5. 面向度假旅游市场的审美理解力强的特点，进行市场开发

比照三种旅游产品，其中度假旅游市场是最为理性的一个市场，其审美理解力也是最强的一个市场。因此在开发度假旅游市场时，可以根据该市场文化水平高低，采用较有内涵的市场营销方式，不要采用观光旅游市场营销那样重视表面的形象宣传。如果度假旅游市场的宣传还是浅层的表面的广告宣传、人员推销等等，就会给度假旅游市场一种不可信任的感觉，觉得没有内涵，没有创造性想象的余地，甚至令旅游市场产生乏味、肤浅的感觉。

实训：海南度假产品的广州旅游市场开发的审美体验

【实训内容】

（一）吸引广州旅游市场注意阶段

广州旅游市场与海南距离较近，该旅游市场收入水平较高，生活质量相对要求较高，城市的现代化节奏较快，气候与海南较为接近，但欠缺海南的椰海风光。周末、节假日的广州市周边的度假去处较少，经过细致的市场调查，发现该市场具有较大的开发潜力。

1. 采用“动静结合”的手段，利用高档的宣传广告、音像大屏幕，在广州市各中心繁华地

段，对海南度假产品进行宣传。

2. 对广州的旅游政府机关实施旅游公关策略，力求其大力支持。

3. 吸引广州当地某些大型的正规旅行社进行合作，共同对该旅游市场进行调查、了解，并实施影响手段，从而吸引广州度假旅游市场的关注。

4. 利用高端住宅区的广告宣传设施，例如电梯广告栏、小区物业公司广告栏等，进行深入的广告宣传。

5. 用高雅、优美的度假环境吸引旅游市场的注意。可以采用高雅音乐为背景，动静结合的度假休闲环境为主题的大型荧屏，在大都市高端人群中间播放。

（二）激发广州旅游市场兴趣阶段

1. 以文字资料介绍和音像资料的方式，向广州度假旅游市场展示旅游产品的高品位、高档次的度假生活，激发其兴趣。

2. 通过海南度假旅游产品的品牌激发其兴趣。

3. 根据广州度假旅游市场的审美爱好和心理需求，展示海南度假产品的特殊亮点，以激发其兴趣。

4. 通过介绍海南旅游度假区服务人员的素质，凸显服务人员的综合水平，展示其软件服务质量。

（三）实现广州旅游市场行动阶段

1. 通过突出度假生活配套设施硬件上的完善、完美，消除广州度假旅游者的后顾之忧，使其感受到方便快捷，以“如家的设施”促使度假旅游市场实现行动。

2. 通过突出度假生活服务的软件服务的细节，让旅游市场从间接的方式了解到度假区的人性化、幽美化、私密性、安全性，以“如家的服务”促使度假旅游市场实现行动。

3. 通过突出海南社会性的保障措施，使市场认同优良的社会环境、朴素而富有特色的民风，以“温馨的社会环境”促使度假旅游市场行动。

4. 通过突出海南生态化的自然环境，使市场认同海南卓越的自然生态环境，明晰生态环境对于现代高质量生活的特殊价值，以“生态化的自然环境”促使度假旅游市场行动。

【实训提示】

1. 实地模拟实训：教师可以针对当地某旅游产品的周末度假市场，带领学生进行调查，书写市场调查报告，并确定目标市场，设计旅游产品市场开发的审美策略，并实施。

2. 实地调查分析：教师选定当地某旅游产品的周末度假市场，咨询其旅游市场开发的状况，并带领学生对已经消费和正在消费的度假旅游者进行调查访谈，了解该旅游产品市场开发的真正效果，指出优势、缺陷，并提出建议。

【实训要点】

1. 教师带领学生认真研究被选定的旅游产品的现状。

2. 确定一旅游产品的周末度假市场，进行实地的市场调查。

3. 根据市场调查结果，制定旅游产品的市场开发方案。

4. 根据市场开发方案，深入中心地带、办公区和住宅区开展营销活动。

5. 整理市场开发三个环节中旅游市场的反响。

本章小结

本章从审美心理角度对旅游产品市场进行细致的分析，将不同类型的旅游产品的审美要素发掘与旅游市场进行透彻的分析，并集中分析了审美要素与旅游市场的关系。

旅游产品市场开发的主要种类分为：观光类型旅游市场、休闲类型旅游市场、度假类型旅游市场。旅游产品市场开发的主要环节分为：吸引旅游市场注意阶段、激发旅游市场兴趣阶段、实现旅游市场行动阶段。

观光型旅游市场、休闲型旅游市场、度假型旅游市场三个角度进行产品审美要素的发掘。

旅游市场的审美心理解析中，通过对旅游市场的审美经验、审美感知、审美品位和审美情感以及审美理解等方面分析，然后为不同类型度假旅游市场指出恰当的市场运作方式。

检　　测

一、复习思考题

1. 选择一个旅游产品，针对这种产品，对其进行旅游市场审美心理的分析。

2. “多数人都不买，说明大多数人都没有眼光。”分析这句话是否正确。

二、实训题

选择一条观光旅游线路，从观光角度分析其审美要素发掘是否充分。

项目十三 旅游经营管理活动的审美

学习目标

◎ 了解　旅游经营管理的主要种类和主要环节
◎ 理解　审美要素的发掘与旅游经营管理
◎ 掌握　审美心理的解析与旅游经营管理
◎ 应用　从经营管理的角度发掘审美要素和解析审美心理

本章导读

本章讲述旅游经营管理与审美的关系，是在旅游策划与规划、旅游产品开发、旅游市场开发审美心理探索的基础上，对旅游经营管理的美学探讨。第一节探讨旅游经营管理的主要种类和主要环节；第二节探讨审美要素的发掘与旅游经营管理；第三节探讨审美心理的解析与旅游经营管理。

模块一　旅游经营管理的主要种类和环节认知

引导案例

2003年“五一”对于旅游业来讲是一场噩梦。春秋国旅也同样遭遇重创。境外游首先受到非典影响损失不小，但和许多同行一样，春秋国旅的管理者已经洞察到旅游业的重大变化，早已制订了计划，预备“境外损失境内补”，抓住时机在国内游市场好好施展身手，最大限度地挽回损失。在春秋国旅思想出现危机的关键时刻，总经理王正华认识到：首先自己不能乱，同时还要通过自己的管理将岌岌可危的人心凝聚起来。5月2日，他书写了一篇题为《莫惊慌，练内功，春秋大厦，坚如磐石》的文章出现在春秋国旅的BBS上，恰似一石激起千层浪，短短几个小时，跟帖、回帖的数量直线上升，达到近百篇。朴实的情感，生动的话语，让员工们意识到，危机当前，怨天尤人只能是徒劳；唯有直面危机，才有可能战胜危机。“春秋兴亡，匹夫有责”“愿与春秋共甘苦，同生死”“分文不取，共渡难关”……信心，就这样一点一点地凝聚。危机，的确使企业遭受前所未有的重创，但也激发出员工前所未有的向心力。在这种精神的感召下，分布在全国各地的春秋分社同样受到重创，但他们没有往总社身上靠，向总社伸手要，而是一同担负起抵抗非典的重任。突围非典的日子里，除了一些实习生和返聘人员暂时待岗外，春秋国旅没有辞退一名员工，也没有一名员工离开公司。经过危机、走过磨难，春秋人更加团结了，春秋人更加坚强了，春秋人更加成熟了。目前，春秋企业迈着更加稳健的步伐在前进……通过该案例我们充分地了解到旅游企业经营管理者的重要性。好的经营管理者不仅为企业带来良好的经济效益，而且在危急时刻可以力挽狂澜，将企业的损失降到最低。春秋旅行社的经营管理者以其优美言语、动人举措，树立了企业的良好形象。

旅游活动的本质是审美活动，那么组织旅游活动的经营管理机构按照美的韵律开展管理工作，不仅组织的旅游活动要美，而且组织管理的过程、组织管理机构都应该是美的。对于旅游经营管理而言，了解经营管理的基本种类，对经营管理中的审美要素进行发掘，并对审美心理进行分析，都是推动旅游企业发展的一个不可缺少的方面。

一、计划管理

计划管理指的是旅游企业制订全局战略和各级分层的目标，综合协调各种活动，以期实现企业的最终目标。计划不仅涉及企业的目标，还涉及达到目标的方法。从旅游美学的角度来看，旅游企业的计划管理是一个构建理想蓝图的过程，有了完美步骤的计划，并拥有恰当的实现计划的方法，企业就有了主旋律，企业内部就可以互相合作，形成一个紧密的集体，更好地实现其经济和社会效益。计划给管理者和非管理者指明了方向，有利于形成和谐的旅游企业氛围，达到管理者与非管理者之间和谐、非管理者之间和谐、非管理者与旅游者之间的和谐。计划管理可以使企业拥有优美的韵律，有了美的韵律，就可以促使企业的各级管理者和非管理者，有条不紊、按部就班地进行日常的企业活动。例如著名的松下公司之所以成为世界消费电子产业中的巨人，和企业精心的策划、长期的计划有着密切的关系。松下公司在成立之初就制订了250年的战略性的计划，即规划，而后在这个250年的主旋律的指引下，制订好每一年、每个月、每一周，甚至每一小时、每一分、每一秒的计划。

在旅游企业的计划管理类型中，我们把它分为战略性计划和作业性计划。

1. 战略性计划在宏观上形成企业管理的主旋律

应用于整体组织的，为组织设立总体目标和寻求组织在环境中的地位的计划被称之为战略性计划。一般来讲，企业的战略性计划包含的时间持久，通常为5年甚至更长时间。另外，战略性计划的主要的任务就是设立目标，而作业性计划则为实现目标的途径和方法。一个好的旅游企业的运营，其计划一定是富有节奏和韵律的，像一首大型的交响乐，而战略性计划就是这首乐曲中的主旋律。

旅游企业的发展战略规划关系到旅游事业的生存和发展，关系到旅游事业的兴衰和成败。成功的旅游发展战略规划可以使旅游企业避免盲目性，有效地帮助旅游企业适应市场的变化的需要，增强企业的应变能力，可以增强旅游企业的竞争力。不谋全局，不足谋一域。旅游企业的发展需要整体性、全局性、系统性和宏观性的策划规划，可以从根本上推动旅游事业的可持续发展。所以，对于旅游企业来说，制订一个合理的、长期的、宏观的规划是非常重要的，它是形成企业良性发展和形成企业优美韵律的前提。

2. 作业性计划在微观上形成企业管理的各乐章

规定总体目标如何实现的细节的计划称之为作业性计划。它包括月度计划、周计划、日计划等等。在企业的整个乐章中，作业性计划是组成整个交响乐的各个小的乐章。旅游企业有了宏观的规划，还要在其指导下，制订各个不同种类的策划：旅游产品策划、旅游广告策划、旅游形象策划、旅游服务策划、旅游公关策划、旅游节庆策划等等，除了类别性的作业性策划外，也还要制订月度计划、周计划和日计划。

二、人事管理

在旅游企业的人事管理当中，人的管理涉及招聘、培训等多个环节，在此环节中，作为管理者要认真细致地为企业挑选出素质高、品质好的企业员工。聘用了好的员工，才可以通过培训选拔出企业的精英，而这也是企业进行人事管理的关键性问题。要想拥有好的员工，就必须有好的领导，在人事管理当中，企业管理是关键。领导者要拥有优秀的人品、良好的形象，才可以形成凝聚力和震撼力，使得企业令行禁止，形成一个完整的和谐的群体。企业的领导者是企业经营管理的灵魂，是企业文化的主导者、企业人事管理的关键人物，是企业发展的核心动力。作为企业的人事管理应该具备凝聚力之美和震撼力之美，才能够更好地调动起企业员工的积极性，形成一个坚不可摧的向上的集体。

1. 凝聚力之美

(1) 旅游经营管理者的人格美　一个企业的凝聚力的核心是企业的最高领导，各级管理者围绕这个核心，形成管理者的人格魅力，这是形成企业凝聚力的关键。企业领导者的人格美包括：胸怀坦荡，不计较小恩怨，忽略个人得失，无私奉献，在利益面前先人后己，以身作则，身先士卒等等。因此，作为一个企业的管理者来说，首先要学会做人，其次才是做领导。

(2) 旅游经营管理者的形象美　企业领导的人格美是最重要的，是核心。但是企业领导的形象美也是必不可少的，因为一个企业的形象好，不仅包括企业本身的内外形象，而且也包括企业最高领导和企业各级领导的形象。对于旅游企业而言，领导者的形象美就更加重要了，因为旅游活动的本质是审美实践活动，而组织旅游活动的旅游企业必然是美的使者，那么，作为指引企业发展前进的管理者的形象当然是美中之美。领导者自身懂得审美，才有可能指引企业创造美、追求美。旅游经营管理者的形象从某种意义上来讲代表了一个企业的形象。无论是着装、发型还是其他方面的形体修饰都要考虑到整个企业的形象。例如，道教景区的老总总是一身朴实的、大方的粗布的唐装；佛教景区的老总则总是穿着整洁，出口禅语，以双手合十礼作为主要的礼节规范；民俗风光为主的景区的管理者一身民族服装，但言谈举止足见管理者的风度和风范；休闲度假为主的景区的管理者则是一身休闲的服装，但又不失管理者的严谨。旅游企业领导者的形象美除了外在形体的美，还注意内在的风度美，如：自信、乐观、果断、洒脱等。

(3) 旅游经营管理者的博学美　旅游企业的管理者应该是文理兼通，博学多才。在现代，旅游活动越来越成为人们的一种全新的生活方式，涉及方方面面。所以，单一型的管理者不能使旅游企业高质量运转。作为一个旅游企业管理者，越博学多闻就越能推动企业朝适合旅游者搜奇觅趣的需求的方向发展。

2. 震撼力之美

(1) 旅游经营管理者的公允美　作为领导要想让下属和员工信服、佩服，就必须要做到公平、公开和公正。公平要求企业领导奖惩公平；公正要求企业领导一视同仁，不偏不倚；公开要求企业领导规章制度明晰，奖惩公开。有了这种公允美，人事管理就有了产生震撼力的基础。

(2) 旅游经营管理者的决策美　经营管理者以其敏锐的洞察力、丰富的经验和果断的决断力形成决策美。面对纷繁复杂的旅游市场和旅游业现状，管理者要能够灵活地、积极地面对竞争和挑战，准确地做出决策。它表现了旅游经营管理者对市场的思维的卓越和认识的明晰。任何一种管理中的优柔寡断，都会造成管理活动韵律的丧失，使管理不和谐。果断的决策，给管理带来直接的震撼力。

(3) 旅游经营管理者的创新美　随着物质文明和精神文明的发展，旅游需求总是处于日新月异的变化之中。对于旅游企业而言，没有创新就没有适应市场变化的活力。这决定了旅游经营管理者要勇于探索、勇于创新。首先是产品创新，旅游经营管理者要适时地将新产品、新工艺、新的服务引入市场。其次是市场创新，要善于发现新市场，善于开发新市场。再次是管理模式创新。能够不断思考新的管理思想、管理原则和管理方法，通过管理模式创新，不断改进企业的管理流程、业务运作流程和组织形式，解决管理问题，降低成本和费用，提高效率，增加客户满意度和信任度。

三、市场管理

从旅游美学的角度看，在市场管理中，核心内容是对品牌的管理。品牌是组织及其提供的产品或服务的有形和无形的综合表现，其主要效用是借以辨认组织产品或服务，并使之同竞争对手的产品或服务区别开来。

品牌，必须拥有超凡的魅力，才能够在市场竞争中立于不败之地。品牌的魅力包含内在的、外在的魅力两个层面。品牌内在美的管理包括：质量之美的管理、文化之美的管理、服务之美的管理。品牌的内在美塑造可以增强品牌的信赖感。品牌外在美的管理包括：标识的选择、名称的确定，品牌的外在美可以增加品牌的吸引力。作为品牌而言，这些美的核心是个性之美，个性之美是品牌魅力磁石的磁场中心，而品牌的个性只有被赋予感动力量时才具有吸引力，才令品牌具有价值。品牌要想拥有个性之美，就必须创新，时刻保持“品牌的新鲜感”。而强调品牌的个性又必须建立在对消费者的了解上，旅游产品的品牌当然就是要建立在对旅游市场的了解的基础上，以“绝对伏特加”为例，它的品牌不是简单的树立个性，而是加入了“绝对想象力”的因素，令其成为一种魅力。想要令魅力永久保持磁性，就必须不断创新，并稳固地保证信赖体系的正常运转。再例如春秋国旅的品牌，2006 年 4 月 20 日《每日经济新闻》登载了春秋国旅日前推出了高达每小时 300 元的“高薪养廉”导游津贴发放策略。其目的就是为了树春秋的品牌。目前国内一些旅行社为了降低成本，发放给导游的津贴普遍很少，有些小型旅行社甚至不发放津贴，导游们往往依靠擅自增加或者减少旅行合同中的项目来赚取收入，如带领游客强制购物以赚取商户的返还利润，或者是降低旅客的伙食标准等，扰乱了旅游市场，降低了服务质量。春秋国旅为了杜绝这种现象目前对旗下导游实施“高薪养廉”政策，就是将旅客的利益放在第一位，通过发放标准较高的津贴来杜绝导游的私下违规行为，以提升旅客对春秋国旅的忠实度。据悉，春秋国旅依据导游的不同级别，开出的津贴达 150～300 元/小时，这个标准是国内某些旅行社的十几倍。这项政策目前已经成为春秋国旅品牌建设的一个支柱型策略。

品牌对于旅游企业来说尤为重要，因为旅游企业提供的旅游产品是无形的产品——服务。让旅游市场信服、选择和信赖唯一的途径就是树立起优秀的品牌来，有了好的品牌，品质就有了保障，服务就会到位，旅游市场就会满意，不仅会吸引来众多的初次体验的旅游者，而且还会形成旅游业的良性循环——回头客。

四、财务管理

财务管理指对企业财务活动进行的管理，它以财务决策为中心，按照财务预测、财务决策、财务预算、财务控制、财务分析等方法体系，利用价值形式对企业财务活动进行综合管理。搞好企业财务管理对于制定企业的发展战略，激发全体员工积极性，合理地筹集、使用和管理资金，抓住发展机会，规避风险，具有重大意义。从旅游审美的角度来看，在旅游企业的管理中要讲求透明清晰之美、动力激励之美和稳重明朗之美。

1. 透明清晰之美

随着经济的发展，企业的偷税漏税、挪用公款等经济违法活动屡见不鲜，而这些几乎都与财务管理中做假账分不开。财务管理的透明化，财务人员的职业道德成为企业发展中重要的立足点。透明之美的关键是财务账目管理的透明化，日常的财务管理要真正做到准确地记账和核算，使账目条理清晰，资金、货物、资产等井井有条。

2. 动力激励之美

企业要想发展迅速，必须形成激励机制。从财务管理的角度，建立恰当的分配机制、福利机制、奖励机制是形成激励机制的重要途径之一。企业的激励机制指的是用于调动员工积极性的各种奖酬的机制，而这种机制必然建立在完善、完美的财务管理之上。对于生产服务的旅游企业而言，财务管理的动力激励之美是至关重要的。因为旅游者接受的服务是无形的，有时候企业的管理者很难衡量和把握企业员工的服务质量，所以，恰当的、合理的、适时的激励机制能推动旅游企业员工形成良好的心情、产生优秀的服务质量。旅游企业如果不重视激励机制，那么，企业的员工就没有活力，没有工作的积极性和主动性，那么旅游者就不会得到满意的、完美的旅游服务。

3. 稳重明朗之美

财务管理历来被认为是一种稳健的工作，一分钱、一份账都不允许有任何差错。所以传统意义上的财务管理是“灰色的”：简单、重复、死板。其实，如果在财务管理中融入“明朗”的要素，完全可以消除管理中存在的“沉重”成分，形成一种稳重明朗之美，使财务管理变成明朗、轻快、进取的“蓝色”。“明朗”的要素主要表现为“环境的清净”“着装的轻快”“氛围的轻松”“管理的轻巧”，融入这些要素，财务管理就能形成“蓝色管理”的特色，使财务管理变成一种审美追求。

五、发展管理

旅游企业的发展管理是从战略的角度对企业实施的管理，包括企业理想、企业文化和企业形象建设。

1. 企业理想

指企业为实现其自身和社会价值而确定的发展目标。企业理想是激励企业生存发展的基本动力。因此，企业理想能否给人以美的感染和震撼，从根本上决定了管理者能否充分地激发企业的活力。从这个角度看，企业理想要远大宏伟而又不虚夸，使每一个员工都能感到可信而又振奋，进而从中感受到企业价值的实现和自我价值的实现。从美学的角度看，企业理想必须是宏伟壮观的，然后才能产生巨大的管理影响力，使整个企业看到光明的前途，激励人们努力投入现实工作。

2. 企业文化

一个企业能否发展,发展的好坏与企业的文化是息息相关的。最能体现一个企业经营和管理本质特征的就是企业文化的建设。企业文化作为一个大系统,含有企业哲学、企业精神、企业目标、企业民主、企业道德、企业制度、团结意识、企业文体活动、企业价值观、企业实体、企业素质、企业形象等若干子系统,几乎涵盖企业生产经营活动的方方面面。它从各个领域,各个方面反映了一个企业相对于其他社会组织的区别和特征,从一定意义上塑造和勾勒出了一个企业的形象。从美学的角度看,企业文化可以给企业带来独特的"神韵",它赋予企业价值标准,使企业成为一个有灵魂的实体,形成企业的"内在美"。

3. 企业形象

企业形象虽然受企业文化整体的指导和约束,但企业形象又有一定的专业性、独立性。企业文化是企业形象的灵魂和支柱,企业形象是企业文化的外在表现,是企业文化的一部分,是企业文化的展示和表现,是企业文化在社会或市场上的认知和评价。企业文化是企业形象的精神支柱和先决条件,因此,塑造企业形象离不开企业文化建设,离开企业文化,企业形象就成了一盘散沙,没有主题、没有目标、没有核心。在企业文化的指导下,应该从如下几个方面入手进行企业形象的塑造。

(1) 企业标识　企业标识主要展示的是企业名称、商标、厂徽、厂歌、厂房、厂内环境等等最外露、最直观的表层形象。它是企业表层形象的载体,可以最直接、最迅速地给公众留下"第一印象"。要让公众在"第一印象"中迅速了解企业的行业特色和经营特色,了解本企业的优势,就必须按企业文化的总体指导思想,对企业感性的外观形象进行设计,包括厂容厂貌、办公场所,办公用品、厂标厂徽、印刷字体、商标、广告与宣传、产品与包装、展览与展示以及员工的着装、仪表、态度和行为等等。许多企业和单位引进 CI 战略,在这一方面已经取得巨大的成效,其厂标厂徽、商标、广告语等具有明显的企业特征,很容易被人识别。许多商场的员工服装就是一个个商场的牌子,服装的颜色、上下衣服搭配,款式等都有别于其他企业,在上下班人流中和商海中也构成一道广告风景线。成功企业的广告语更是举不胜举。如:"梵天净土,世外桃源"(海南南山佛教文化苑广告语)"猴子的家园"(海南南湾猴岛广告语)"香格里拉——您平步青云的必然选择!"(香格里拉大酒店广告语)"挽卿手、共白头、阳光酒店誓千秋!"(阳光酒店广告语)"美好的明天,从今晚长城开始!"(长城宾馆广告语)"千帆竞发扬子江,万冠云集新世界!"(新世纪酒店广告语)等广告语,既脍炙人口,又便于识别,为企业树立了良好的形象,同时也较好地体现了该企业的企业文化。

(2) 企业行为　企业行为的种类繁多,范围很广,众多的行为展示的是企业职工形象美、管理形象美、经营形象美、市场形象美、社会形象美等,在这里我们主要谈一下生产行为、服务行为、管理行为和公关行为。

① 生产行为:是企业员工制造产品或实施服务的行为,主要通过员工的操作来完成。这种行为既对员工技术素质提出了较高的要求,也是对员工的企业道德和作风的一个检验。因此生产行为展示了员工的形象、企业形象。如南山佛教文化园制定了"撒温情话语,添人间快乐"的精神口号,用佛教的禅语来熏陶企业员工,让员工在工作中以温情话语对待游客,从而给旅游者带来快乐。在这样的口号的指导下,在这样的精神的感召下,南山佛教文化苑几年间一跃成为海南最优秀的旅游企业。

② 服务行为:企业的服务行为尤其要注重塑造其讲究信誉,优质服务的形象。对于旅

游企业而言，服务是核心工作。因此，旅游企业对服务行为的要求则更高。现代的旅游酒店讲求“细节服务”，有些酒店将其具体到服务员的日常行为之中，例如：客房服务员为旅游者翻看的书籍放置自制的书签、为在酒店用餐的旅游者赠送生日蛋糕和玫瑰花、前台的服务员为小孩子准备甜点和糖果等等。这些给旅游者有如家之感的服务行为无疑为旅游企业打造良好的形象奠定了坚实的基础。

③ 管理行为：是组织职工完成生产和工作任务的行为，它的内容非常广泛，而且相互衔接，相互制约，构成一个管理体系。科学合理，先进适用的管理行为和方法在取得成效后，同样会获得社会公众和机构的认知和评价，从而树立起企业管理科学、先进严格的形象。例如：海南南湾猴岛旅游区在管理中推行“家园式”的管理理念，即实行“猴子是这里的主人，旅游者是这里的客人，员工是这里的仆人”的管理理念，使景区的员工找到自身的定位，懂得怎样为主人提供服务、为客人提供服务。该企业员工在“家园式”的管理理念的指导下，团结一心，使企业克服了重重困难，度过了种种难关，终于迎来了企业更大的发展。

④ 公关行为：借助公共行为传播企业信誉，树立企业形象更是众多商家和企业频繁采用的招式。这种方式具有权威性高、传播面广、传播快等特点，企业可以通过组织社团性的文化、学术、技术交流和公益活动来展示企业的社会形象。例如：郑州市凤凰山景区的公关行为。该景区策划了“爱护树木保护生态”的祭拜千年古树的活动；为制止树贩子砍伐古树，策划了《投保 6 000 万元保护千年山楂树》的新闻等等，引起了社会关注，收到了良好的社会反响。该景区通过大众新闻媒介树立了自己的形象。

(3) 企业活动成果　企业活动成果就是形成产品形象。企业活动的结果是为社会提供具有使用价值的商品或服务，以及售后服务工作。这种商品和服务必然通过流通环节以让用户选择和使用，在使用过程中，用户对企业的产品或提供的服务就会作出评价，从而得出一个企业的产品形象和售后服务形象。概而言之，产品形象具有长久的生命力，是企业形象的要害和重点，当前许多贯彻 ISO 9000 族标准的企业均按要求制订了本企业的质量方针和质量目标，构成了企业文化的一部分，并指导和激励职工为顾客提供优质产品和服务，最大程度地树立起企业的产品形象，从而光大企业形象，创造名牌产品、创建名牌企业。

模块二　旅游经营管理审美要素发掘

引导案例

世界旅游旅行大会是国际旅游业界的年度盛会。世界旅游业理事会(WTTC)是全球旅游业的商业领袖论坛组织，其成员包括全球旅游业中近百位最著名企业的总裁、董事长和首席执行官。世界旅游业理事会每年 4 月都在世界不同城市召开年度世界旅游旅行大会，是旅游业界最高级别的大会。会议每年选取的主办地，都是旅游业发展前景较好的地方。大会选择在中国海南举办，凸显中国在世界旅游业发展中的重要地位，也将对海南的对外开放和旅游业的发展产生十分积极的影响。2014 年世界旅游旅行大会于 2014 年 4 月

24 日至 25 日在海南三亚海棠湾举行，获得了世界各国人民的一致好评。

在此次会议之前，与会的中国参会者收到了大会组委会的邀请函，提出携带"正装"参加会议期间的官方会议的要求。很多与会者对此颇有微词，虽然是国际会议，但也要考虑到海南当地的特色，旅游大会应该在着装上体现当地特色。对于海南这个休闲度假主题的岛屿来说，在这里召开如此盛大的世界性的旅游旅行大会，无疑要彰显当地特色，在服装上也应该如此，如果按照统一规定着正装西装的话，不仅 4 月海南的天气会议代表吃不消，而且也不符合海南国际旅游岛的美誉。当与会代表办理登记后，才发现会议主办方早就想到了这一点，并为每位代表发放了海南岛服。像海南这样的休闲度假胜地，西装革履地进入总是显得有些别扭，穿岛服就显得很适宜。

从旅游经营管理的角度看，企业在特定环境下特定的审美要素是不尽相同的，必须要根据旅游企业在不同环境下的审美要素进行相关调整。

在旅游经营管理中，首先就是形象之美的发掘。在旅游活动中，旅游市场进行观光、休闲和度假时，都会直接或间接地接触到企业的形象之美。旅游者在审美过程中，虽然表面上是直接观赏景观和接受服务，但实际上如果旅游经营管理出现问题，就会造成混乱，形象之美受到破坏，那旅游者的审美感受就会受到严重的影响。另外，发掘审美要素，对旅游经营管理本身也是有好处的。旅游企业未来竞争的关键就是美的竞争，如果在日常的经营管理中注意、关注美的塑造和美的要素的发掘，就可以不断地提升企业经营管理的品位，为提升企业员工的素质，创造良好的美学环境和氛围，并为创造企业的经济效益和社会效益奠定基础。对旅游经营管理来说，我们可以从以下几个方面进行审美要素的发掘。

一、企业管理形象美与旅游经营管理

企业管理形象美在这里特指企业各类管理者实施管理职责的形象，它是形成企业经营管理之美的关键。企业的管理者承担着管理员工、创造产品、开发市场等等企业所有的经营管理的责任。管理者的外在形象，内在品格、气质、胸襟、观念等多方面的美是形成企业整体之美的核心，所以，作为企业的管理者必须首先注重自身的形象塑造，然后，才可以身体力行去塑造员工的形象、企业的形象和产品的形象。企业管理者的形象美对旅游经营管理起到主导作用。

二、企业员工形象美与旅游经营管理

旅游产品提供的是一种无形的产品，是一种服务，因此，作为旅游企业的员工无论是直接与旅游者接触的，还是间接与旅游者接触的都是被旅游者关注，甚至是观赏的审美对象。尤其是现代旅游强调休闲性和参与性，使得旅游者越来越喜欢深入地去感受旅游产品，而旅游产品的感受过程，自然是与旅游服务密切相关的。因此，企业员工的形象美对整个旅游产品的美产生重大甚至是决定性的影响。旅游企业经营管理越规范，企业经营的越好，就会越重视企业员工的形象塑造，赋予企业员工专业化的服务装、标准化和个性化共存的语言、无微不至服务到位的品质、认真投入无私忘我的职业道德等等。员工的形象塑造得美让旅游者满意，就会有利于企业的经营和管理。企业员工的形象包含两个方面：第一，员工的外在形象美，包括员工的服饰美、头饰美、风度美；第二，员工的内在形象美，就是员工

的心灵美。员工形象美就会提供美的服务,服务是美的就可以保证服务质量,服务质量好,旅游者满意程度高,企业声誉就高,企业的经营管理自然就更好。

三、企业外在形象美与旅游经营管理

现代旅游企业都非常重视企业的CIS设计,对于旅游企业而言,企业外在的视觉形象更加重要,旅游者观赏旅游景观、入住酒店、品尝美食和购买旅游纪念品等活动都会直接感受旅游企业的外在形象。从表面上来看,一个企业经营得好,旅游企业的外在形象就会相对豪华,设施设备就会相对高档、齐全;企业经营的不好,艰难度日,自然就会在某种程度上忽略或无暇顾及企业外在的形象美。企业的形象包括:第一,企业的标识,名称、建筑外形、色彩,内部设施设备,以及是否具备可靠性和可信度等;第二,企业的精神,常常体现为一些口号,例如"厂在我在,厂亡我亡","诚实、效率、奉献"等等;第三,企业的信誉,表现为保质、保量、守时、守信等伦理概念的展示。信誉是旅游企业形象的支撑点,例如旅游购物是当前旅游者较为敏感的层面,某些旅游企业出现了旅游购物的商业欺诈行为就是损害企业信誉的行为,这种行为一旦出现,会严重地破坏企业的外在形象美,此后很难扭转旅游市场的看法,很可能给企业带来巨大的经济损失。企业外在形象既反映了旅游经营管理质量,又对旅游经营管理起着重要的辅助作用。

【小思考】

假如你是一个旅游企业的经营管理者,请问你该如何从审美的角度塑造自身的管理形象?

模块三 旅游经营管理审美心理解析

引导案例

峨眉山是我国的名山之一,但是,从旅游的角度看,山门区域应该怎样设计?一家规划公司按照俄罗斯的建筑风格做了总体设计,但是,却遭到了人们的非议。事实上,来此旅游的人都匆匆忙忙上山,出山后才考虑在山门区域消费。因此,出山后的审美心理状态就变成山门旅游区域设计的关键。去过峨眉山的游客都知道,进入山中,险峰奇石危路都给人一种压迫感,出山后,人们的第一感就是寻找平稳、低矮、圆滑、柔和的感觉。因此,俄罗斯式的高耸建筑设计是不妥当的。

一、审美知觉与旅游经营管理

旅游者在审美实践活动中的审美知觉,似乎关注的都是旅游企业提供的产品,但实质上,在真正的审美实践活动中,审美知觉不仅仅对旅游产品发生作用,也会对提供旅游产品的旅游企业产生浓厚的兴趣。首先,旅游观赏活动本身是旅游者的行为,很难去限定旅游者的思维、目光;其次,现代旅游活动的审美是全方位的,旅游者在审美实践活动中会去观赏一切,审视一切;再次,旅游者享受的无形的服务的载体就是旅游企业,旅游者会不知不

觉地去感知旅游企业的经营和管理。虽然旅游者欣赏的主体是旅游景区及其服务，但我们知道凡是具有审美价值的一切实体和虚体都是旅游吸引物，所以，旅游企业的经营和管理必然成为旅游者关注的对象。这个对象如果是不美的，自然会影响到旅游者对旅游活动总体的审美效果；如果是美的，就会成为旅游吸引物，对实现旅游者完美的旅游体验起到辅助作用。作为旅游企业而言，根据旅游者的审美知觉，规范旅游经营和管理的行为即是符合现实的一种选择，又是创造企业产品个性，完善旅游产品的一个重要方面。

旅游者的审美知觉越敏感，就会越重视旅游企业的经营管理。旅游企业经营管理提供给旅游者的审美知觉好，旅游者就会更加满意自己对旅游产品的选择，产生更浓厚的信赖感、安全感。现代旅游方式将不断向纵深方向发展，休闲旅游方式和度假旅游方式必然成为人们未来最佳的旅游方式的选择，而这两种旅游方式决定了旅游者往往会以自由人的身份出现，去进行旅游体验和感受，自然就会扩大其审美的范围，而旅游企业经营管理自然成为未来旅游者的旅游吸引物之一。假如一位休闲游的旅游者到某景区旅游，该旅游者独自在景区中徘徊，对景区的景观得到了很高的审美体验，兴奋不已，于是继续游览，不知不觉走到了景区的员工宿舍，发现休息期间的员工在宿舍区不成体统，大声笑骂，衣冠不整，必将感到惊诧，对刚才所接受到的服务产生怀疑，对员工服务的真实程度、对企业的经营管理产生怀疑，同时，心中美的感受也将大打折扣，旅游者的审美感觉不再完整，甚至会产生反感。

二、审美情感与旅游经营管理

旅游者的审美情感是相当丰富的，除了包括对旅游景观的审美要素的情感体验外，还包括对服务的审美情感体验。无论是前者还是后者，都与旅游经营管理密切相关。旅游经营管理到位，景观的审美要素展示的就充分，就越能够保证旅游者释放其审美情感；旅游经营管理规范，旅游服务质量就高，就能够更好地满足旅游者的情感需求。所以，旅游者审美情感的满足和释放与旅游企业的经营管理也是密切相关的。例如，在酒店的布置中，企业管理者的房间与旅游者设置于一栋楼中，却把位置最好的空间都奉献给旅游者，但这并不影响办公环境的幽雅和富有秩序，旅游者不经意间发现这些都会产生感动，得到审美满足。又例如，酒店楼层中的服务台或操作间，有时旅游者也会因服务中有所需求，来到这里，如发现又脏又乱，服务台形同虚设，无人值班，即使住宿环境和其他服务再优越也不能弥补心中对此的情感缺憾。旅游企业讲究企业形象的塑造，追求完美，完全可以把企业的某些可以公开的晨会、企业员工技能竞赛、联欢会等等以美的形式展示给旅游者，也会有助于满足旅游者的多方面、多层次的审美情感。

三、审美品位与旅游经营管理

旅游者的旅游方式的选择与审美品位有着密切的关系，一般来说，观光旅游方式的审美品位是初级的，休闲旅游方式的审美品位是中级的，而度假旅游方式的审美品位则是最高级的。审美品位越高就越会关注提供旅游产品的实体。未来的休闲和度假的旅游方式将会根据旅游者的审美爱好和取向，提供更多的个性化的、专门化的服务，而创意、策划和规划专门的奇特的旅游产品，必然要求旅游企业经营管理者的思维是活跃的，观念是鲜活的，同时也对旅游经营管理水平和质量提出相应的要求。高品位的旅游产品必然是将旅游经营管理和服务完美融合的，这样的经营管理品位也自然会满足高品位的旅游者。例如对休闲和度假旅游者而言，完全可以发掘旅游经营管理的审美要素，推出旅游企业办公室之美、员工宿舍区之美、员工休闲区之美等新型的旅游产品，不仅可以满足旅游者的好奇心和审美品位，同时更有利于促进旅游企业的经营管理完美化。

实训：海南南山佛教文化苑的旅游管理审美体验

【实训资料】

"南山佛教文化苑"是海南的精品景区，是一个以佛教思想和教义为其企业文化的一个旅游企业，在几年的摸索和体验中，南山的经营效益逐年攀升，这与其全面深入的企业文化理念、旅游管理的审美管理有着密不可分的关系。在推进"南山佛教文化苑"的未来文化进程上，其总经理张晖先生深谋远虑，积极与旅游教育单位进行合作，建立校企联合班，以更好地提升企业员工的知识水平、文化素质。

【实训内容】

（一）南山机构设置的审美体验

在南山现有机构设置的基础上，将高层机关置于景区之中，让管理者和员工树立"我们也是风景"的观念，以日常的一言一行、一举一动成为美丽佛教圣地的动态的点缀；同时在各个部门的形象设计上也力求体现佛教文化内涵，每个部门都要采用禅语形成该部门的口号和标示，并在实际的行动中体现出来。

（二）南山服务形象的审美体验

利用"我们也是风景"的观念，让员工深谙服务形象塑造的技巧。①各部门可以根据自己的部门特色设计服务人员的特色着装，以体现美感；②各部门可以根据自己的工作特点设计专门的职业用语和礼貌用语，以体现美感；③通过集体每日的形体训练，既锻炼了身体，又会增进员工形体美；④对员工风度美进行培训，以形成良好的"南山风度"。

（三）南山管理形象的审美体验

作为南山管理者，也同样是一道风景，基层和中层管理者要把日常各个部门的工作检查，既当成工作，又要当成一种美的展示。让旅游者在不经意之间感受到南山管理的规范、管理者风度翩翩，会在无形中增加南山现实风景的美感。

（四）南山员工生活区审美体验

未来南山的员工生活区将建于南山景区之中，员工的培训中心、员工的宿舍大楼、员工的文化交流中心、员工的娱乐健身中心等等都将一览无余地展示给旅游者。设施的总体美学风格融入南山的总体的佛教氛围，员工们动态美的展示不仅可以提升企业员工的审美品位，提高自身的素质，而且在塑造自身的过程中，成为旅游者欣赏的风景。

【实训提示】

1. 实地模拟实训：教师可以利用当地的旅游景区，带领学生进行实地考察，感受其旅游管理的美感状况，书写市场调查报告。

2. 仿真模拟实训：教师要求学生根据曾经旅游过的景观，为该企业进行旅游管理审美设计。

【实训要点】

1. 教师选择一管理规范的旅游景区，带领学生进行管理审美体验。

2. 教师选择一管理不规范的旅游景区，带领学生进行管理审美体验。

3. 请同学们对比两个企业的管理，分析审美对于旅游经营管理的作用。

4. 要求学生为管理不规范的旅游景区，书写审美整改方案。

本章小结

本章通过对旅游经营管理的审美要素的发掘和审美心理的分析，明确了旅游经营管理与审美的密切关系。

旅游经营管理的主要种类和环节分为计划管理、人事管理、市场管理、财务管理、发展管理。

旅游经营管理审美要素的发掘可分为：企业管理形象美、企业员工形象美、企业外在形象美。

审美心理的解析与旅游经营管理可分为：审美知觉与旅游经营管理、审美情感与旅游经营管理、审美品位与旅游经营管理。

检　　测

一、复习思考题

1. 有人说："员工宿舍是否整洁与旅游项目经营没什么关系"，分析其问题。

2. 评价"经营管理不直接表现审美品位"这句话。

二、实训题

选择一个较为典型的旅游企业，试分析在其旅游经营管理过程中，审美要素发掘和审美心理分析。

阶段性综合实训4：一次旅游企业见习中的旅游管理的体会和审美

【实训目的】

通过本阶段的综合实训，让学生们通过为期一天的见习和企业管理者的访谈，对本阶段的旅游产品的创意策划规划、旅游市场的调查研究分析和细分、旅游企业的管理中的审美等原理进行透彻的理解和掌握，并为企业产品的创意策划规划、旅游市场和企业管理提出自己的意见和建议，书写可行性方案。

【实训程序】

1. 教师选择一个适宜的旅游酒店、旅游景区或旅行社，组织学生进行一为期一天的企业见习活动。

2. 教师要求学生根据本阶段所讲授的旅游管理审美的基本理论和技能，在与企业管理者进行交谈的过程中，提出相应的问题。

3. 教师要求学生在对旅游企业进行参观和见习的过程中，仔细观察、认真领悟、深入分析企业在旅游产品产生、营销和管理中的审美环节的把握，善于在观察中发现问题，并为企业提出未来的审美整改方案，为促进企业的进一步的发展提供一些参考。

【实训提示】

在教师组织学生进行实地的见习活动时，必须做好充分的准备，否则就不会收到良好的实训效果：

1. 组织准备

(1) 教师将学生分成若干小组，选出负责任的、有感召力的同学作为生活组长，实施对实训小组同学生活上的组织和管理，并配合小组中学习组长的实训组织和训练工作。

(2) 教师或所在院系要和旅游企业进行商谈，联系一个管理较为规范的企业或一个管理不规范的企业，让学生对企业的管理与审美进行研究。

2. 知识准备：将学生分成小组，进行对本阶段知识的回忆、复习。教师抽查每个小组中的一个学生对于本阶段知识的把握情况，做到心中有数，不合格的继续要求其进行对知识的复习，教师并要做到耐心指导，甚至再次讲述本阶段的知识。

3. 心理准备：要求学生做好角色转换的心理准备，学生们首先要做好的角色是虚心的学生的角色，向企业管理者学习管理经验；其次是一个旁观者的身份，进行对企业的管理与审美方面的参观和考察；再次是一个研究者的身份，在与企业管理者进行交谈的过程中，善于提出问题，为企业的管理和发展出谋划策。

4. 技能准备：教师要教授学生基本的与人交谈、沟通的技能。因为要到企业中与企业的管理者进行访谈，所以，教师要从口才和礼仪的角度对学生的技能进行培训。

5. 物品准备

(1) 学生每人要携带好进行实训所需的教材、笔记本和笔。

(2) 学生每人要准备好和企业管理者进行访谈时的各种问题。

(3) 学生要带好相应的生活必需品。

6. 协调准备

教师要做好与企业人事部门和学生实习所在的部门管理者的沟通，要与企业协调好学生的参观、考察和企业管理者访谈等方面的安排，在保证企业和学生双赢的前提下，争取为学生创造更加适合实训的工作环境。

【实训要点】

1. 复习本阶段知识和原理要做到全面掌握，运用自如。

2. 参观考察时要做到不影响企业的正常经营和管理。

3. 参观考察时要注意有礼貌、有秩序、有规矩。

4. 和企业的管理者进行访谈时要有礼、有力、有节。

5. 在参观考察的见习过程中，学生要善于思考，切忌流于形式。

【实训考核】

教师要在学生的实训过程中，实施对各小组学生的考核：

(1) 抽查每个小组一名学生对本阶段知识和原理掌握情况，作为该组的知识考核的一项成绩，进行打分，占10分。

(2) 检查每个小组学生对心理和技能的准备情况，进行打分，占10分。

(3) 教师检查各小组的组织准备情况，了解生活小组长和学习小组长的配合与能力情况，并结合实际旅游见习中学生的组织纪律情况，进行综合打分，共占10分。

(4) 教师在旅游活动中实施总体的检查和监督的职能，对各小组的学生对企业管理者提问的数量、问题的深度进行打分，占30分。

(5) 见习结束，要求每个学生上交一份见习审美报告，并要求每个学生以答辩的方式，由教师对每个学生的见习报告进行研读，现场给每个学生提出相应的问题，并要求其给予满意的答案，同时学生也要对自己的报告进行总体的陈述，时间不少于10分钟，占40分。

参考文献

1. 王柯平.旅游美学纲要(第1版).北京:旅游教育出版社,1997
2. 司有仑.新编美学教程(第1版).北京:中国人民大学出版社,1993
3. 王宏建.艺术概论(第1版).北京:文化艺术出版社,2000
4. 庄志民.旅游美学(第1版).上海:上海三联出版社,1999
5. 沙润.旅游景观审美(第1版).南京:南京师范大学出版社,2005
6. 王昆欣.旅游景观鉴赏(第1版).北京:旅游教育出版社,2004
7. 高建新.山水风景审美(第1版).呼和浩特:内蒙古大学出版社,1998
8. 沈祖详.世界著名旅游策划实战案例(第1版).郑州:河南人民出版社,2004
9. 杨世杰,刘筱秋.旅游观光与审美(第1版).北京:长征出版社,1999
10. 顾仲义.酒店实用美学(第1版).北京:中国商业出版社,1994
11. 朱光潜.谈美(第1版).合肥:安徽教育出版社,1997
12. 祁颖.旅游美学基础(第1版).北京:高等教育出版社,2004
13. 乔修业.旅游美学(第2版).天津:南开大学出版社,2002
14. 顾仲义.餐旅实用美学(第1版).大连:东北财经大学出版社,2002